JN323990

中世・近世博多史論

川添昭二

海鳥社

まえがき　「博多」、「福岡」、本書のあらまし

古代・中世の博多は東アジアへ向けての日本の顔である。若干の消長はあるが、日本の歴史はアジアとともにあった。古代・中世の博多は、日本をアジアとともにあらしめる〝くさび〟の役割を果たしてきた。他の時代に類のない国際性をもち、アジアにおける日本の役割を代弁する存在であった。日本文化の歴史は外来文物の受容・摂取を文化発達の主な特質としているが、古代・中世の博多は外来文物の受容・摂取はもとより日本文物の移出を直接に担ったのである。古代・中世の博多の日本歴史の展開に占める役割の重さは、おのずから明らかであろう。

ところで、外から福岡市にやってくる人たちが、まず奇異に感じるのは、福岡市の中央駅が「博多駅」と呼称されていることである。だから、博多駅に降り立って「福岡市は、どちらに行ったらいいのか」と尋ねる仕儀になる。外来旅行者の戸惑いは、むしろ当然といってよい。これは、明治二十二年（一八八九）、福岡市が那《な》珂《か》川を境界とする昔の福岡と博多の二つの地域を一緒にして発足したことを象徴している。九州鉄道敷設の議がおこされたとき福岡市はまだ市制施行以前であり、駅の設置場所は旧博多部の南端で、博多の名は全国的に知られていた。市名を福岡市にするか博多市にするかの問題もあり、福岡市制施行の半年後に博多駅が開業したのである。

福岡市民の間には二つの「博多」感覚があるように思われる。一つは、福岡市全体を「博多」とするもの。現在の福岡市は人口からだけでいっても発足当時の三十倍近くになっているが、この「博多」感覚は市域の拡

大にともない「福岡市」の事実のなかに歴史化してゆくだろう。もう一つは、黒田氏の筑前入国以来の旧博多部だけを「博多」とする感覚で、年齢が高くなるほど強く、旧博多部の人に多い。旧博多部というのは、大雑把にいえば、東は石堂川《いしどう》あたりから西は那珂川、北辺は海で、南は博多駅付近一帯までぐらいである。

福岡市が福岡と博多をあわせて発足したのは、黒田氏の筑前入国以来の歴史を踏まえたものである。福岡・博多は広くとれば黒田氏の城下町といえようが、旧福岡部は黒田氏の直接のお膝元として政治的性格の強い、いわば侍《さむらい》の町であり（町人も数多く居住）、厳密な意味で黒田氏の城下町である。その範囲は、これまた大雑把であるが、東の那珂川から西の樋井川《ひい》（元禄七年〔一六九四〕西新町に諸士宅ができる）、南は大濠《おおほり》公園を取り囲む一帯である。博多は、古代以来の商業的な性格を中心とした商人の町である。両者は桝形門《ますがたもん》でつながり、かつ区別され、筑前の中心部として黒田氏の支配を直接に支えていた特異な双子都市である。

博多の名が正史に見えるのは、『続日本紀《しょくにほんぎ》』天平宝字《てんぴょうほうじ》三年（七五九）三月二十四日条の「博多大津」が初めてである。博多以外の、特に奈良・京都の、いわゆる中央の人々が博多というとき、遣唐使など国の公の人々の出国・入国の場所としての鴻臚館《こうろかん》付近をいう場合もあったろうが、広く博多湾沿岸つまり今のほぼ福岡市に相当する地域を指すこともあった。平安期以降、旧博多部が日本の対外関係の拠点としての性格を強くして以来、その伝統を負いながら、旧博多部が博多として認識され、近世に入るとその認識が定着する。

旧福岡部を含む広義の「博多」の歴史は、奴国《なのくに》の昔から数えても約二千年に及ぶ。これを通観すると、黒田長政が福岡城本丸を完成させた慶長七年（一六〇二）から明治四年の廃藩置県までの近世幕藩体制期をなかにはさんで、それ以前の古代・中世、それ以後の近・現代、と三分できる。近世では福岡藩の長崎勤番を通じて、当時の日本のなかでは、相対的にいえば一定度の先進性を保持していた。しかし、「博多」の歴史の基調であった対外関係の面は、長崎・対馬などに中心が移り、侍の町と商人の町の双子都市が出現した。近世を通じ都市としての諸力をたくわえ、明治以降の福岡市発展の基礎を作っていったのである。

日本の歴史に先端的な役割を果たしてきた広義の「博多」（福岡市）の歴史の重要性は、いうまでもないことであり、拠るに足る研究も相応に出ているが、『新修 福岡市史』の編纂もようやく緒についたというところで、未だしの感は否めない。長い歴史をもつのに、戦国末期や第二次世界大戦の戦火などもあり、まとまった史料の残り具合があまりよくない。しかし、中国・朝鮮の史料や、いわゆるキリシタン史料など、他の諸都市にはあまり見られない史料の利用の仕方があり、国内史料でも禅宗関係など、利用にまつものが多い。

そして、遺跡・遺物の発掘・発見の成果が断然豊富であることは、何にも増しての強みである。従前、研究者などによる個別的な調査も皆無ではなかったが、昭和四十四年（一九六九）四月、福岡市教育委員会に文化課が設けられて以来、特に埋蔵文化財の発掘は急速に進んでいった。これらの発掘はいずれも貴重であるが、最近までの発掘調査で特記されるべきことが二つある。

一つは、昭和五十二年に始まる地下鉄建設、民間再開発ビル建設にともなう博多地区の調査、これによって、いわゆる博多地区の歴史の実態が考古学的側面からこまかく明らかにされた。その成果は文字どおり画期的といってよく、特に中世の貿易都市博多についてのイメージが一挙に具体的になった。他の一つは、昭和六十二年十一月の平和台球場スタンド改修工事をきっかけとする鴻臚館の発掘調査である。二つとも福岡市教育委員会の手によって詳細な年次ごとの調査報告書が公にされている。

古代の博多は「大宰博多津《だざいのはかたつ》」と呼ばれた。九州の内政・外交をつかさどる大宰府の、その外交面を直接担当するところ、という意味である。宣化元年（五三六）、那《な》の津《つ》のほとりに官家《みやけ》が設けられた。これが大宰府の始源だといわれている。場所が直接つながるかどうかなどは別として、「博多」において日本の外交機能を直接に担ったという意味では、那の津の官家―筑紫館《つくしのむろつみ》―鴻臚館の三者は系列的・連続的に理解され得る。ともあれ、筑紫館―鴻臚館の時代から「博多」は大宰府の外港としての性格を明らかにする。鴻臚館は十一世紀半ばごろまでその存在が知られている。だから、鴻臚館時代は「博多」の都市としての発展の基礎を作った時代であるといえる。鴻臚館は日本の外交機能を直接に担ったという意味で国際的性格をもち、「博多」はそれを介して都市としての発展を遂げていったのである。以下、本書のあらましについて説明をしておこう。

本書の第一章から第五章までは中世関係である。第一章は平成五年（一九九三）五月四日の大阪府堺市博物館での講演である。堺と対比・関連させながら、中世博多の国際性を説き、中世博多の展開過程を概観している。付論1は、東京大学での史学会の講演要旨で、第一章の古代関係を要約したような小文である。付論2は、第一章本論とともに中世の博多と他都市との比較的考察の事例として十三湊《とさみなと》（青森県五所川原《ごしょがわら》市十三《じゅうさん》）をとりあげたもので、執筆の直接動機は石井進氏の依頼による。

中世博多の国際性がもっとも典型的に見られる鎌倉時代の博多禅寺について第二章で概観し、具体的に承天《じょうてん》寺の事例をとりあげ、虎屋の「御饅頭所」の看板を素材に、中国の食文化の受容にかかわる伝承に触れてみた。さらに中国文化受容にかかわる一例として、志賀島文殊《しかのしまもんじゅ》を紹介した。

第三章では、まず、中世福岡市を主戦場・防衛基地とした、前近代日本における対外関係史上の画期をなす蒙古襲来を博多（中世福岡市）に即して述べ、付論では、それに関連し、中世博多（福岡市）の都市景観理解に迫る手立ての一つとして『蒙古襲来絵詞』所見の地名をとりあげてみた。南北朝時代についての章立てはしていないが、第一・第二章で少し触れており、拙著『九州の中世世界』第三章（海鳥社、一九九四年）でかなり詳しく述べているので、併読いただければ幸いである。論文としては、拙文「南北朝期博多文化の展開と対外関係」（『地域における国際化の歴史的展開に関する総合研究』一九九〇年）がある。

第四章では、周防・長門・筑前・豊前の守護で、文芸・学事の面でもよく知られている大内政弘の文明十年

（一四七八）十月の北部九州経営の実情を、政弘側近の右筆《ゆうひつ》・奉行人相良正任《さがらただとう》が集中的・集約的に記した陣中日記『正任記《しょうじんき》』を素材にして、大内政弘の博多支配の仕組みを述べ、対寺社（近隣郡部を含む）関係を通してその実情を記してみた。応仁・文明の乱に西軍の主力として京都を中心に戦い、室町幕府（いわゆる「東幕府」）への降伏、つまり宥免《ゆうめん》のかたちをとって、一応大乱の幕引きをした大内政弘が、大乱中に露呈した領国（ことに筑前・豊前）統治の弱さを克服すべく自ら博多に出兵したその生涯を画する貴重な記録の解明を試みたものである。章末の付記は、平成十九年三月十日の山口県立山口図書館での講演要旨で、大内政弘の活動の全容を略記したものである。

第五章は、福岡県宗像市に鎮座する宗像大社に所蔵されている、天正六年（一五七八）六月朔日の宗像宮造営置札《おきふだ》（重要文化財）をとりあげ、執筆者である宗像大宮司氏貞《うじさだ》の側近・右筆僧実相院益心《やくしん》の解説をし、置札が戦国期北部九州の政治史料として貴重であること、渡来明人の記載が見られること、ことに博多職人の史料として甚だ貴重であることを具体的に述べている。

第六章から第九章までは、近世（一部中世）関係である。狭義の博多だけではなく、福岡－筑前にも及んでいる。第六章は、平成五年七月十日の『筑前国続風土記拾遺』出版記念・福岡古文書を読む会二十周年祝賀会の折の講演である。筆者の『筑前国続風土記附録』三巻、『豊前覚書』、『新訂黒田家譜』十二冊などの校訂、『福岡県史』通史編福岡藩文化上・下の編集、総説・年表執筆などの体験を踏まえて、福岡藩文化史研究の方法とその構想を述べたものである。近世福岡・博多を中心とする福岡藩文化史の総説のつもりである。一藩文化史研究のあり方についての総合的な論が出てくる契機となれば幸いである。次の七・八の両章は、その具体的な研究事例である。

第七章は、福岡市旧博多部所在の日蓮宗寺院六カ寺の個別的な調査の成果で、関係史料の性格、博多仏教展開のなかでの位置づけ、主として旧蓮池《はすいけ》町一帯に集中して存在していることの都市史的・宗教史的な意味、博多日蓮宗寺院僧侶・檀家の学習・信仰などの諸側面について述べている。特に檀家構成の解明に留意し、宗教的側面から福岡藩社会の基盤の理解を深めるように努めた。

第八章は、筑前、ことに福岡市旧福岡部の日蓮宗寺院を中心に述べたものである。史料として地誌類を利用することについての問題点、近世九州における日蓮宗寺院の動向、近世筑前仏教諸宗のなかでの日蓮宗寺院の動向などを述べ、勝立《しょうりゅう》寺創建にかかわるキリシタン問答を通して近世初期における日蓮宗とキリスト教の関係について述べ、香正《こうしょう》寺にかかわる不受不施問題、「文禄・慶長の役」との関連などに触れ、筑前郡部における日蓮宗寺院の動向を略述している。末尾に教団史研究と地域史研究との総合化による歴史認識の方法について回想的に述べた文章を添えた。近世筑前における仏教の展開については、いくつかの手堅い研究などはあるが、各宗の個別的研究はまだ未開拓に近い状況であるといえる。藩社会から近代社会へつらなる基底的部分の解明になるから、単なる一宗教団の研究に終わるものではない。七・八の両章が批正を受けて、そのような研究の参考になることがあれば幸いである。本書の終わりに添えた近代二話1の、東公園の日蓮銅像を扱った講演要旨は、この両章に続く小文である。

第九章は、『黒田家文書』第一巻刊行についての解説文で、福岡藩研究の基礎である福岡藩史料の中心をなす黒田家史料の中核的部分について述べている。第十章の2として、近代福岡市の理解を深めるには、諸分野の人物の個別的な研究が重要な前提の一つになることを念頭に置いて、明治・大正期のジャーナリスト・史論家として著名な福岡市出身の福本日南《にちなん》の著作『筑前志』の解説を収めた。本書の末尾に配したのは、同書が大宰府と福岡・博多を重視しているからである。

中世・近世博多史論◉目次

一――中世の博多と堺

十——近代二話

一――中世の博多と堺

1　はじめに

只今（角山榮堺市博物館長より）ご紹介をいただきました川添と申します。

実は私、堺の歴史についての勉強は、自分に必要なところだけ少しずつやっておりました。例えば日蓮教団の展開に関心がありますが、天文五年（一五三六）の天文法華の乱で京都の本寺クラスが堺に避難をしてきて堺の法華宗の展開に一時期を画します。その後天正七年（一五七九）安土宗論《あづちしゅうろん》があり、そこで織田信長が浄土宗の僧侶と日蓮宗の僧侶、堺妙国寺の開山、京都頂妙寺の住職の日珖《にちこう》という坊さんなどと宗論をさせるわけです。そして浄土宗側が勝ったということで日蓮宗側は厳罰に処され、幕を閉じます。信長の計画的な日蓮宗弾圧です。想像にすぎるでしょうが、これは信長の堺を見通しての行動として、広くいえば都市政策のなかで考えられてもよいことではないかと思います。妙国寺の日珖は、ご承知のように油屋の子息であるということで、堺の豪商油屋を背景とする広がりをやはり考えておかなくてはいけないだろうなと思うんです。

そんなふうに断片的なかたちでの学習をしていたのですが、今回、いわば全部まとめて勉強しなさいという宿題を与えられたようなかたちでして、私の微力で及ぶ限り堺の歴史の勉強をしてみたのですが、所詮不十分ですし、時間の都合もあり、堺・博多両都のそれぞれの特徴、その連関・対比など、満遍なく説明することは困難ですので、私なりの問題関心に沿っての話になり、周知・重要な事実でとりあげるべきものを多く省いています。ご了承願います。

2　講演の主旨

お話しします主旨は、「中世を中心にした博多の歴史の展開を主軸に、博多と堺の歴史的共通性と相違を見て、中世国際都市の歴史から日本の歴史を考えてみる」ということです。

広く申しているときりがありませんし、一応本日は、都市の形態としての双子都市のこと、古代、そして特に中世の、私が多少わかります博多の歴史を主軸に、博多と堺のどういう点が共通しているのか、あるいは違うのか、両者の連関といったようなことを見ながら、中世の、おそらく最も代表的な二つの国際都市の歴史から、いってみれば〝二都物語〟から、日本の歴史を考え直してみようかと思います。

両方の相関関係、相違などをあわせながら見ていくと、多少は日本の歴史を豊かにできる可能性があるのじゃなかろうか、というふうなことを考えています。

3　研究の歩み

そこで正攻法張りのことになりますが、まず「研究の歩み」ということについて触れたいと思います。研究をする際に、それまでにどういう研究が行われたかという整理、つまり研究文献目録などが整理されているとありがたいんですが、博多では私が多少試みたり（「古代・中世博多研究文献目録稿」〔『博多研究会誌』七・八号、一九九九・二〇〇〇年〕）、それからこちらの展覧会の図録（堺市博物館特別展「博多と堺」図録。以下図録と略す）がありまして、まことに見事な図録ですが、それの一四頁から一六頁に研究の大体が掲げられています。

次に市史のでき具合ですけれども、『堺市史』の名前は天下に喧伝されております。第一期（全八巻、一九二九〜三一年）、第二期（全六巻、一九七一〜七六年）というような浩瀚な市史が、しかも早い時期から編纂されています。

福岡市では『福岡市史』（本編十三巻、資料編六巻、一九五九〜九八年）と銘打ったかなり分量のあるものが出ていますが、これは明治二十二年（一八八九）の市制施行を目安にした、いわゆる明治以後の、行政の側の福岡市史です。福岡市、中世などでは博多といい換えてもいいかと思いますが、博多のそれこそ黄金の日々を重ねた時代などについては、未だに『福岡市史』としてまとめられたものはないわけです。福岡市長さんは意欲的な方でして、行政の尽きるところは文化にあり、とおっしゃっていますので、私も期待していますけれども、現在のところは、平成四年（一九九二）十一月に福岡市博物館で開催された「堺と博多展」の図録に文を寄せた九州大学の佐伯弘次氏が、『堺市史』と『福岡市史』との問題について、福岡は堺に大きく水をあけられていると書いており、私も同感であります。福岡市には文化的な潜在勢力といったようなものが少なくはないと思いますので、期待はしています（付記・平成十六年四月から、原始時代から近・現代にいたる『新修 福岡市史』編纂が開始されました）。

それから通史ですが、堺関係は三浦周行《ひろゆき》、豊田武、中村直勝、泉澄一氏他多くの方のご著書があります。これらの方々のご著書を読み直しまして、今さらながらにそのすぐれた叙述に感嘆をしたわけです。博多には、挙げるべきほどの通史はあまりありません（川添昭二編『東アジアの国際都市博多』〔平凡社、一九八八年〕や朝日新聞・同総局編『はかた学』七冊〔葦書房、一九八八〜九六年〕などは出ていますが——）。

第一期の『堺市史』を監修された三浦周行という、京都大学の教授だった方ですが、その真骨頂であります大局と事の本質をつかむという麗質が行間にあふれた通史をお書きになっております。幸いにして最近、岩波文庫の『大阪と堺』（一九八四年）で堺関係のものがまとめられており、手軽に読むことができます。また、泉澄一氏のご著書である『堺と博多』（創元社、一九七六年）や『堺――中世自由都市』（教育社、一九八一年）やその他の多くの著書・論文などに学恩を蒙っております。それから個別研究、発掘資料などは図録に挙げられていますので、ここではいちいちは申しません。詳しくは吉田豊「堺史研究のあゆみ」（『堺市博物館報』十一号、一九九二年）をご覧ください。

そこで、博多と堺と申しました場合の関連、対比といったようなことについて、博多と堺をいわば一緒にしての研究というのが関心を引くわけですけれど、それについては泉氏の他、高尾一彦氏の「京都・堺・博多」（『岩波講座日本歴史』9・近世1、一九六三年）、三浦圭一氏の「大徳寺をめぐる商人たち」（『中世民衆生活史の研究』思文閣出版、一九八一年）、「堺・博多の商人」（『地方文化の日本史』5、文一総合出版、一九七八年）など、すぐれた研究がありますが、これらの方々はいわゆる関西の方々でして、どちらかというと堺の側からの叙述が中心で、多少いいすぎかもしれませんが、博多は付けたりのようなかたちになっています。というのは、博多の方の研究が進んでいないという現状があるからだと思います。したがいまして、どうしても叙述が均質にならないということです。つまり、堺の側からの博多と堺という研究が大勢を占めているといって過言ではないと思います。

そのなかで最近になり、ようやく福岡市の博物館で「堺と博多展」が催されまして、どちらかというと博多の側から堺を見ながら、両都の二都物語を展開しようというふうでした。で、今回の堺市博物館の「博多と堺展」ということになりまして、図録や展示などを拝見しまして、両者がまさに等しく論じられ、あるいは展示されていまして、見事な出来栄えに感服している次第です。大変なご苦労であったろうと、当館に対して深く敬意を表します。

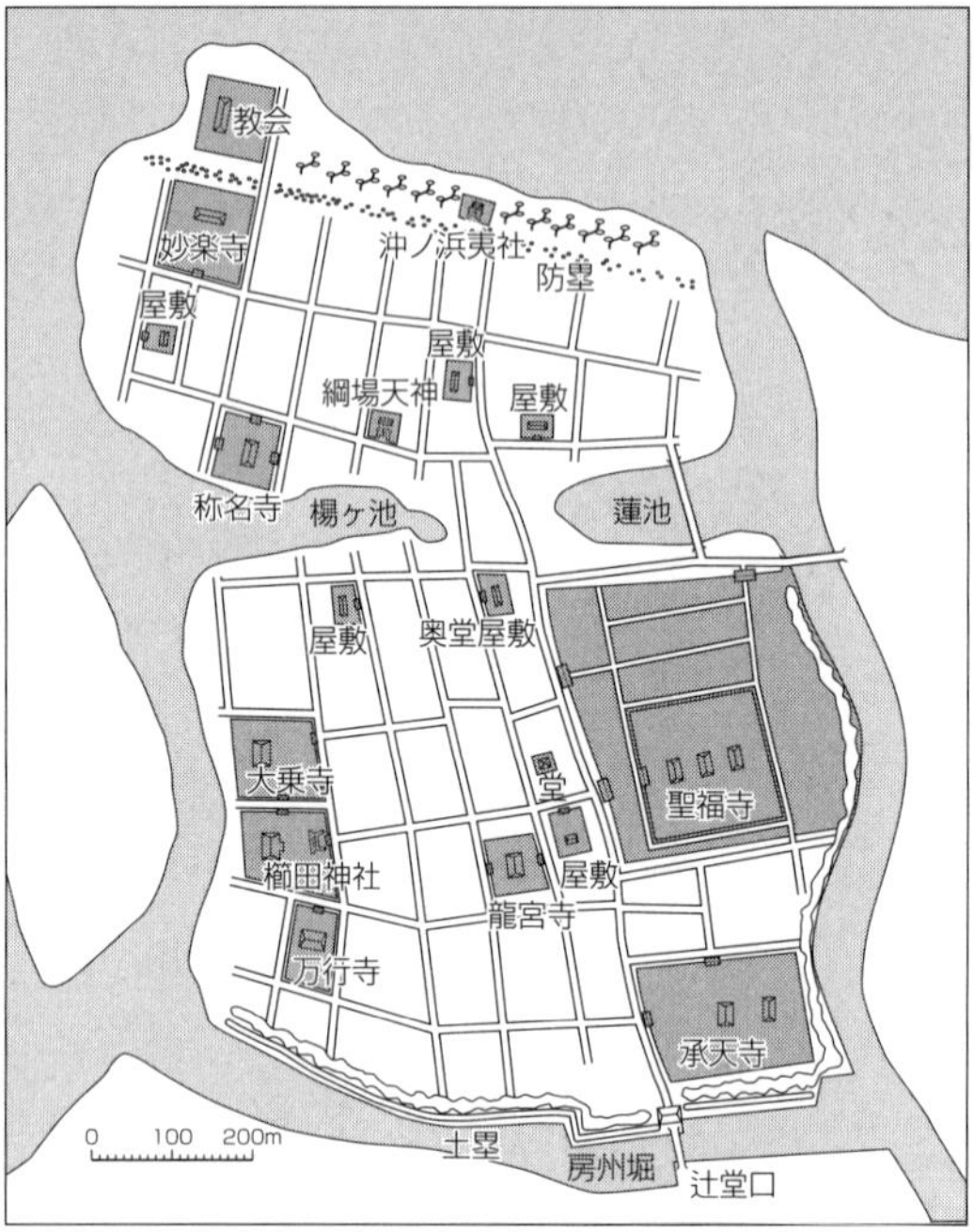

博多の町並み（1550年ごろ。福岡市博物館「堺と博多展」図録に掲載の図をもとに作成）

4 双子都市

中世の博多と息浜

両都の概況は、図録のなかの吉田豊氏の叙述にもありますが、福岡市が三四〇平方キロメートル、一二五万人、堺市が一三五平方キロメートル、八十万人というふうに書いてあります。

本日の主な対象としていますのは、福岡市側のうちの、今の博多区といわれる区域の主要部分を占めるところで、いわゆる「旧博多部」についてであります。博多駅がありまして、住吉神社だとか聖福《しょうふく》寺だとか、そういう寺社がある一帯ですね。

それからもう一つ、「旧福岡部」と申しますのは、大体今の中央区に入るところで、大濠公園や福岡城があるところです。この福岡城は、後で申します鴻臚館《こうろかん》というのがあったところです。

旧博多部と旧堺市域について、これは幸い展示会場の方に、中世の博多と堺の町並みを復元した二つのパネル（福岡市博物館製作）が、同じ基準で対比してありまして一目瞭然です。天文十九年（一五五〇）ごろ、つまり戦国末期の町並みを描いた略図を見ても、博多より堺の方が二倍近く縦長で広いわけです。博多の略図の下の方、つまり南の方を博多浜、北の方を息浜《おきのはま》と申します。息浜は色々な書き方がありますが、古い史料には、息をする、吐息をつくの「息」という字が書いてありまして、それを「オキ」と読ませています。奥という字をあてたり、沖をあてたり、そういうような書き方もしています。博多浜と息浜が一緒になって、考古学的な遺跡発掘の名称としては博多遺跡群と称されています。

地勢の自然でしょうが、内陸側の博多浜の開発・展開が先んじていまして、そして息浜へと発展していきます。息浜の方は、大体平安末期、鎌倉期ごろからだんだん開発されていったようです。息浜という地名が出てくるのは『蒙古襲来絵詞』が初めです。蒙古襲来（一二七四・八一年）の折に合戦に従った、高校の教科書にも名を記されている、竹崎季長《すえなが》という肥後（熊本県）の武士が自らの戦功を絵に描かせたもので、『竹崎季長絵詞』といった方が実態に即していますが、その『蒙古襲来絵詞』の最初に、息浜に軍兵が数知らず立っている、そういう記述があります。

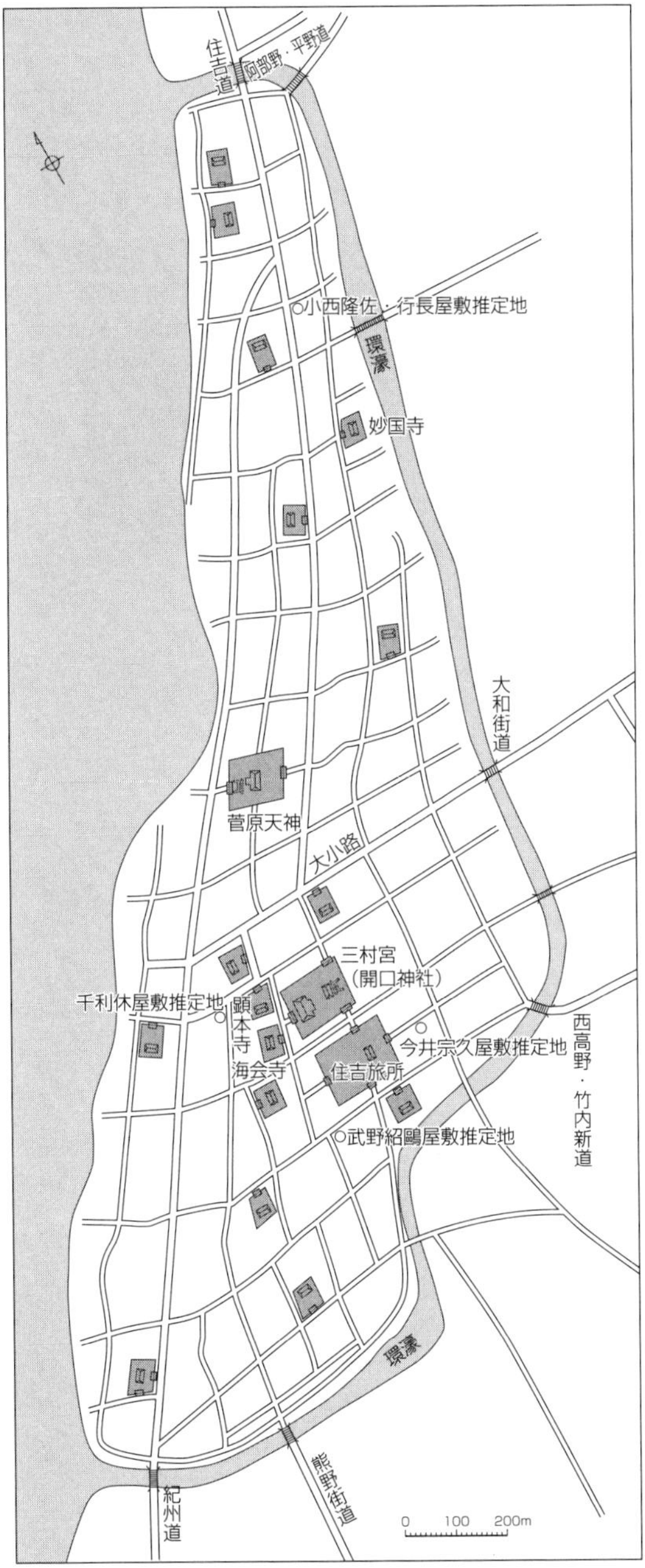

堺の町並み（1550年ごろ。福岡市博物館「堺と博多展」図録に掲載の図をもとに作成）

名島城から移築したと伝えられる福岡城内の名島門（福岡市中央区）

一方堺の方は、北荘と南荘が大小路を境にしてあるということは私が申すまでもないことでして、これも双子都市的だ、というふうな言い方が可能かと思います。

近世の博多・福岡

福岡の場合は、近世―江戸時代になりますと、旧博多部と旧福岡部と、文字どおりの双子都市になるわけです。今の福岡市は東の方から東区、博多区、それと中央区、それから南区、城南区、西区、早良《さわら》区というように区分されています。このうちの中央区があらかた昔の福岡部だと申していいかと思いますが、慶長五年（一六〇〇）に黒田長政が福岡藩主となり筑前に入って、今の中央区城内の地に築城します。ここへ入ってくる前は、東区の方の、香椎《かしい》の近くにある名島《なじま》城に一旦入ります。黒田氏の前に小早川時代というのが前後十三年間ほどあります。小早川隆景《たかかげ》が名島城に居城していましたが、城域も狭いし、商品流通などのための後背地の条件に欠けていました。隣接地に何より博多という古代以来の商都がありますし、それに連ねて西の方に、大きい城下町を形成するのに恰好な今の中央区一帯がありましたので、黒田氏はそこを占拠して福岡城を設営していきました。

福岡市以外の方が博多に来られる場合、福岡市に行くのに切符は博多駅ということで戸惑われることがしばしばです。博多駅で降りて、福岡市に行くにはどうしたらいいでしょうかと、実際に間違われた方を私も見聞きしていますが、福岡市の玄関口に立ってそういうことを尋ねるということになります。

これにはちょっと経緯がありまして、福・博（福岡・博多）の両方をまとめて、市名を福岡市にするか博多市にするかというのでもめにもめ、福岡市に決まります。市制施行半年後に、博多地区に駅が設けられ、博多駅ということになったのです（「まえがき」三頁参照）。市名論争は市制施行後にも再燃しています。

双子都市と申しますけれども、福岡市の場合は、商人の町といわれた博多と、武士の町である福岡城下と、もちろん城下には商工業者が集住させられていますが、いわば武士が主体の城下町である福岡城下とがあるわけです。

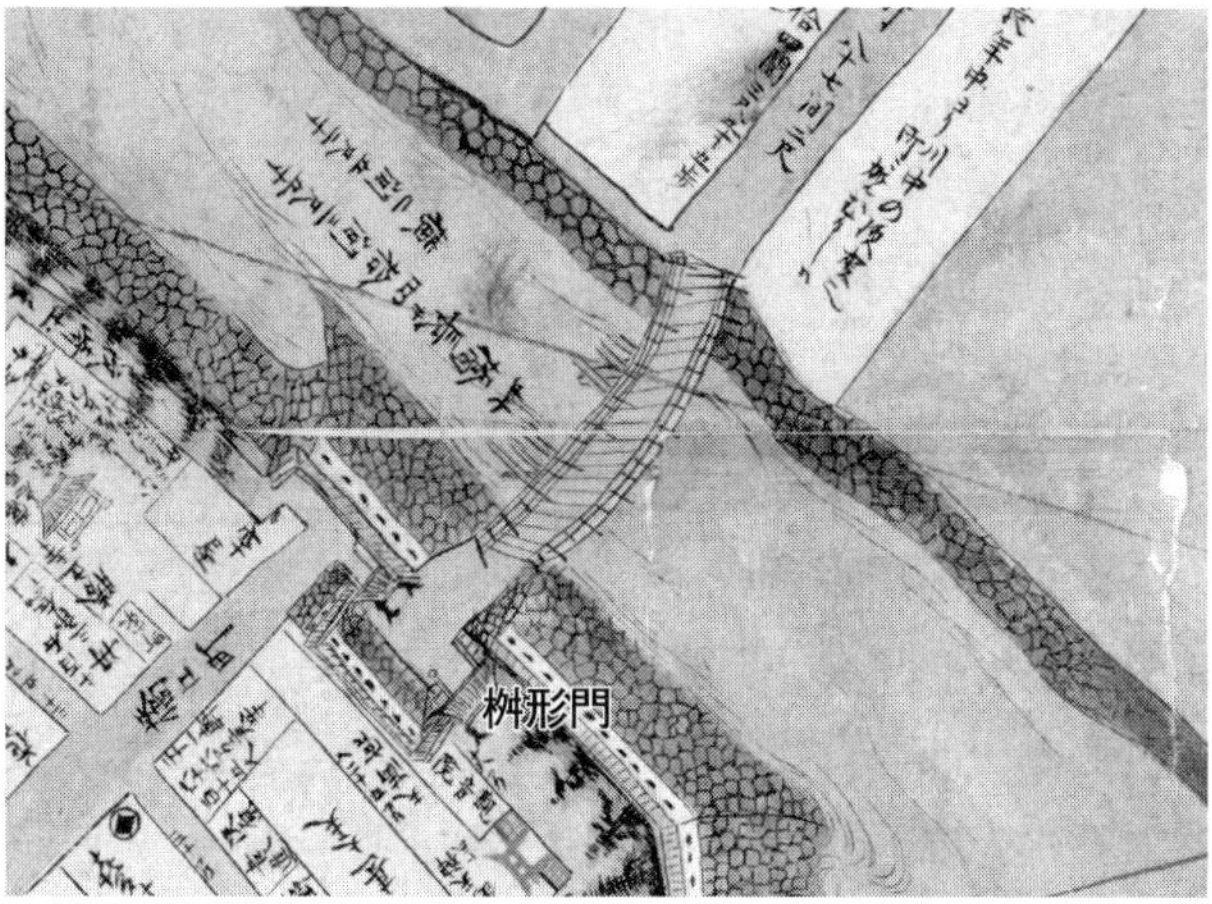

文化９年（1812）写「福岡城下町・博多・近隣古図」（仮題。三奈木黒田家文書。九州大学附属図書館付設記録資料館九州文化史資料部門蔵）に描かれた桝形門

問題なのは「城下町」という言葉ですが、福岡地区だけを城下町というのか、博多を含めて城下町というのか、ちょっとはっきりしないところがあります。博多の略図の左、つまり西側の川ですね、これを那珂《なか》川と申します。この川の橋のたもとにいかにもいかめしい頑丈な門を造ります。桝形門《ますがたもん》といいますが、江戸時代の福岡・博多を訪ねた人々の紀行文を見ますと、桝形門のことに言及した叙述がちらほら見えて、いかめしい状況が活写されています。

これでもって、博多の町人と福岡城下の人との往来を仕切っていました。福岡城下の守りを堅くするというのが主要目的であったと思いますが、それに随伴してか、商都博多と福岡とを分けるような作用をもっていたわけです。

城下町と博多

ですから、狭い意味で城下町といえば即福岡城下であり、博多をどう考えるかということが次に問題になるわけです。略図の東の境に川が描かれていまして、名称が書いてありませんが、石堂《いしどう》川といいます。旧博多部というのは、東の石堂川と西の那珂川、この間のことをいいます。この石堂川というのは、戦国末期の博多を支配した、豊後のキリシタン大名として有名な大友宗麟の配下の臼杵《うすき》氏が開いたといわれます。また、博多の南部に、房州堀《ぼうしゅうぼり》といいますが、これを開削し防備を強化するというようなことも臼杵氏がやったといわれています。房州というのは安房守《あわのかみ》という臼杵氏の官途名で、そこから房州堀という名前が付いたんだといいます。大友氏―臼杵氏（加判衆）―志摩郡代―博多代官の系列で築造したのではないか、という堀本一繁氏の意見があります。調査もされています。ただ、房州堀は鎌倉幕府・鎮西探題による構築であるとか、黒田氏による改修である、という意見もあります。

こうして近世にいうところの商都博多のかたちができます。始源的には平安期からでしょうが、戦国期大友氏の支配のころは注目すべきですね。キリスト教の宣教師が堺や博多に来まして、いわゆる自治都市として堺や博多のことをいうのですが、そのときの博多は大体こういう状況になっていたのです。

そして息浜の方に、大友宗麟は教会の会堂を建ててやります。すぐそばに日蓮宗の寺があって、おそらくそれのことをいっていると思われる「イエズス会士日本通信」が残っています（第七章参照）。

略図にある蓮池というところは、聖福寺の蓮池のあったところだといいます。福岡藩主黒田氏が、この蓮池一帯に寺を集めています（太閤町割との関係も一考せねばなりませんが）。主として、浄土宗の寺と日蓮宗の寺をあわせたかたちになっています。狂言に「宗論《しゅうろん》」というのがあります。南無阿弥陀仏の浄土僧と南無妙法蓮華経の法華僧とが宗義上の論争をする、そして、踊り念仏・踊り題目をし、両者が題号と名号とを取り違えて、浄土も法華も同じだと舞い納めるという狂言らしい落ちですが、それでわかるように両方は互いに相敵視するような間柄なんですね、歴史的にいえば。この浄土宗と日蓮宗という、宗義上の争いを繰り返してきた両派をあわせたかたちで置いているわけです。それが寺町通有の、一種の外敵侵入に対する外構えのような格好にもなっているのです。しかも福岡城下と博多とを結んだ、その東側のところに置いているのです。福岡部の西側の樋井《ひい》川沿岸にも寺院配置が見られます。

こんなふうに地形とか内容とかを見ますと、広い意味では、博多というのも城下に含めて考えてよいでしょう。小林茂氏の指摘もありますが、江戸時代の福岡部と博多部を描いた絵などには、両方を城下図と書いているんですね。「福博城下図」などと書いています。だから為政者の側からすると、博多も城下という考えのなかに入れておったのでしょう。藩政時代は町奉行二人が福・博両市中を管轄しています。少し厳密にいえば、福岡城と福岡城下、博多町という区域になります。これには西田博氏の詳しい研究があります（『福岡県地域史研究』一五号、一九九七年）。双子都市という言い方は、福岡・博多の場合、実態はこういうことです。

博多と堺、両都の現状は、福岡市の面積と人口が堺市よりずっと広くかつ多いわけですが、これは今申しましたように旧博多部と旧福岡部とが一緒になって、そしてそれが福岡市になるので、こんなふうな面積になったのです。だから旧博多部だけだと、堺の方が広いわけです。比較をするときに、何を規準にしてどの時点で比較をするかということがありますが、以上のようなことです。

5　地名の初見

「博多」の地名の初見は、奈良時代のことを調べるのに一番すぐれた官府の史書である『続日本紀《しょくにほんぎ》』のなかの、天平宝字《てんぴょうほうじ》三年（七五九）の条に出てきます（「まえがき」四頁参照）。

博多という字は、物や人が多いという意味です。鳥が羽を東西に広げたかたちですから羽形《はかた》というとか、泊《は》つる潟《かた》であるとかいわれますが、地名の語源詮索は悪くすると語呂合わせみたいになりますので、私のような素人は深入りを差し控えておきます。

一方、「堺」の初見としては『定頼集』が通例挙げられています。寛徳二年（一〇四五）に亡くなった藤原定頼という人の歌集です。このなかに、よく知られていますように、「さかいの潮湯浴《あ》み」の記事が出てくるというわけです。堺の地名は熊野九十九王子の一つ堺王子《さかい》に由来し、摂津国住吉郡と和泉国大島郡にまたがり、この両国の境界にあるところからきている、といわれています。

『住吉大社神代記』という記録のなかに「北を限る、堺大路」とありますが、これが地名としての初見であるという指摘がなされています。この記録は、田中卓氏は天平三年（七三一）説を主張されますが、坂本太郎氏は元慶《がんぎょう》三年（八七九）以後の作であろうとされています。だとしますと平安期ということになりますが、田中氏はさらに自説を強調されています。ともあれ地名の初見について、記録にはこういうかたちで記されているということです。

6　平安期

奴国から鴻臚館へ

これから、古代から中世にいたる両都の略史を追っていきたいと思います。いわゆる縄文・弥生といった考古学年代から平安期まで、それから鎌倉期・南北朝期・室町期・戦国期・織豊期と順序を追います。

『中世・近世博多史論』正誤表

頁	行	誤	正
28	2	物や人が多い	**土地広博、人や物**が多い
29	13	二十三首	二十**二**首
31	9	集住	集住**（いわゆる唐房）**
51	8	府宮内部	府**官**内部
70	10	華亭（江蘇省）	華亭（**華亭県**）
137	18	［隆尚のルビ］たかひさ	たか**なお**
153	7	［梁塵秘抄のルビ］りゅうじんひしょう	り**よ**うじんひしょう
187	13	（同書）	（同書、**序文は元文三年秋**）
242	17	加藤清正・里見義康の援助で小湊誕生寺に	小湊誕生寺に
253	8	本照寺	本照**（證）**寺
253	11	堀遠江守	**小**堀遠江守
257	10	一九七一年	一九**八**一年
267	13	八巻（一九九三～九九年）	**十三**巻（一九九三～**二〇〇〇**年）
271	18	九月に刊行されている	九月に、**同第三巻が平成十七年三月に**刊行されている

室町と戦国の間は人によって基準の立て方が多少違います。大方の意見のように、応仁・文明の乱を境に戦国期に入ったとしておきます。以下、織豊期まで、私が把握した限りでの特徴的なところをかいつまんで申していくというお話の仕方でお許しください。

博多というのは、考古学年代からいいますと色々な問題が出てきますから、そのことはしばらくおくとしましても、文字に書かれたものとしては、高校の教科書にも載っていますが、いわゆる「漢委奴国王《かんのわのなのこくおう》」という金印が志賀島から出土したことが知られています。地図でご覧いただきますと、鶴の首みたいにぐっと出ている島がありまして、まさに切れなんずる状況のところが描かれています。海《うみ》の中道《なかみち》といいまして、海の中道遺跡が製塩関係遺跡として調査されていますが、その先の島です。

志賀島は「しかのしま」と、当地の人は濁りません。「しがのしま」に行きたいのですがといわれて、この人は少なくとも福岡市の人じゃないなとすぐわかります。我々もよそに行ったら同じことをやっているんですね。地名辞典の編集のとき、ある地名の読みを確かめたのですが、読みはそのとおりだがアクセントが違う、といわれたことがありました。難しいものだなあと思った次第です。

志賀島は万葉の島として有名なところです。『万葉集』には志賀島を詠んだ歌が二十三首ありまして、これは『万葉集』の地名を詠んだ歌のなかでは最も多いといわれています。著名な志賀の荒雄の歌とかが収まっています。ですから、志賀島はもちろん、福岡市内にも万葉の歌碑が由緒のあるあちらこちらに建てられています。志賀島には金印公園があり、福岡市にお遊びの折にはおいでになるとよろしいかと思います。

余分なことを申し添えるようでありますが、九州大学の医学部を出て中国古代の歴史の研究、思想の研究など顕著な業績を挙げ、かつ中国の戦後の文教の頂点に立った郭沫若《かくまつじゃく》という方がいらっしゃいます。その人の日中不戦の詩、日中永遠に再び戦わじという詩ですが、その碑も金印公園にあります。ぜひご覧いただけたらと

鴻臚館跡調査の様子（平成５年５月）

存じます。

金印に見える「奴国」は、現在で申しますと春日市から福岡市にかけての一帯です。

奴国の那《な》の津《つ》、今風にいえば博多港ともいうべき那の津に、宣化元年（五三六）に官家《みやけ》が置かれます。これは出兵基地だとかその他いわれており、またこれの後身が大宰府だといわれています。

次に「筑紫館」、『日本書紀』風の古い読み方で「つくしのむろつみ」というようですが、この筑紫館が『日本書紀』の持統二年（六八八）条、『万葉集』にある天平八年（七三六）に遣新羅使が詠んだ歌などに出てきます。後に中国風の名前に変わりまして「鴻臚館」となります。外国からやってきたお客さんなどをもてなす、あるいは中国、新羅、そういうところへ日本から出ていく人を宿泊させるとか、いわゆる迎賓館のようなものです。

それに、関係諸機関があります。例えば一番重要な、食料関係、食事関係をまかなう津厨《つのみくりや》なんていうのが出てきます。海の中道遺跡がそれだという意見もあります。それから福岡市の南区には曰佐《おさ》という地名がありますが、これは通訳という意味なんですね。それが地名に残っている。鴻臚館の関係かなと思われます。

森克己氏のご説によりますと、そういう（国家の外交的な）機関であったのが、中国あたりからやってくる貿易業者を宿泊させる貿易の館というふうに変化をするということです。鴻臚館を舞台とした貿易は十一世紀半ばごろで終焉を迎え、狭義の博多が貿易の拠点となります。

大宰府の外港としての性格から、この時代の博多を「通過都市」と表現したりします。堺は京都・奈良の外港といわれますが、対比するとはっきり認識できると思います。

福岡市東区の開発

その後の展開ですが、追々貿易をする人たちが相次いでやってきますが、やってきてすぐ帰れるというわけじゃありません。相手のあることですし、それから色々不案内のこともあり、半定住的なかたちになることもあります。しかもそれが官の手を離れて民間のかたちになっていくわけです。ですから、中国からやってくる貿易商人たちは博多に半定住的な、ないしは定住したかたちで貿易をやり、むしろ博多を拠点にして中国と貿易をするようになっていきます。

それで中国人の集住が見られるようになるわけでして、承徳元年《じょうとく》（一〇九七）、『散木奇歌集《さんぼくきかしゅう》』という歌集のなかに中国の宋人たちがたくさん集まって大宰権帥《ごんのそち》源経信《つねのぶ》を弔ったということが書かれています。大宰府の貿易を取り扱う担い手は、そこのお役人なんですね。その役人たち、大宰府の大監《だいげん》、少監、大典、少典といったような人たちが中心になって、実際はやるわけです。福岡市の東区に筥崎宮というお宮がありますが、そこの神主さんはもともとこのクラスの役人だったわけです。大宰府の権帥はともかくとして、大弐《だいに》、その下の直接の現地の責任者である少弐、それから監・典、この監・典クラスが府官として政治の実務をとりました。筥崎宮の神主秦《はた》氏というのは、その監・典クラスの役人だったのです。

筥崎宮（福岡市東区）は、十世紀の初めに創建されます。福岡県に嘉穂《かほ》郡筑穂町（現・飯塚市）というところがありまして、そこに大分《だいぶ》八幡宮というのがあり、そのお宮を筥崎海辺の地に遷座したのです。

当時の日本は、新羅《しらぎ》が攻めてきやしないかという恐れを非常に強くもっていました。それを神様の威光でも

筥崎宮（福岡市東区箱崎）

って追い払うということ、それと同時に中国などとの貿易ということも含み込んで、筥崎八幡宮が造られたようです。その筥崎宮の神官が大宰府の役人であるということでして、『今昔物語集』という説話文学作品にも、筥崎宮の秦氏が貿易に関与していたと見られることが書き記されています。筥崎宮の創建を皮切りに、箱崎地区が開発されていきます。

先ほど、石堂川のことを申しましたが、戦国末に開削されるまでは、箱崎と博多は続いていたわけですね。この辺は白砂青松、ずっと松林が続いていまして、中国人も十里松と文章のなかに記したり、古くは大江匡房《まさふさ》という大宰府の長官であった人が『筥崎宮記』というのを書き、「他木無く青松のみ」と、箱崎の松のことを記していますけれども、今はその面影がほとんどなくなっています。

福岡市の東区には、明治二十年代末になりまして県立福岡病院が東中洲から移ってきて、これが母体になって京都帝国大学福岡医科大学というのができ、それが九州大学医学部になります。九大は、福岡市の西部・糸島地区に移転するという話になっていますが、福岡市の東区の歴史というのは、筥崎宮の創建と、九州大学ができたことが、大きな画期をなします（付記・九州大学の移転は平成十七年から始まっています）。

こういうふうにして、おいおい東の方も開発され、今申しましたような推移をもちまして、中国人の集住がなされます。仁平元年（一一五一）に、箱崎から博多へかけて大宰府の検非違所《けびいしょ》という、いわば警察関係のことを取り扱う役人が出動いたしまして、中国人の集住者を取り締まることがありました。これを「仁平の大追《だいつい》捕《ぶ》」と申しています。一六〇〇軒の家が数字に残っていまして、箱崎から博多へかけて相当な広がりの中国人の集住が見られたのであります。博多に筥崎宮領があるなど、箱崎は博多と密接な関係にありました。

中国人の集住都市、博多

昭和五十二年（一九七七）に始まる地下鉄建設、民間再開発の建設にともなう博多地区の調査によって、十一、十二世紀の中国陶磁器などが全国に卓越した量で発掘され、国際貿易都市博多の実態を明らかにしました。鴻臚館からも越州窯のものが出てきて、これもまた、中国の本場を除いてこれほど出てくるのは他に類を見ないということです。これらが、京都その他日本国内に流通するのです。

博多からの出土遺物のなかに、宋商人など中国人の人名を糸底などに墨書した陶磁器がたくさん出ています。そのなかに「丁綱」という墨書銘なんかが多く出たりしています。今回きれいに並べて展示されていますので、一目で理解ができます。このような姓＋「綱」の墨書は、斯波義信氏によりますと、綱首《こうしゅ》＝船長の所有に帰する陶磁の荷物を識別するもの、あるいは綱＝組ごとに仕分けられる荷物の帰属を示す識別、と考えられています。綱首のうち、博多を根拠として母国の中国や高麗などと交易を行うものを、私は石清水文書正応二年（一二八九）八月十七日筥崎宮造営材木目録に出てくる表現に従って「博多綱首」と呼んでいます。今ではかなり広く使われている用語です。

「丁綱」墨書磁器碗（博多遺跡群出土。福岡市埋蔵文化財センター蔵）

なお「丁綱」などと関連して、寧波《ニンポー》刻石の問題があります。仁安二年（一一六七）、平家が台頭してきたころですが、中国の寧波のお寺で道路を造ったりします。それに丁淵・張寧・張公恙などという博多在住の中国人が、道路を造る資金を献じて関係者の供養をしたりしています。寧波の最古の図書館といわれるもののなかに、壁面に刻石をはめ込んだものが残っているんですね。刻石は三つあります。略して寧波刻石と申しますが、それに上記の三人が寄進したことが刻記されています。中国の研究雑誌『文物』で紹介されまして、日本人研究者が実際に現地で見て、より正確な報告をしています。

平安末期になってきますと、平氏が貿易をやってそれを経済基盤にするわけですが、その重要な基地の一つとして博多がありました。山笠で有名なんですが、博多の人々の総氏神といわれ古い社伝をもつ櫛田神社は、平安末期の平家全盛期に肥前国神崎荘という荘園の櫛田神社から博多に勧請《かんじょう》されたものとも解されています。以後、櫛田神社は博多人の、いわば精神的結集の場として機能するのであります。私どもの地域では「山笠があるけん博多たい」というふうなテレビCMが放映されていますが、博多山笠で有名な櫛田神社は、このようなことを背景にして祀られるわけです。

ともあれ博多は、先ほど申しましたように通過的な性格のものから自立的な国際都市へと進んでいきます。ただこれは、主な担い手が中国人貿易業者であり、もう少しいいますと華僑的な、ないし租界的なかたちになっていたような感じがいたします。

平安期までは、堺についてはあまり語る史料がありませんので、博多中心のお話になりました。平安期の堺については、一般に、熊野詣《くまのもうで》、その信仰の伝播のルートとして、宿場的な海村のような状況であったといわれています。

7　鎌倉期

貿易都市博多、武士の町へ

続いて鎌倉期です。急いでまいりますけれども、この期の博多では、略地図（二二頁）に大きく出ていますように、まず聖福寺が、茶と臨済禅で知られている栄西禅師によって始められます。

有名な栄西の『興禅護国論』は、専門史家から疑問が出されていますけれども、終わりの方を見ますと、彼の周りには張という姓の博多綱首などがいたようでして、聖福寺は博多綱首、つまり博多に定住して中国と貿易をしている中国人貿易業者などが創建にかかわったのではなかろうかと思っています。

そういうことがはっきりしているのが、承天寺《じょうてんじ》という寺です。博多綱首の謝国明《しゃこくめい》という富力を持った人物が創建します。韓国の木浦《モッポ》の近くの海で莫大な量の陶磁器・銅銭などを載せた沈没船（新安沈没船）が引き揚げられます。これは、中国の寧波を発して博多へ向かっていた貿易船が沈んだものです。かなりの数の木簡《もっかん》が出ていまして、京都の東福寺、さらにその末寺である承天寺のなかに釣寂庵《ちょうじゃくあん》という一つの塔頭《たっちゅう》がありますが、これらが木簡に記されています。この木簡の一部が、複製品で展示されています。

筥崎宮に対する国家段階での保護が弱くなって、勧進僧が以上の寺々と一緒に海外カンパをやるわけなんですね。つまり東福寺・承天寺（釣寂庵）、それにこの筥崎宮といったものが寄り合って貿易船を仕立てていたのです。こういうのを寺社造営料唐船《とうせん》と申しています。倭寇《わこう》的な状況が出てきているときですので、そんなことも併考すべきでしょう。平安ー鎌倉期、十一世紀から十二世紀にかけての博多というのは、輸入陶磁の出土品から見るとまさに黄金時代といってよい状況です。いかにも国際貿易都市の名にふさわしい時期であったと思います。

続いて有名な蒙古襲来（元寇）が二度にわたってあり、博多湾の沿岸部に防塁が築かれたり、第三次の元の襲来にそなえて鎮西探題《ちんぜいたんだい》が置かれ、それまで大宰府が政治・文教の中心であったのが、博多に政治の中心が移っていきます。以後、博多は異国警固を介して、防衛都市の性格をもちつつ、政治・軍事・貿易・経済（消費・流通）・文化を総合化して理解せねばならない都市形成を進めていきます。

堺南荘の総氏神で，地元では「大寺さん」と呼ばれ親しまれている開口神社（堺市堺区甲斐町）

堺の対外貿易港への前提

このころの堺は、どうだったのでしょうか。堺南北荘がもうすでに成立しています。南は和泉国に属する堺南荘（遍照光院領）、北は摂津国に属する堺北荘（最勝光院領）で、南荘の総氏神開口《あぐち》神社（住吉神社別宮）が漁業を営む人々の信仰を集め、その集落が展開していました。

そしてよくいわれますように、鋳物師が堺を拠点として、船をあちらこちらにまわして鉄製品を交易するというような状況が出ています。

堺からも新安沈没船とほぼ同時期の陶磁器などが出土しています。ともあれ、小西瑞恵《みずえ》氏の書かれた「堺都市論——戦国都市堺の形成と自治」（有光友学編『戦国期権力と地域社会』吉川弘文館、一九八六年）でのお言葉を借りれば、「鎌倉時代には泉州堺津が和泉国一帯の港湾の拠点としての位置を占めていた」ということになります。

それから、寺社の由緒といったものは厳密な検討を必要とすることがあるので、ここに並べていいかどうかわかりませんが、新安沈没船類似品の場合と同様で、遅れてもこれからちょっと下がったころだと思いますが、正中元年（一三二四）、大阿弥陀経寺（旭蓮社《ぎょくれんじゃ》、元の白蓮社《びゃくれんしゃ》の系統）が創建されています。大阿弥陀経寺は、旭蓮社の開創者が元《げん》に渡って、元の結社である白蓮社の系統を直接に受けたものなんですね。もうちょっと詮索をして、鎌倉・南北朝期の堺を考える素材としてはいかがかというふうに考えています。

8　南北朝期

中国人貿易商から博多住民へ

南北朝期は、両都にとりまして大きな転換期であったと思います。

豊後守護の大友貞宗《さだむね》という人物が、鎌倉幕府を倒した功績でもって博多の息浜を得ます。この後大友氏が、戦国末にいたるまで色々なかたちで博多の支配を続けるわけです。

南北朝期、政治的には征西将軍宮の懐良《かねよし》親王のとき、明《みん》の使いが倭寇の禁圧その他のことでやってくる。征西府を目当てにして来たんですが、今川了俊《りょうしゅん》という文武にすぐれた人物が九州探題としてやってきまして、征西府をまさに陥落させようとするときで、彼らは上洛し、室町幕府最初の対明交渉となります。

その後、朝鮮側は九州探題に対し、倭寇の鎮圧者としての期待を寄せます。鄭夢周《チョンモンジュ》という当時の高麗の政治家で最高の文化人ですが、その人がやってきて今川了俊と話し合うわけです。鄭夢周には『圃隠集』という詩文集があって、このなかに博多のことが書かれています。家は板葺で、雨が降ると音がするとか、人々は歯を染める風があるとか、他に見られない貴重な記述です。

鄭夢周は倭寇問題でやってきたのですが、倭寇の問題で朝鮮、中国、日本といった東アジア一帯はある種の連関をなす、東アジア世界といったようなものができるわけです。

そういう状況のなかで博多の町がどう推移したかということを申すわけで、色々ありますが、博多の町が豊臣秀吉によって復興・整備される以前、それまでずっと何らかのかたちで使ってきた南北に貫通する道が、聖福寺の前を通って、やや西に振っておりますけれども、そういう道が発掘されたりしています。その造作の主体が誰であったかというようなことがあるんですが、よくはわかりません。

ただいえることは、それが仮に鎮西探題であったとしましても、博多住民の力というものを抜きにしてはできません。そして、それまでの綱首など中国人貿易者が主体であったのが、博多住民が主体となっていきます。正平二十一年（一三六六）には、厳島《いつくしま》神社に博多講衆が釣灯籠を寄進したりしています。

それら博多住民は、史料と突き合わせると、踊り念仏の時衆《じしゅ》のかたちをとっていることが多いですね。『禰《ね》寝《じめ》文書』という私が校訂して出している史料の五六五号を見ますと、宮崎県都城《みやこのじょう》盆地の三俣《みまた》の時宗《じしゅう》僧侶（時衆）が福岡県の瀬高へというふうに、広い範囲でまわっています。「時宗」が確立するのは室町期になってからですけれども、彼らは時衆の姿を借りながら、禅宗の信仰を兼ねたりもするのです。

これはいちいち説明する時間はありませんが、このような状況が堺でも考えられるんじゃないかと思われます。

堺商人と宗教状況

堺の南北朝期は大きな転換期です。当館の展示会場の常設展示部分には、桜井神社の宮座《みやざ》、惣といったものが展示されており、住民の力の向上を感じさせます。

この時期には、魚商人・油商人の活躍（堺商人の形成）が見られます。和泉守護の山名から大内へという上層部の変化なども大きな問題ですが、やはり民衆的なレベルで申しますと、後の堺商人の形成には、魚商人や油商人の活躍といったようなこと、商工業者が堺へ移住してくるとか、そういうことが重要視されます。軍港としても重要性を高めています。堺版『論語』の刊行など文化面も注目すべきです。

もう一つは、この時期に大きなお寺が建てられる。旧来のいわば真言宗、天台宗に加えて、海会寺《かいえ》（正慶元年〔元弘二、一三三二〕開創）や引接寺《いんじょう》（貞和三年〔正平二、一三四七〕開創）が創建されています。海会寺は、開創は鎌倉最末期ですが、東福寺派の、いわゆる外来文物を受容する受皿の大きな東福寺派ですね、その派の寺が活動し始めたということに私は注目をしたいわけです。応永元年（一三九四）には同派の大安寺が建ち、文化的諸活動を見せます。

また、先ほど述べた博多の場合と並べて、やはり時宗の動きに注目したいと思います。引接寺の創建は、その指標になります。今はなくなっていますが、時宗のお寺として他に、歌人の正広《しょうこう》という人の『松下集《しょうかしゅう》』などには、網道場の金光寺という寺のことが出ており、かなり活躍しています。後のことですが、湯川宣阿《せんあ》という有名な貿易商人が、時宗と関係するといわれる「阿号」を名乗っているんですね。

南北朝期は、禅宗信仰とか旧来の信仰とか色々ありますが、新しく形成されてくるもののなかに時宗の姿を借りているものがかなりあるのじゃないかと思います。通時代的な問題でもありますが、こういうことを堺の都市形成で見てみてはいかがだろうかと提言しておく次第です。

9　室町・戦国期

博多と大内氏

室町期ですけれども、時間の加減もありますからどんどん急いでまいります。この時期の博多は、政治状況では九州探題の存在を抜きにできません。これは、今川了俊をピークにして渋川満頼《しぶかわみつより》、その子と続きますが、末細りで勢力が弱まっていきます。

応永の外寇というのがありまして、応永二十六年（一四一九）に倭寇根拠地として対馬を朝鮮が攻撃します。その事後処理や色々な情報の収集のため、朝鮮から宋希璟《ソンヒギョン》という人がやってきます。

これらと関連して、博多商人のはしりみたいにいわれている宗金という人の活躍が知られます。高校の教科書などでいうと、博多商人のはしりとしては、これよりも前、応永八年、明との国交や貿易などで活躍する肥富《こいずみ》という商人が知られていますが、筑紫の商人とされており、博多商人と断定していいかどうかわかりません。宗金は大友氏などに依付しながら商活動、貿易活動をやるわけです。

それから権力者の側でいうと、守護の大内氏が博多支配に乗り出してきます。持世《もちよ》の段階からその傾向が知られますが、教弘《のりひろ》を経て、特に政弘にいたって頂点に達します。大内政弘は、応仁・文明の乱のときの西軍の事実上の中心になった人物で、すぐれた文化人でもあります。大内氏は歴代すぐれた人が相次いでいますが、やはり大内盛見《もりはる》と並んで傑出した人物だと思います。政弘のときにその保護で連歌師の宗祇《そうぎ》が来博し、『筑紫《つくし》道記《みちのき》』を著したことは有名です。

大内政弘は、応仁・文明の乱後すぐに筑前支配、博多支配を直接やるわけですが、そのときの記録がありがたいことに『正任記《しょうじんき》』として残っています。側近に仕えていた相良正任《さがらただとう》という人の記録です（第四章参照）。ちょうどこれに対応するようにして、堺側には『蔗軒日録《しゃけんにちろく》』（一四八四～八六年）が残っています。海会寺の季弘大叔《きこうだいしゅく》の日記です。

博多は一時期、朝鮮貿易の基地と化しますが、朝鮮貿易はやがて対馬の宗《そう》氏の方に移っていきます。それから、大内氏を介して博多に文化が移入したことが考えられます。博多の年中行事であった松囃子《まつばやし》など、これはどうも京都から大内氏を介して博多に入ってきたのではないかと思われます。山笠がかたちをなしていくのも、大内氏の影響があるのではないでしょうか。大内氏の山口は小京都化していたものと思われます。

なお、一四七一年、朝鮮の申叔舟《シンスクチュ》が撰進した『海東諸国紀』には、当時博多は少弐・大友が分治し、少弐は西南四千余戸、大友は東北六千余戸と記されています。さらに同書は、大内氏は博多・大宰府の旧地を少弐氏からとられた、とその背景を記しています。

とにかく、中世後期の博多とその文化は、博多を長い間支配した大内氏をなかに入れないと十分な理解は得られません。

堺の隆盛

堺は、応永六年（一三九九）の応永の乱で一つの時期を画します。応永の乱の焼土層が、堺の発掘の一つの基準になっています。焼失した民戸は一万戸と伝えられています。大内義弘のこの乱で、大内氏は堺から排除されます。大内氏の堺支配の究明はこれからの課題でしょう。

室町期に入って、堺では桜井神社の宮座などはずっと続けられ、村の結合は強められています。民衆側の主体的な結集を母体にする地下請け、すなわち荘園の請負いがなされています。有力な者が中核をなすとはいわれていますが。

文明元年（一四六九）、突然のようなかたちですが、遣明船が堺に入港して、堺は初めて外国貿易港となるのです。しかし、突然にしてそうなったとは思われません。これまで述べてきたような経緯を背景にして、つまりそれ以前の堺住民による生産関係の長い蓄積とそれにともなう諸条件によって、初めてこういうかたちで出てきたというふうに理解した方がよかろうと思います。もちろん応仁の乱による日明貿易路（帰路）の変更は大きな理由でしょうが。やがて琉球・朝鮮貿易にも進出します。

こうして堺は外国貿易港となるわけですが、このころ一休を始め、正広などの来堺が知られます。正広という人は、中世屈指の歌人だといわれている正徹《しょうてつ》のお弟子さんです。その正徹は、九州探題をしていた今川了俊の弟子なんですね。前述しました正広の『松下集』などによって、この時期の文化的な動きが色々と知られます。雪舟は海会寺の季弘大叔を介して、画事で堺に関係しています。

宗祇なども堺にやってきます。また、正広にせよ宗祇にせよ、堺だけではなく博多にも行っています。彼らは巡歴をやる間に、堺と博多に一種の文化的な輪を作っていったと考えていいんじゃないかと思います。堺と博多について、色々な事例を発掘しながら、単なる対比だけでなく、連関現象を考えてみたいものです。

この期に堺は経済力、文化力を顕著に増進させます。この期の出来事として、遣明船による利潤をめぐり、博多商人と組んだ大内氏と、堺商人と組んだ細川氏とが中国で起こした寧波《ニンポー》の乱という大永三年（一五二三）の争いは有名です。

それから、結局は大内氏によって遣明船貿易は独占されるのですが、その大内船に堺商人が乗っています。呉越同舟みたいな観を呈するんですが、やはり商人は政治問題もさることながら、それを超えて利潤を追求するということでしょう。ともあれ、堺が外国貿易をやることによって、後背地の色々な商業が刺激を受け、両者相俟《あいま》って堺の隆盛が見られるということです。

今谷明氏が『戦国期の室町幕府』（角川書店、一九七五年）などの著作によって提起された、いわゆる「堺幕府」の問題もありますが、ここでは立ち入りません。戦国期の堺については、自治組織の展開その他語るべきことは多いのですが、法華一揆の問題、十六世紀後半には堺が鉄砲の町になることなども重要な事項です。

10　織豊期

領主権力と自治組織

織豊期に入ります。時間がなくなってきましたので、織豊期、いわゆる安土桃山時代については、自治組織などの概要を少し述べたのち、両都の連関について考え、終わりとします。

大内氏が滅亡して、博多は大友氏が全面的に支配し、そしてその下で自治組織といったものが展開します。戦国最末期、いわゆるクリスチャンの世紀といわれた時代には、この大友氏の博多領有のなかで博多の自治というものが問題になります。

展示されていますものでは、「西分月役」という署名の史料（閏三月博多西分月役黒印状）がありますね。それから『豊前覚書《ぶぜんおぼえがき》』や『宗湛日記《そうたんにっき》』に「年寄」という言葉も出てきますし、これらが江戸時代の「年行司」といったものへ系譜を引いていくとは思われますが、それらを含め、博多のいわゆる自治について、自治の概念・組織・運営の全容、他都市との比較など、これからの課題です。堺の事例を見ていますと、この面では堺の方が史料も多く研究がより進んでいるように思います。堺の会合衆（小西瑞恵氏は「えごうしゅう」ではなく、「かいごうしゅう」と呼ぶべきだと主張されています）を中心とする自治都市としての展開は、お膝元の周知のことと思い、今は触れません。

それから三好三人衆と松永軍とを会合衆が仲裁をするとか、永禄十一年（一五六八）に信長が矢銭《やせん》二万貫を堺に課するとか、ことに大坂築城でもって秀吉が商人を大坂へ集める、そういうことを背景にしながら天正十四年（一五八六）に堺の堀が秀吉によって埋められるのです。

自治都市堺の象徴，環濠の面影を伝える土居川

秀吉と両都

ルイス・フロイスがその著『日本史』のなかで、博多の町は町人を基礎にしており、堺を真似ているところがあります。私はこれがずっと気になっています。やはりこれは似ているということだろうと思うんですね。それぞれの経緯をとって自治的な都市形成をするし、それから博多の場合、地形でも、南は外郭の房州堀、東西両方は川で囲まれておりまして、北は海です。堺を環濠都市というのに比べると、博多はそれに類似しているといってもよいでしょう。

ここで大きな問題になるのは、豊臣秀吉が島津氏を、大友宗麟の請いによって討伐したことです。ほとんど戦わずして軍門に降らせます。そして博多へ来まして、戦乱で荒廃した町を再興するわけでして、これを太閤《たいこう》町割《まちわり》と申します。これはいうまでもなく、明・朝鮮出兵への兵站基地化ですが、同時に、これまでの博多浜と息浜とが統一され、近世都市博多の基礎が作られます。

天正十四年（一五八六）十二月、豊臣秀吉から博多の町割をせよとの命を受けた黒田孝高《よしたか》（如水《じょすい》）は、家臣の

櫛田神社境内の博多塀。戦火による焼け石・瓦が塗り込まれている。嶋井宗室宅跡の一部を移築復元したもの

久野四兵衛にそのことを命じ、翌年六月、久野の実施のあとをうけて、さらに黒田孝高と石田三成が命を受け、滝川雄利《かつとし》・長束正家《なつかまさいえ》・山崎片家《かたいえ》・小西行長らを奉行衆として実施されています。

織田信長が堺を直轄地としたあと、天正十四年、豊臣秀吉は自治都市の象徴ともいうべき環濠を埋め、その翌年博多の町割＝復興をやっています（太閤町割については、宮本雅明『都市空間の近世史研究』〔中央公論美術出版社、二〇〇五年〕という拠るべき成果があります）。堺の堀の埋め立ては、フロイス『日本史』の記述では再起不能といってよい打撃を堺に与えたとありますが、都市大坂の振興策に関連し、大陸問題をにらんでの博多の復興＝軍事基地化に連続していると見られます。端的にいいまして、秀吉は堺のほどほどの制圧によって、堺の人材と財力を、いわば再活用したのではないかと考えています。

博多に即して申してみましょう。箱崎茶会というのを秀吉がやります。これがよい例です。秀吉が何か動くときには、もちろん軍事力の誇示ということがありますが、同時に千利休その他の文化人を従えて、文化力を誇示しています。軍事的な誇示にあわせ、文化的なデモンストレーションをやるわけです。このときにも、千利休、津田宗及《つだそうぎゅう》が秀吉からいわれてやってくる。

千利休は、実子の紹安《じょうあん》を連れてきています。千紹安（道安）は、後には細川忠興《ただおき》から三百石を与えられ豊前で没し、太宰府の崇福寺《そうふく》に葬られたという説があります（『茶事年鑑』）。

津田宗及については、叔父の津田道叱《どうしつ》、豊後の大友氏を介して、九州商圏というべきものをもっていました。秀吉はこれを利用しているのです。千利休・津田宗及ら、堺の町人・豪商であり茶道師範でもある者を侍らせました。津田氏らは権力と結んでの共生関係をはかったのです。

そして、堺奉行を兼ねた石田三成が博多再興の指揮をとっていることに注目したいと思います。展示資料のなかに、卯月晦日の博多惣中あての秀吉朱印状がありまして、そのなかに三成の兄で秀吉の側近の石田木工頭正澄《まさずみ》のことが見えます。佐島顕子氏の教示によりますと、天正十八年あるいは文禄元年（一五九二）か文禄二年の文書といいます。節句の祝儀に塩消《（ママ）》（煙硝）百斤をもらったという文書の内容も注目されますが、このあと正澄が堺奉行に任じられていること（朝尾直弘「織豊期の堺代官」〔『赤松俊秀教授退官記念国史論集』一九七二年〕）を重視したいのです。

秀吉による堺の埋め立てと博多の再興、そして朝鮮出兵のなかに、両都の関連性が看取されます。

11　両都の交流

最後に、この時期における両都の人的交流について一つ申し添えておきたいと思います。

博多商人の嶋井宗室、神屋宗湛《かみやそうたん》たちが、堺衆と密接な交わりを結んだことはよく知られています。堺と博多の関連で注目される人物に、宗伝という人がいます。前から気になっている人物ですが、関係の史料の一つ、嶋井文書が展示されています。またこの他に、小松茂美『利休の手紙』（小学館、一九八五年）、桑田忠親『定本　千利休の書簡』（東京堂出版、一九七一年）などで紹介されている宗伝あての千利休の手紙もあります。松岡沙鷗『火燼《かじん》』（海鳥社、二〇〇三年）は宗伝を主人公にした小説です。

ここに展示してあるのは、利休と宗伝の両方が連名で天正十六年（一五八八）閏五月十九日、嶋井宗室にあてた書状です。署名は宗伝が左側に書かれています。利休が売僧《まいす》的な行為をやっている史料としてもよく引かれるものです。宗伝老といって、宗伝はこの当時堺の人たちからも博多の人たちからも尊敬されていますけれども、連名で文書を出していますね。

宗伝の問題などをさらに深められると、このころの両都の関係がよりいっそう明らかになると思います。宗伝は博多出身で、堺に頻繁に往来していた人物だと通例理解されています。もしかして堺の人ではないかとも思いますが、史料が非常に少ないので、今は通説に従っておきます。また、『宗及他会記』などに見える宗寿などという人物も気になります。

この地で茶会が開かれた際，千利休が茶釜を掛けたと伝えられる「釜掛けの松」（九州大学構内。植田謙一氏撮影）

それから、天正寺の創建問題で石田三成と疎隔したといわれる古渓《こけい》宗陳《そうちん》、堺と縁の深い大徳寺の僧侶ですが、彼は博多へ配流されます。一年余博多にいて、博多の茶の湯文化に非常に大きな刺激を与えます。大同庵という庵で、博多の文化人と茶の湯を楽しみます。古渓宗陳にちなんだ古渓町（今の奈良屋町）という町名が残りますが、米軍の空襲で全滅しています（付記・竹貫元勝『古渓宗陳』〔淡交社、二〇〇六年〕が出ています）。

それから津田宗及の子息の江月宗玩《こうげつそうがん》についてですが、近世初期博多の文化興隆に尽くした彼の役割には非常に大きいものがあります。つぶさに申し上げる時間はありませんが、この人も両都に関係します。

博多の茶の湯文化は、先に説明したようなことをもろもろ背景にしながら、箱崎茶会で大きな盛り上がりを見せます。千利休の遺蹟として、九州大学構内に釜掛けの松があり、筥崎宮には重要文化財である南北朝時代の石灯籠があります。社伝では利休の献納とされています。『宗湛日記』のなかに出てきますが、茶会をやったお堂の灯籠堂（恵光院）があって、それは未だに残っております。

そのようにしてハイライトをなすわけですが、博多の茶の湯というのはやっぱり堺の流れに棹《さお》さすものといってよいでしょう。千利休の茶の湯の神髄を伝えるという『南方録《なんぽうろく》』が、福岡藩の上級藩士として前後に類を見ないような文化人だといわれている立花実山《じつざん》によって編まれるわけなんですね。博多駅近くに円覚寺という寺がありまして、そこによく知られた実山自筆本があります。ですから同書の真偽の問題はともかく、堺の茶の湯は、福岡藩の立花実山において結晶を見たといってもよくはないかと思います。

以上、羅列的なことを申し上げましたけれども、堺と博多の人物を介して、主として、経済関係も随伴する政治的・文化的な連関を考えてみました。その面の研究の深まりを期待して、簡単な素材を皆様方へ提供したわけです。色々とご叱正いただければありがたいと思います。

（平成五年〔一九九三〕五月四日、堺市博物館においての講演。平成十九年段階で全面的に補訂）

【付論1】中世都市博多の形成と展開

「博多」の地名は広狭二つの使われ方がある。一つは、広く今の福岡市にほぼ相当する地域を指す場合である。この使い方は現在でも生きている。もう一つは、博多を狭い意味で使う場合である。古代以来、旧博多部（東は石堂《いしどう》川あたりから西は那珂《なか》川あたり、南辺は博多駅付近一帯まで、北辺は海）が国際貿易の拠点として栄え、近世以降、その伝統を受け継ぎ商人の町として知られるようになる。黒田氏が近世幕藩大名として筑前に入り、この旧博多部に隣接し、古代の迎賓館－国営貿易所であった鴻臚館《こうろかん》のあとに城を築いて城下町福岡を開いた。このため「博多」といえば、商人の町としての旧博多部を意味するようになった。明治に入って福岡・博多は合併し、明治二十二年（一八八九）そのまま福岡市となり、現在にいたっている。ここでは、平安期以降国際貿易都市として発展し、戦国末に及んだ旧博多部の形成期（十一世紀半ば以降十二世紀半ばごろまで）を考察の主対象とする。

旧博多部、考古学でいう博多遺跡群は、弥生時代中期から現在に及ぶ複合遺跡である。発掘調査をもとに十一世紀後半、十三世紀末から十四世紀初め、十五世紀後半、十六世紀末の四つの画期が想定されている（大庭康時「聖福寺前一丁目2番地」〔『法哈㗖《はかた》』二号、博多研究会、一九九三年〕）。旧博多部が国際貿易都市として発展し始める十一世紀半ばから南北朝期に入る十三世紀前半までの歴史を時代区分すると、(1)「鴻臚館の時代」、(2)「博多綱首《こうしゅ》（博多居住の中国貿易商人）の時代」、(3)「蒙古襲来の時代」の三期に分けられる（林文理「『博多綱首』関係史料」〔『福岡市博物館研究紀要』四号、一九九四年〕）。ここで扱う時期は「博多綱首の時代」の前半、博多綱首の形成期で、日本史上の区分でいえば、「十世紀後半〜十三世紀はじめ／日・宋・高麗貿易の時代」（荒野泰典他編『アジアのなかの日本史』1、東京大学出版会、一九九二年）のなかに入る。

博多史の展開、中世都市博多の形成を考えるときに重要な問題は、鴻臚館（旧福岡部）から博多（旧博多部）への貿易拠点の転換の位相を明らかにすることである。考古学の成果を参考にしながら、文献史料で及ぶ限りの解明を試みてみたい。ただ、平安期、十一世紀半ば以降十二世紀半ばごろまでの博多史料は、在地史料は皆無に近く、全体的に見ても極めて乏少である。その乏少な史料を連ねて意味連関を考え、博多綱首形成の面から、その具体像に迫りたい。

鴻臚館の終末を示すといわれる「熾盛光《しじょうこう》仏頂《ぶっちょう》大威徳《だいいとく》銷災《しょうさい》大吉祥《だいきっしょう》陀羅尼経《だらにきょう》」の寛治五年（一〇九一）の扉書は、その伝写の過程、京鴻臚館の存在などから再考を要するので、鴻臚館の最終直叙史料を求めると、『本朝世紀』天慶八年（九四五）七月二十六日条の「鴻臚所」になる。関係官司史料では長治二年（一一〇五）八月二十日の警固所があり、宋船の来航を大宰府に報告しているが（『朝野群載』二十）、鴻臚館の終焉は発掘調査で十一世紀中ごろとされていて、そのあとであり、検討の余地を残している。他の「関係史料」から転換期を考えねばならない。十一世紀の頻繁な宋商来航の記事から帰化―安置―定住化（住蕃）の問題が考えられる。定住化の標識となる建物については二、三の史料があり、承徳元年（一〇九七）の大宰権帥《ごんのそち》源経信《つねのぶ》の死を悼んだ和歌で初めて明らかに宋商たちの集団的博多定住化の動向が見られ、鴻臚館の終末を傍証しているといってもよかろう。

綱首を始め博多在住宋人の存在状況を示す十二世紀の主要な史料として三点挙げられる。

第一点は「両巻疏知礼記」ならびに「観音玄義疏記」永久四年（一一一六）五月十一日奥書の記事「筑前国博多津唐房大山船龔三郎船頭房、以有智山明光房唐本移書畢」である。唐房《とうぼう》は宋人の住まいで居住地、区画をも意味していよう。他地域にも地名として残っている。龔三郎《きょうざぶろう》は、貿易・流通の面で北九州にも支配的勢力をもった叡山の九州における末寺の代表寺院大山寺《だいせん》（大宰府有智山寺《うちやま》）に帰属関係を有して、博多津の唐房において貿易に従い、一方では真摯な天台教学の理解者であった。大山寺の側からすれば、その活発な貿易活動を支える存在であった。

第二点は「宮寺縁事抄」所収の中原師尚勘状で、仁平元年（一一五一）の大追捕《だいついぶ》が記されている。大宰府目《もく》代《だい》宗頼の指令で大宰府検非違所《けびいしょ》別当らが筥崎・博多の大追捕を行い、宋人王昇後家を始め一六〇〇家の資財・雑物を運び取った事件である。破却の標的は筥崎宮であった。この事件の背景には、府務運営の主体となっている府宮内部の対立や権師－目代の筥崎宮支配の強化、筥崎宮内反対勢力を排除しての貿易直轄化の志向などがあったのではなかろうか。この事件を都市博多の展開からいえば、筥崎・博多の一六〇〇家がすべて宋人ではないにしても両地帯に宋人の集住が行われていたこと、その意味でも両地帯が一体的な展開をしていたこと、それら宋人たちがおそらくは筥崎宮の寄人・神人などとして帰属的関係をもっていたこと、などが考えられる。

第三点は中国浙江省寧波市《ニンボー》にある一一六七年四月の「太宰府博多津宋人刻石」である。博多居住の宋人らが中国明州（寧波）の寺の門前道路の造営に際し、父母や自らの仏界への願いをこめて、おのおの銭十貫文を寄進したことを刻した石碑三個である。博多津に関しての中国最古の記録であり、博多－明州の宋人往来を信仰レベルで如実に伝えている。彼らの社会的階層については、寄進額の評価によって認識が異なってくる。今は付記の伊原弘氏の研究を参照し、彼らは博多で同属的に集住し、有力綱首のもとなどで貿易に従事していたものか、あるいは相応の規模で独立的であったものか、と解しておこう。碑文は当時の宋人の信仰の実態を伝えており、その信仰が博多に移入され定着し、いわゆる「宋人百堂」（建久六年〔一一九五〕の栄西申状）の景観をなしていたと見られる。有力綱首を始め彼らは、故国に信仰帰属を求めることから博多にそれを移す方向をとり、中世都市博多発展の中核となる聖福《しょうふく》寺創建の背景を作っていった。

［付記］本稿は平成六年（一九九四）十一月十二日の東京大学・史学会での講演の要旨で、鴻臚館終焉についての森克己氏の挙証を批判した短文であるが、ほぼ同時期に田島公氏の詳密な研究「大宰府鴻臚館の終焉――8世紀～11世紀の対外交易システムの解明」（『日本史研究』三八九号、一九九五年）が公にされており、拙論発表の必要性はなくなった。また、寧波刻石については髙倉洋彰「寧波市現存の太宰府博多津宋人刻石について」（『究班　埋蔵文化財研究会十五周年記念論文集』一九九二年）、伊原弘「宋代の道路建設と寄進額――寧波発見の博多在住宋人の碑文に関して」（『日本歴史』六二六号、二〇〇〇年）、同「宋代社会と銭――庶民の資産力をめぐって」（『アジア遊学』18、二〇〇〇年）、同「寧波で発見された博多在住の宋人寄進碑文続論」（『アジア遊学』91、二〇〇六年）その他の研究が公にされている。

【付論2】十三湊と博多

はじめに

津軽安藤（東）氏や都市史への関心から、十三湊《とさみなと》（青森県北津軽郡市浦村《しうら》〔現・五所川原市《ごしょがわら》〕十三《じゅうさん》）に行ってみたいと念じながら長い年月が経った。平成三年（一九九一）以来、国立歴史民俗博物館・富山大学人文学部考古学研究室によって十三湊の合同調査がなされ、三年間の計画を終えたのを機に、第十四回歴博フォーラム'93市浦シンポジウム「遺跡にさぐる北日本――中世都市十三湊と安藤氏」が青森市で行われたので、好機逸すべからずと同シンポジウムに参加し、シンポジウム前日の見学会で初めて現地を見学した。宿願成れり、である。十三の人口約千、今は小さい漁港だが、青森県で三番目の大きさという周囲三一・四キロの広大な十三湖と日本海を区切る長大な砂洲は、中世十三湊の盛時を偲ぶのに十分であった。

十三湊の予定された発掘調査の終了を報じた『朝日新聞』が、「単なる寄港地ではなく、明や高麗の貿易船が直接来航して大規模な交易が行われた可能性が高い」、「確認された中世の都市としては東日本で最大規模」、「西の博多に匹敵する貿易都市だったことが裏付けられた」（一九九三年八月十三日付夕刊）と述べ、藤本強氏が『もう二つの日本文化』（東京大学出版会、一九八八年）で、本州中心の「中の文化」、北海道中心の「北の文化」、南島中心の「南の文化」の三者の交流と変化の総体として日本文化をとらえようとしており、その主張を受けて石井進氏が「十三湊は、まさに「北の文化」と「中の文化」の接点であり、北の「ボカシの地帯」の中心地だったといってよい」（『朝日新聞』一九九三年九月十四日付夕刊）という紹介をされたことも、同シンポジウムへ

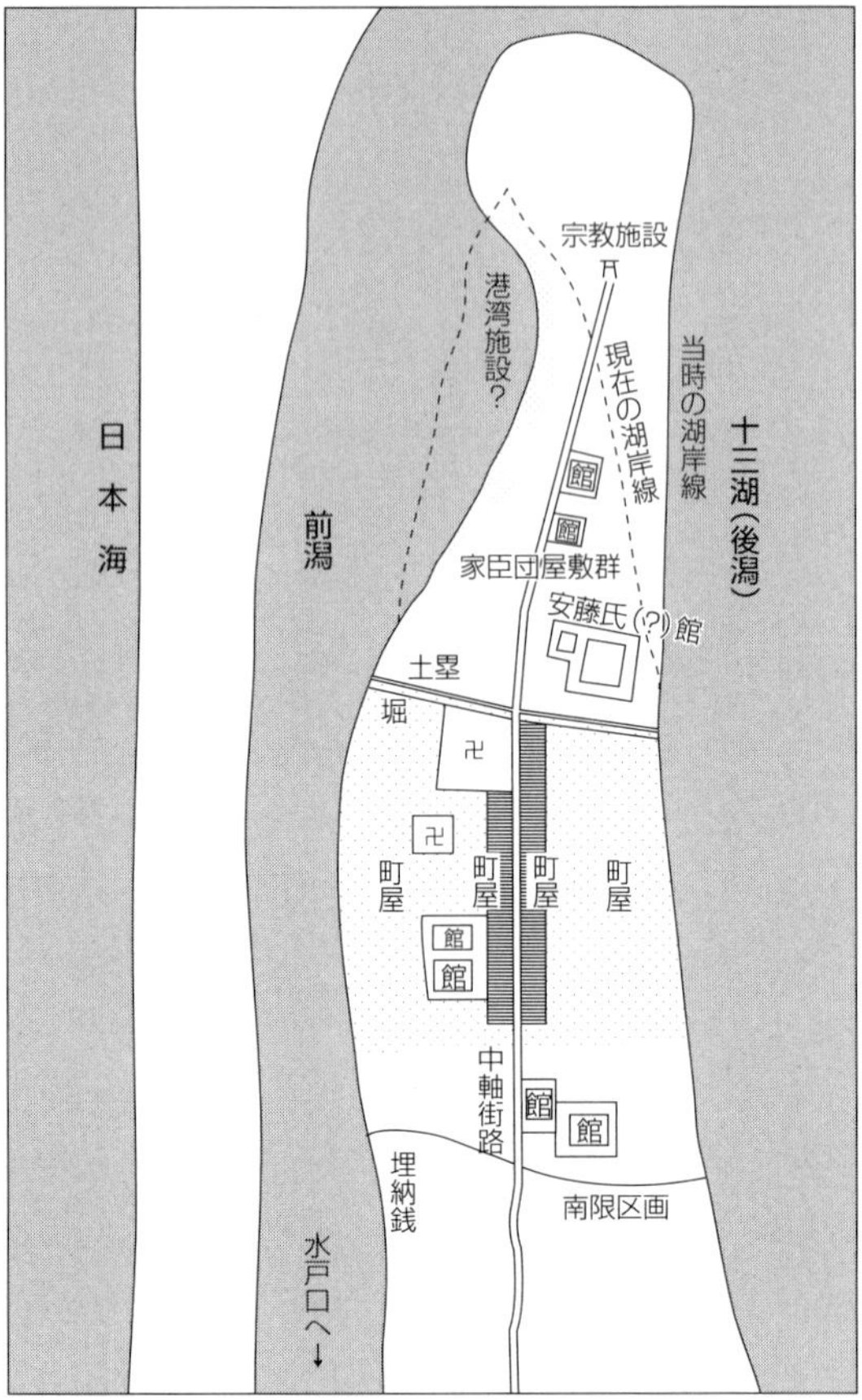

14世紀末〜15世紀初めごろの十三湊（想定復元図。国立歴史民俗博物館編『中世都市十三湊と安藤氏』〔新人物往来社〕掲載図をもとに作成）

の強いいざないとなった。西の博多に関心を抱き、中世の港湾都市の比較考察のなかで都市博多の像を明らかにしたいと念じているので、よい勉強の機会となった。さらに、宇野隆夫氏の「十三湊と博多は、国際社会では中心地となり、一国社会では辺境となる」（「日本海に見る中世の生産と流通」レジュメ）という提言も、ほぼ同じようなことを考えていたので、刺激的であった。そのようなことで、以下、「十三湊と博多」について比較面のことを若干述べてみたい。

十三湊発掘調査への期待

まず発掘調査である。博多は昭和五十二年（一九七七）に始まる地下鉄建設、民間再開発ビル建設にともない旧博多部の中心的な部分の発掘調査がなされ、順次報告書がまとめられていっている。得られた考古学的成果は極めて大きいが、しかし全面的な発掘調査ではなく、繁華街の真っ只中であるから今後同程度の発掘調査が行われる可能性は少なかろうし、あってもわずかな点的なものであろう。十三湊の発掘調査は、博多のような都市開発は見られないので「障害」がより少なく、学術的意図で計画的に進められており、継続的な学術的発掘調査も期待され、面的な成果が挙げられていくのではないかと期待される。

今次の十三湊の発掘調査では、半島を東西に横切るかたちでの土塁（古土居）で十三湊の町は南北に仕切られ、北側は十二、三世紀ごろの遺物があり、南側は真っ直ぐな中軸街路に沿って町屋が十四、五世紀に広まる、とまとめられている。北側は安藤氏の館と想定されるものを中心として町づくりがなされ、南北総体として計画性が見られると判断されている。

博多は、博多浜から息浜《おきのはま》へと南から北へ開発が進み、鎌倉時代ごろまでは博多浜が中心であり、その開発の推進基軸になったのは博多浜の聖福寺《しょうふく》・承天寺《じょうてん》、さらに息浜の妙楽寺《みょうらく》などの禅寺であった。昭和六十二年の第三十五次調査では、大博通り沿いに太閤町割以前の道路跡が発掘された。土の断面を合成樹脂で固め、保存・展示用にはぎとられているが、全体的な都市計画云々まで論議できるような発掘ではない。最近、発掘調査や文献史料などによって都市景観の復元が進められている（宮本雅明「空間志向の都市史」〔『日本都市史入門』Ⅰ、東京大学出版会〕、大庭康時「聖福寺前一丁目2番地」〔『法哈㗴《はかた》』二号、博多研究会、一九九三年〕、その他略）。

文献史料から見た二つの都市の比較

十三湊が文献史料で確かめられるのは鎌倉末期からであり、津軽安藤氏のことが確かめられるのも、それをあまり遡らない（海保嶺夫『中世蝦夷史料』〔三一書房、一九八三年〕、同『中世蝦夷史料補遺』〔北海道出版企画センター、一九九〇年〕）。十三湊・安藤氏関係史料は乏しく、ほぼ出尽くしているといってもよかろう。博多関係史料は歴史の古さに比して豊かとはいえないが、国内史料も相応に残っており、中国・朝鮮側の史料で活用を待っているものも少なくない。

歴史の長さからいえば、博多は盛衰はあるにせよ古代から現代にいたっており、現在、旧博多部を含む福岡市は九州の一極中心点の傾向を強くしている。十三湊は近世でも港町として相応に栄えていたが、盛期は中世にある。したがって、比較をするならば中世に時期をとった方がよかろう。町づくり、つまり海上交易の主体についてはいかがであろう。前述のように、十三湊では北側の安藤氏かと想定されている領主とおぼしき者とそれを支える人々、南側の町屋の住人が考えられている。博多では、禅とそれを引き綱とする外来文物の受容・展開の場としての禅寺、それらを創建・維持・利用しつつ中国・朝鮮と交易をした博多在住の南宋貿易商人(博多綱首《こうしゅ》)と彼らを支える人々の存在と活動が明らかである。

十三湊も博多も、鎌倉期には鎌倉幕府・得宗《とくそう》権力との対応関係で段階づけられる。北条義時の陸奥守帯任、安藤氏の得宗被官化と東夷成敗沙汰の管掌と十三湊の形成とは、文献史料で直接結ぶもののあることは知らないが、現在の研究傾向からすれば一体的に理解する方向にあるといえるだろう。安藤氏の日本海交易も得宗権力とは不可分である。樺太の地に対する〝北からの蒙古襲来〟が注目され、北奥への影響が説かれており、確かに注意を要するが、博多のそれは周知のように直接的であり、その影響は種々の面に出ている。都市的展開に即していえば、九州における政教の中心が大宰府から博多に移ったことが挙げられる。武士たちが異国防御に専念するようにと博多に鎮西探題が置かれ、得宗の族的支配のもとに政治・外交・交易が展開する。博多の町の整備も進められた。得宗権力を背景とする安藤氏の蝦夷管領と十三湊、北条氏一門の鎮西管領(探題)と博多をあわせ考えねばならないが、前者が北方へのそなえであり、後者が中国・朝鮮へのそなえであることはいうまでもない。

このことに関して、次の二つの点に注意しておきたい。一つは、安藤氏・十三湊を含む北奥史の問題は蝦夷問題を避けて通れないので、その研究は民族論を基調に入れており、国家論としての方向をとっていることである。その点博多の研究は、貿易の担い手（住蕃・博多綱首）の究明など民族論的論議への素材提供の段階であり、外寇問題も国家論的論議にはいたっていない。今一つは、十三湊の性格である。中国製陶磁器や高麗青磁の出土などや北方からの物資の移入が想定されるところから、中国や朝鮮からの貿易船が直接来航する国際貿易港であった可能性があるといわれている。北奥における外来文物の遺存の問題もあわせ、直接貿易が行われていた可能性はあると考えられる。御伽草子《おとぎぞうし》『御曹子《おんぞうし》島渡《しまわた》り』に高麗の船も入る、とあるが、確かな文献的支証はほとんど知られないし、地理的条件もすぐに支証となるかどうか、この点、さらに今後研究の深化が望まれるところである。それにしても、対外貿易を常態とした博多と同じレベルで論じることについては、現状として慎重でありたい。中世の十三湊は、日本海を舞台とする北方・西方物資の交易・流通、つまり北方・日本海交易の整備されたターミナルというのが、その本領であろう。

このことと関連するが、安藤氏の遣使かといわれている、朝鮮成宗十三年（一四八二、文明十四）の夷千島王《えぞがちしまおう》遐叉《かさ》の朝鮮への遣使もそのまま事実と見るには疑問が多く、長《おさ》節子氏が、夷千島王使の派遣者は対馬島人で島主宗貞国が後援していた可能性が高い、と説得性のある論拠で推測していることに注意しておきたい（「夷千島王遐叉の朝鮮への書契に見える『野老浦』」〔『地方史研究』二四四、一九九三年〕、『中世国境海域の倭と朝鮮』〔吉川弘文館、二〇〇二年〕）。

今後の検討課題

なお、十三湊の理解を深化させるために、山王坊跡その他近隣の遺跡との総合的観察が必要であることはいうまでもない。福島城は安藤氏が居を構えて十三湊を支配したところといわれていたが、内部の調査では中世の遺物は見つからず平安後期の築造で、付近の同時期の城館遺跡と関連して考察すべきであろうとされている。

しかし一キロ三方の広大な遺跡で、全面的調査は未だしである。調査の進展によっては、安藤氏との問題も含め、鎌倉期以降の論議が起こるかもしれない可能性も留保しておきたい。さらにあえていえば、安藤氏と中世港町十三湊の形成との関係について、現在の研究段階では一体的方向で理解されており、筆者もその方向で考え、述べてきたが、多少のためらいは残っている。また、出土遺物から最盛期といわれる十五世紀の十三湊の主体勢力や権力との関係、後背地との関係なども、これからの検討課題であろう。

鎌倉時代を中心に、十三湊と博多について比較をしながら述べてきたが、両者の関係はいかがであったろう。直接の関係を示す文献史料は知らない。博多・十三湊を含む三津七湊《さんしんしちそう》のにぎわいも（『廻船式目』）、おそらく室町時代の状況を示すものであろうが、各港個別に独立していたわけでなく、航路ごとに相互に何らかの関連をもって日本中世の海運を支えていたと思われる。延徳二年（一四九〇）の連歌師宗祇の書状によると、南九州から畿内（京都）にいたる航路として若狭小浜に着岸する航路のあることを述べている（川添昭二『中世九州の政治・文化史』二三九頁、海鳥社、二〇〇三年）。博多―小浜の航路が考えられよう。出土遺物や文献史料から鎌倉時代に能登と十三湊との交流は知られる。越前・能登などを介して、間接的にもせよ、十三湊と博多とが交わることはあったろう。

ともあれ、日本史像を豊かにするために、十三湊と博多（さらには他の中世港町）の、それぞれの独自性を追求して相互に比較・検討し、より高い総合的な知見を得ることが必要であろう。

二——対外関係と博多禅寺

1 概説

綱首文化

福岡市は、中国の史書に見える奴国《なのくに》の時代から数えても二千年に近い歴史を経ている。しかも、古代・中世日本の対外関係の拠点として、アジアへ向けての日本の顔であった。さらに今日、活力に満ちた発展を遂げている。日本の都市のなかではまれな例である。その歴史と文化が現在の我々に問いかけるものを学び、未来への糧としたい。しかし、金印、鴻臚館《こうろかん》その他述べるべきことはあまりにも多い。今は、アジアとの関連を抜きにしては語ることができないといってよい中世を話題にしよう。中世日本の対外関係では、禅僧・禅寺が重要な役割を果たしている。福岡市（以下、博多と記す）の場合は、その典型である。以下、鎌倉期を中心に概略を述べよう。

中世の博多は、臨済禅と茶で知られる栄西の活動で始まる、といっても過言ではない。仁和《にんな》寺の荘園・怡土《いとの》荘《しょう》の対外貿易港として今津が平安末期ごろに開かれたと見られているが、栄西は同地の誓願《せいがん》寺の開堂にかかわり、前後十余年今津を中心に活動し、地域社会の教化を行っている。国宝の「誓願寺盂蘭盆縁起《うらぼんえんぎ》」、「誓願寺創建縁起」、重要文化財の写経類などはそのことを如実に物語っている。誓願寺には重要文化財である中国元代の孔雀文沈金経箱《くじゃくもんちんきんきょうばこ》その他、日中交渉によってもたらされた文物があり、誓願寺と今津の日本中世文化史に占める意義を物語っている。現在、それらは九州国立博物館、九州歴史資料館に分蔵・保管されている。

福岡市の文化財担当者がいう博多浜（いわゆる旧博多部南部）の中世は、栄西《ようさい》を開山とする聖福寺《しょうふく》の創建に始まるといってよい。聖福寺が建てられたところは宋人百堂の地といわれていたという。平安末期、博多を拠点にして中国（南宋）や朝鮮（高麗）と貿易を行っていた南宋の貿易商人（博多綱首《こうしゅ》）たちが、数多くの信仰施設を造り、廃絶し、無人のような状況になっていたのであろう。聖福寺は後鳥羽《ごとば》天皇や源頼朝の保護があったと伝えるが、創建に関与し、寺基を固めたのは、博多綱首たちであったと思われる。栄西は中国浙江省の天童山景徳禅寺千仏閣修造のため木材を寄進しているが、これは綱首の援助なしにはできないことである。栄西の著書『興禅護国論』には、通事李徳昭や在博の張国安との交わりを示す記事が見える。栄西の二度の入宋や十余年に及ぶ今津滞在を背景とするものであろう。

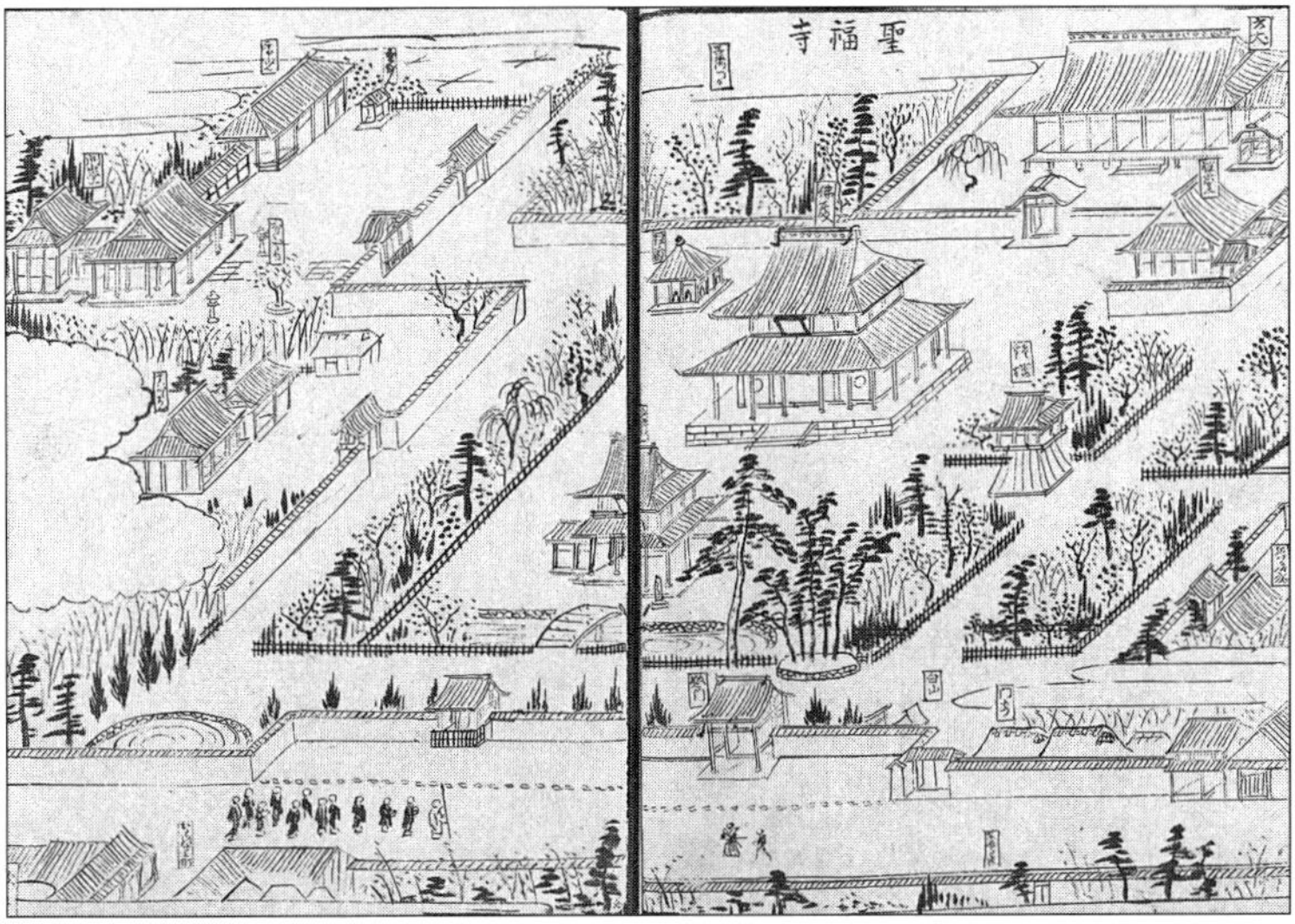

奥村玉蘭『筑前名所図会』に描かれた聖福寺（福岡市博物館蔵）

　以下述べていくことの前提になるが、聖福寺の創建に関して、次のようなことを想定している。博多綱首は筥崎宮、宗像《むなかた》神社などと帰属関係を結んでいたが、崇仏者で故国の禅宗を日本に移入することに熱心で、自分たちと関係の深い栄西を結節点にして結集し、その財力で聖福寺の建立にかかわったのではないか、と。博多綱首たちは故国の禅寺をさながらに博多聖福寺において見ることができた。それは彼らの貿易活動を有効に推し進める機能をあわせもったであろう。聖福寺は博多浜の広大な部分を占めており、鎌倉時代の国際貿易都市博多形成の原点となった。

聖福寺の創建後約半世紀を経て、仁治三年（一二四二）、承天《じょうてん》寺が創建された。開山は日本と南宋の文化交流に大きな役割を果たした円爾《えんに》（聖一《しょういち》国師、一二〇二〜八〇年）、開基は大宰少弐《しょうに》を世襲する武藤氏といわれているが、確かなところでは博多綱首の代表者謝国明《しゃこくめい》である。当時博多綱首たちは博多で租界《そかい》のような自治的な集住形態をとり、固い結合をして貿易に従っていたようである。承天寺は宋朝禅を直輸入した密教色のある兼修禅寺で、本寺である京都東福寺の末寺支配、同寺領経営、外来文物の受容などに重要な役割を果たした。円爾が学んでいた中国の径山《きんざん》万寿《まんじゅ》禅寺の復興に際し、円爾が博多綱首謝国明らにすすめて材木千枚を送ったことはよく知られている。博多禅は聖福寺・承天寺を介し博多綱首を中心にして担われ、綱首らの対外活動を通しての文化的・経済的な特徴が博多禅を方向づけた。博多禅は外来文物の中央への移入の一過性的な現象ではなく、博多において定着的であり、しかも日宋一体的なものであった。博多は両寺建立を中核に、対外的には国際貿易都市として、内実は、いわば宗教都市として展開していった。鎌倉末期の新安沈没船の主要な荷主は東福寺で、船荷輸入の実務をとっていたのは承天寺塔頭《たっちゅう》の釣寂庵《ちょうじゃくあん》である。承天寺が対外貿易をその維持の重要な側面としていたことが知られる。

承天寺の開創に少し遅れて、宋僧の蘭渓道隆《らんけいどうりゅう》が来日し、純粋な宋朝禅が日本にもたらされた。博多の円覚寺は蘭渓道隆の来日を機に天台宗から禅寺に改まったと見られており、今津の勝福《しょうふく》寺は蘭渓道隆を開山に仰いでいる。円爾に師事した大宰府出身の悟空敬念《ごくうけいねん》は入宋して無準師範《ぶじゅんしばん》（仏鑑禅師、一一七八〜一二四九年）に学び、その門から東巌慧安《とうがんえあん》が出ている。無準師範のもとで悟空敬念が兄事した妙見道祐は博多生まれである。宋朝禅の鼓吹《こすい》を見た博多禅は、蒙古問題を機として新しい動きを見せる。南浦《なんぽ》紹明《じょうみょう》で知られる姪浜の興徳寺の建立であり、大宰少弐武藤氏を大檀那とする大宰府横岳の崇福《そうふく》寺への南浦紹明の入寺である。これらには鎌倉幕府

＝北条氏－武藤氏の外交上における南浦紹明への期待があった。南浦紹明は日本禅宗史上に巨歩を占める人物である。

鎌倉末期の博多禅は、今津の勝福寺と福岡市東部多々良《たたら》の顕孝《けんこう》寺という東西二寺の展開を指標として、文永・弘安蒙古合戦後の大陸との関係のなかで位置づけられる。勝福寺は、北条氏の有力一門で執権の要職をつとめた大仏宗宣《おさらぎむねのぶ》の祈禱所ではなかったかと見られ、大仏氏の怡土荘領有を背景としていた。同寺の発展は、文永・弘安蒙古合戦後の鎮西探題－北条氏一門主導による異国警固の体制のなかで進められた。誓願寺建立で見たような、今津の国際貿易港としての機能が前提にあることはいうまでもない。

顕孝寺の開山は闡提正具《せんだいしょうぐ》、開基は豊後守護で鎮西探題の引付頭人《ひきつけとうにん》である大友貞宗。貞宗は禅に理解をもち、中国の儀礼に習熟し、文芸に堪能な、当代切っての武家知識人で、ことに禅宗を引き綱とする大陸文物の摂取に極めて積極的であった。大友貞宗は蒙古防備のため香椎を拠点とし、博多の鎮西探題府で九州の武士の所領裁判に従っていた。禅寺として香椎には建久報恩寺があり、箱崎には妙徳寺があり、博多には聖福寺・承天寺などの大寺が宋風建築の偉容を示していた。

勝福寺前に立つ著者（福岡市西区今津。昭和53年）

大友貞宗が多々良に顕孝寺を建立した理由は、以上のようなことを背景にしていよう。同寺はのちに廃絶するが、外来文物受容の蓄積がある多々良川水系の河口に位置し、同寺付近は日元往来の僧侶・商人らでにぎわいを呈していた。大友貞宗による『円覚経』の開版も、そのような状況のなかで行われたものである。

住民文化

鎌倉期の博多禅寺の動向は、博多が南宋・元の禅文化圏のなかにあったことを示している。それらの宗教現象が、南宋・元からの陶磁器・銅銭などの移入というような経済現象と重なり合うことを注意しておきたい。宗教と貿易の一体化である。博多禅寺の動向は、日本列島全体の動きがそうであるように、南北朝期を境にして大きく変化していく。その指標になるのが息浜《おきのはま》（旧博多部北部）における妙楽《みょうらく》寺の建立である。

旧博多部の開発は博多浜の古代以来の南部から北部への開発と十二世紀以来の息浜の開発が一体となる、という方向をとってきた。妙楽寺の建立はこの動きを背景とするものであり、息浜開発の中核となる。所伝では、正和五年（一三一六）、博多の居民らが息浜に一宇を構え月堂宗規《げつどうそうき》を招いて住させ、貞和二年（正平元、一三四六）、諸檀越が協力して仏殿を営み、月堂宗規を開山として石城山妙楽禅寺と号したという。博多浜では、蒙古襲来を機として異国防御の祈禱のため西大寺流律宗の大乗寺が建てられ、息浜に時衆《じしゅ》（時宗）の土居道場（称名《しょうみょう》寺）が建立されるなど、ほぼ禅一色の観があった鎌倉期博多の宗教文化に変化が起こり、博多の経済・文化の担い手は、綱首から博多住民（多かれ少なかれ時衆のかたちをとる）へと変化してゆく。博多禅の新たな発展は妙楽寺にかけられた、ともいえる。妙楽寺は南北朝期に名実をととのえ、室町期に入ると、博多の外交機能は、妙楽寺が代表的に果たすようになる。日本の対明交渉の拠点となり、「寺は遺唐使の駅たり」（天隠龍沢『黙雲集』）といわれた。

妙楽寺で特筆されるのは、南北朝期～室町期日中文化交流の貴重な事例が見られることである。それらは『石城遺宝』、『石城遺宝拾遺』にまとめて見ることができる。月堂宗規の弟子無我省吾《むがしょうご》は、在明中に見心来復に請うて「石城山呑碧楼記《せきじょうざんどんぺきろうき》」を撰してもらった。呑碧楼は月堂の退居寮で、中国にも喧伝され、日中の関係詩文が残されている。中国で流転を重ねて妙楽寺にもたらされ、日本各所に現存する虚堂智愚《きどうちぐ》（一一八五～一二六九年）の「虎丘十詠《くきゅうじゅうえい》」のことも同書で知られる。妙楽寺は戦国末期火災にあい、黒田長政の筑前入国後、今の博多区御供所町《ごくしょ》に移された。

平安〜鎌倉期までの博多文化は綱首文化といってよい。博多の歴史のなかでもっとも高い国際性をもっているが、異国的・移植的であった。南北朝期を境に住民文化とでもいうべきものが根づいていった。室町期以降、国際貿易の担い手は、博多寺社、ことに禅寺の僧侶、あるいは寺社に帰属し僧侶の体をとりながら実体は貿易商人であるという人々が多かった。妙楽寺関係の僧であったといわれる宗金《そうきん》が、いわば僧侶から貿易商人へのコースをとっているが、十一世紀末契丹《きったん》との密貿易で知られる「商人僧明範《みょうはん》」（『中右記《ちゅうゆうき》』）を想起させ、室町期の国際貿易における商人僧の活躍は顕著である。戦国期以降の博多商人の系譜を考えるとき、ことに十四世紀以降のこれら禅寺ゆかりの商人僧を見逃すわけにはいかない。

博多は対外関係の窓口として理解され、「中央」への通過地としての認識がかなり一般化している。中世でも中央権力への依存、寺社の本末関係などを介する権門貿易の荷担など、属性といってよいかもしれない。しかし同時に、博多を根拠として、外はアジアの各地に対し、あるいは国内の「中央」に向けて、種々の発信をし、自らの経済的・文化的土壌を肥やしていたのである。

2　聖一国師・謝国明と承天寺

承天寺開山聖一国師

ここで述べようとすることは中世博多にかかわることなので、まず中世博多のことについて触れておこう。古代・中世特に中世の博多の歴史は、外来文化の受容・摂取を文化発達の主な特質とする日本文化史の上から見て、極めて重要な地位を占めている。博多（福岡市）は何といっても、外国との交渉及び外来文化の受容・摂取の窓口であった点に、都市としての基本的な性格がある。中世博多にあって、その機能は主として寺社によって担われた。なかでもそれを代表するのが聖福寺・承天寺を始めとする禅宗寺院である。そのような意味で、中世博多の禅宗寺院の歴史は、日本中世文化史全体の基礎部分をなしているといっても過言ではない。

日本における禅宗の展開について、京都禅と鎌倉禅は等しく強調されるが、禅宗は何よりも宋・元などの外来文化の移入者としての意義が大きいから、対外的観点からの評価は欠かせない。その点で、博多禅は日本の対外交渉の門戸にふさわしい性格をもって展開している。鎌倉禅が武家政権の所在地において、鎌倉時代、宋・元禅の本拠として武家文化を培養し、京都禅が公家の保護を背景に兼修禅を中核として南北朝期以降の禅宗隆盛の基地となったのに対して、大きな特色をもっている。博多禅の日本文化史に占める意義は、このような対比のなかで鮮明になる。そのような意味から、ここでとりあげる承天寺の歴史は、中世以降の博多の歴史を象徴するものである。

承天寺の開山は、日本で初めて国師号（国家の師表とすべき僧に朝廷から贈られる称号）を与えられた聖一国師円爾である。開基檀越《だんおつ》は博多綱首（在博多南宋貿易商人）謝国明である。捨地《しゃち》檀越（土地寄進者）は大宰少弐武藤氏（資頼《すけより》と伝える）であるという。所伝のようであるなら、同寺は開基・捨地檀越両者の対外交易における結び合いを背景として建立されたということになる。以下、円爾、武藤氏、謝国明について述べよう。

円爾は駿河国安倍郡藁科《わらしな》（現・静岡市）の生まれ、五歳で久能寺（静岡市）の堯弁《ぎょうべん》につき、承久元年（一二一九）近江の園城寺《おんじょうじ》に入って剃髪し、東大寺で受戒した。貞応二年（一二二三）教外別伝《きょうげべつでん》（禅）の道を学ぶべく上野国（現・群馬県太田市尾島町）長楽寺の栄朝の門をたたき、元仁元年（一二二四）には久能寺の見西から密宗の秘奥を受けた。さらに鎌倉の寿福寺に滞在して阿忍《あにん》から密教三部の秘印を受け、栄朝のもとに帰った。天福

承天寺仏殿（福岡市博多区）

元年（一二三三）入宋のため博多に赴き、滞在すること二年。この間に武藤資能《すけよし》（資頼の子）や謝国明との関係を深めたのであろう。嘉禎元年（一二三五）入宋。諸師に歴参し、浙江省杭州臨安の北方にある径山《きんざん》の無準師範の門に入り法を継いだ。径山は寺名を興聖万寿禅寺といい、宋国五山の第一位、無準師範は南宋の最後を飾る大禅僧である。

円爾は仁治二年（一二四一）帰国。多くの典籍をもたらし、日本の宗教・学芸の興隆に大きく貢献した。円爾に同行した栄尊と湛慧《たんね》は在宋三年で、円爾に先立って帰国した。湛慧は大宰府（太宰府市）に横岳山崇福《おうがくさんそうふく》寺を開き、栄尊は水上山（佐賀市大和町）に万寿寺を開き、両者とも円爾の帰国を待って開堂式を行った。そして仁治三年秋、博多承天寺の開山となるのである。

寛元元年（一二四三）、大宰府有智山《うちやま》の衆徒が円爾の布教をねたみ、承天寺を破却しようとしたが、朝廷はこれを許さず、かえって承天・崇福二寺を官寺とした。帰国後の円爾の在博期間は足掛け三年足らずの短期間であったが、既成仏教側から弾圧を被るほど活発な活動を行っていたのである。そして、湛慧の仲介で、前摂政・関白藤原（九条）道家の知るところとなり、寛元元年上洛し、藤原氏の外護により、東福寺（京都市東山区）の開山となって京都禅興隆の基礎を築き、鎌倉建長寺の蘭渓道隆と並んで当代日本禅界を代表する存在となった。

円爾の教学の特色として、次の点が挙げられよう。(1)中国臨済宗の主流である楊岐《ようぎ》派（派祖は楊岐方会《ほうえ》）に属していた。(2)看話禅《かんな》（公案禅）を旨としていた。公案というのは、古人の言行から有意義な教示や暗示に富んでいる話を選んで参禅学道の課題とすることである。(3)儒教・仏教（禅）・道教の教えは究極には同じであるという三教一致説に立ち、(4)密教色があったこと、以上である。

帰国後の在博時代から上洛後まもなくの間、師の無準師範との海を越えての道交は深く、謝国明らにすすめて罹災した径山の復興を助けるなど、帰国時の南宋文物の移入はもとより、円爾が日宋文化交流に果たした役割は大きい。円爾が上洛後直接承天寺に関係したことが知られるのは、宝治二年（一二四八）承天寺が火災にかかったときぐらいである。円爾は急ぎ博多に赴き、謝国明の援助を得て承天寺を再建している。

円爾は弘安三年（一二八〇）十月十七日に没するが、その年の六月一日、東福寺・崇福寺・万寿寺に関する規式八カ条を定めた。仏鑑禅師（無準師範）叢林の規式を生涯遵奉したこと、承天寺は我が法房であること、崇福寺は僧斎料（僧への供米）がなく、当時武藤経資《つねすけ》（資能の子）が檀那として扶持していること、万寿寺は帰朝以後第二開山の寺であることなどを記している。

承天寺開基武藤氏・謝国明

大宰少弐武藤資頼は承天寺に土地を寄進したと伝えられているが、資頼は安貞二年（一二二八）八月二十五日に卒去したといわれ、相当世代としては資頼の子資能になる。資頼あるいは資能が承天寺に土地を寄進したという確かな史料は、現在のところ知られない。武藤氏は武蔵国を本拠地とする関東御家人で、鎌倉幕府の九州支配を代行する特殊な権限をもち、大宰少弐を世襲して少弐氏と呼ばれた。筑前・豊前・肥前・対馬・壱岐などの守護を兼ねた。承天寺開創をめぐる円爾・謝国明との関係でいえば、外交を直接に管掌する大宰少弐として円爾の渡宋・帰国や謝国明の日宋貿易などにかかわっていたろう。大宰府崇福寺に対する経資の外護は父

謝国明像（承天寺蔵）

資能に遡らせ得るだろうし、武藤氏が謝国明と協力し、捨地檀那として承天寺の開創に尽くしたということは考えられ得ることである。それには日宋交渉が共通の因子として存在していたろう。

謝国明は南宋・臨安府の出身で博多の櫛田神社の側にいた、と伝えられている。謝国明は、綱首・船頭・日本綱使などと称されている。綱首というのは、船や船荷を持ち、しかも自ら船長として貿易に従う者のことである。建長五年（一二五三）五月三日以前に死去していた。前年七月の毛利家文書によると、筑前国宗像《むなかた》社の雑掌から、宗像社の前預所代《あずかりどころだい》常村（預所三浦泰村の一族か）の下文をかたりとり、宗像社領小呂島《おろのしま》（福岡市西区）の地頭と号して、宗像社の社役をつとめない、と訴えられている。鎌倉幕府は、事情があれば謝国明の子息に注進させるよう武藤資能に命じている。

宗像大社文書によると、小呂島の謝国明の遺領をめぐって謝国明の後家尼と筑後国の三原種延とが争っている。このことに関して、謝国明が海の宗教領主とでもいうべき宗像社に属して社領小呂島に所職をもち、三浦半島を根拠とする雄族三浦氏と何らかの関係をもって社役を怠り、その遺領をめぐって尼になっていた謝国明の未亡人が三原氏と争っていたことなどがわかる。未亡人は日本人妻であったと見られ、謝国明との間に子をなしていた。宝治元年（一二四七）の三浦氏本流の滅亡は謝氏にも影響を及ぼしているようである。

永正十二年（一五一五）九月の史料によると、謝国明は承天寺建立にあたって筑前国那珂《なか》郡内の筥崎社領を買得して寄進している。それは謝国明が社役奉仕を介して筥崎宮に帰属し、対外貿易その他の諸権益を保護されていたことが背景にあろう。筥崎宮も海の宗教領主という側面が強い。謝国明は筥崎宮や宗像社に帰属し、その保護のもとに対外貿易を行っていたのである。宝治二年に承天寺が焼失したとき、謝国明は一日中に十八宇を建てて再興したと伝えている。博多綱首の富力と篤信を示している。

円爾の師・無準師範が径山万寿禅寺の火災を円爾に報じたとき、円爾は謝国明らにすすめて径山復興のために材木を送らせている。無準師範や径山復興の事務局長格の徳敷が書いたこのときの感謝状が残っており、前者の分は「板渡しの墨蹟」の名で知られ、東京国立博物館所蔵の国宝であり、後者の分は同館所蔵、重要文化財である。両墨蹟は博多綱首の姿を活写しているが、ここでは、次のことだけを記しておこう。謝国明らの船は大船で、複数の綱首が連合していたと見られ、海難の危険を冒し、材木だけでなく他の貿易品も運んだと見られる。謝国明は板千枚を送っており、径山側は主船で運んだ五三〇枚を華亭（江蘇省）で受領して径山に運んでいる。三三〇枚は慶元（寧波）にあり、残りの一四〇枚を積んだ別船はまだ中国に到着していない、と書かれている。謝国明の行為は寄付ではなく交易だとの意見があるが（榎本渉『東アジア海域と日中交流――九～一四世紀』第二章、吉川弘文館、二〇〇七年）、この点、別著で考えたい。

謝国明は無準師範と面識があったようで、あるいは参禅していたのかもしれない。無準師範からお礼にと虎の図二本を贈られており、禅に対する理解があったこととともに、絵画を愛好するなど教養も高かったことがわかる。故国の宗教、つまり無準師範の禅を日本に伝えようという熱意が、このような助成行為となったのであろう。謝国明の行為は営利面を捨象するものではないとしても、日本・南宋両国にわたる国際的勧進のうちといってもよい。

中国禅を日本に伝えたのは、確かに入宋禅僧たちであったが、これら綱首たちの果たした役割もまた大きかった。一方、博多綱首らによって創建・維持された承天寺は、逆に彼らの国際的貿易推進の際の信用保証の役割を果たしたであろう。宗教と貿易は一体的であった。したがって、中世博多は、いわば宗教都市であることを内実とした国際貿易都市であったといえよう。

なお、博多綱首の研究は、博多浜発掘の成果もあり、文献の方でも段々と進められているが、斎藤夏来氏は著書『禅宗官寺制度の研究』四九頁（吉川弘文館、二〇〇三年）で、次のようなことを記している。円爾の承天寺から東福寺への転住について、「承天寺檀越謝国明など博多の「諸綱首」と、東福寺檀越九条道家の日宋交易をめぐる利害の一致＝合意形成が、円爾の承天寺から東福寺への移住を実現させた」というのである。韓国全羅南道道徳島の沖合いから引き揚げられた元時代の商船である新安沈没船の主な荷主が東福寺で、その事務を承天寺塔頭《たっちゅう》（子院）釣寂庵がとっていたこと、東福寺塔頭永明院から新安沈没船に積載されていた香炉と同じような香炉が発掘されていることなど、参考になる事項もあり、右のことを示唆する江月宗玩《こうげつそうがん》『墨蹟之写』のなかの無準師範墨蹟写もある。

承天寺近くに建つ謝国明の墓。横に植えられた楠が墓石を包み込み，「大楠様」と呼ばれるようになった（福岡市博多区。植田謙一氏撮影）

伝承のなかの聖一国師

円爾は宋から帰国するとき、茶種子を持ち帰り、郷里栃沢《とちさわ》（静岡市）の隣り部落の足久保《あしくぼ》に蒔いたと伝えられている。この地は足久保川（安倍川の支流）の清流に沿った天恵の茶の適地である。そのようなことで、この地が静岡茶の発祥の地となり、漸次発展して今日の静岡茶となったという。昭和五十四年（一九七九）静岡県茶業会議所刊行の『静岡茶の元祖 聖一国師』に詳述されている。同書には、円爾にまつわる静岡地方の諸伝承も紹介されている。

博多でも円爾は伝承のなかで生きているといってよい。毎年正月十一日、承天寺住職は塔頭並びに末寺の住職を従えて筥崎八幡宮に参拝し、拝殿で読経回向する。いわゆる筥崎諷経《ふぎん》である。そのいわれは、円爾が帰国の途中、海難にあったとき、八幡大菩薩の示現・加護によって救われた神徳報賽にあるという。その式次第・疏文・回向文などは筑紫頼定「八幡筥崎宮と聖一国師――承天寺住職の報賽参拝に就て」（『都久志』四、一九三二年）に紹介されている。筥崎宮と承天寺の関係では、前述の謝国明の承天寺への筥崎社領の買得・寄進が知られる。右と何か関連があるかもしれない。

円爾と博多といえば、福岡市の人は、まず博多祇園山笠の起源を挙げるだろう。山笠の起源については諸説あるが、円爾が博多に流行した悪疫退散のため、住民らがかつぐ施餓鬼棚《せがきだな》の上に乗って祈り、甘露水を振りまいたのが起源、というのがよくいわれている。大嘗会の折、標山を飾って引き回るのが起源（『石城遺聞』）という、玄人すじにはより妥当だといわれている説などは影が薄い。山笠は櫛田神社に奉納される夏祭りであるが、承天寺では毎年六月二日、山笠にちなんで大般若夏祈禱《だいはんにゃ》が行われ、櫛田神社の宮司や山笠各流の代表者などが参列する。

博多織の起源伝承にも円爾が登場する。満田弥三右衛門が円爾の渡宋に随行し、織物業を伝習して帰国し、独創も加えて博多織の起源をなした、というのである。これらのことについては杉原実『博多織史』（校倉書房、一九六四年）に詳しい。杉原氏は満田弥三右衛門を架空の人物とする。

承天寺では円爾の命日には、円爾を日本へのカン・マン・メンの将来者として、仏前に羊羹・饅頭・うどん（麺）をお供えする。承天寺の境内には昭和五十六年三月付の「饂飩蕎麦《うどんそば》発祥之地」という碑が建っている。

碑面のこの文字は東福寺管長大道円明の書で、裏面には福岡市長進藤一馬の筆による碑文が刻まれている。建立者は三協食品元社長長隆造である。右の碑文中には、円爾の宋文化移入に触れ、「その代表的なもの、羹、饅、麵と共に『古文書水磨の図』に残る製粉の原理は今日の製粉技術の根幹をなすものと言われる粉挽きの技と共に庶民の常食としての粉食の手法の原点を伝承の技として残されました」とある。右にいう「古文書水磨の図」というのは、東福寺所蔵の重要文化財「紙本支那禅刹図式」（寺伝大宋諸山図）のなかの「水磨の図」である。

博多の年越しそば、運そばの始まりは謝国明だとされている。今日では民芸品のようになっているが、博多鋏も謝国明の唐鋏移入が始まりだといわれる。鎌倉彫における陳和卿のように、謝国明は円爾とともに外来文物移入者として博多に息づいている。

饅頭の日本への将来については、周知のように二つの説がある。円爾将来説と南北朝期の林浄因《りんじょういん》将来説である。一般には後者が日本への饅頭将来の最初といわれている。ここでは結びとして円爾将来説関係のことを述べよう。

虎屋の看板「御饅頭所」をめぐって

饅頭を日本にもたらした祖を円爾とする伝承は次のようなものである。円爾が承天寺にいたときのこと、托鉢の途中、親切にしてもらった茶屋の主人栗波吉右衛門にお礼として宋で習い覚えた饅頭の製法を教えた、というのである。青木直己『図説 和菓子の今昔』（淡交社、二〇〇〇年）には「この饅頭は、酒種を使うことから酒皮饅頭とも、吉右衛門の屋号から虎屋饅頭とも言われています。現在私が勤務する虎屋と吉右衛門の関係は定かでありません。しかし、虎屋饅頭の伝統は現在に受け継がれ、多くの人々に親しまれています」（四六頁）

とある。青木氏は続いて「また国師が吉右衛門に書き与えた『御饅頭所』の看板は、戦前に虎屋に移り、大切に保管されています」と述べている。その看板の箱の蓋裏には承天寺一二〇世獣鳳《どくほう》禅師が大正九年（一九二〇）三月に記した箱書があり、前述の円爾の饅頭製法伝授の経緯などが記されている。原文のまま引用しよう。

聖一国師ハ我承天禅寺ノ開祖タリ在昔《ざいせき》国師唐土ヨリ帰ルヤ先ツ博多津ニ過《すぎ》ル偶《たまたま》謝国明櫛田ノ客館ニ在リ国師館ニ投シ挂錫《かしやく》数年此間承天寺ノ建立成ル一日国師福崎浦上《ほとり》ヲ過ク路傍一茶店アリ就《つい》テ憩《いこ》フ店主栗波某其凡僧ナラサルヲ知リ慇懃《いんぎん》茗《めい》ヲ薦《すす》メ欵待《かんたい》 最《もつとも》努《つと》ム国師其志ヲ感シ曾《かつ》テ唐ヨリ齎《もた》ラス所ノ饅頭ノ製法ヲ授ク実ニ我国饅頭製造ノ嚆矢《こうし》タリ此招牌当時国師ノ揮洒《きさい》シテ与フル所筆法遒渾刀法古朴稀世ノ珍ト云ヘシ爾来《じらい》承天寺ニ於テ開山忌法会ヲ修スル毎ニ寺僧ヲシテ之ヲ送迎セシム其法最荘厳今廃絶ス代子準翁ハ好古ノ人ナリ故アリ之ヲ獲愚衲《えぐどう》ヲシテ其来由ヲ記セシム因テ記シテ之ヲ付与ス翁ノ子孫タルモノ宜シク之ヲ永宝スヘシト云爾《しかいう》

旹《とき》大正九龍舎庚申歳三月勅賜承天禅師百二十世獣鳳誌

次にその大意を記しておこう。

聖一国師は承天寺の開祖である。唐土（中国南宋）より帰国して謝国明の館に滞在し、その間に承天寺が建立された。ある日国師が福崎浦の路傍の茶店に立ち寄ると、店主の栗波某は凡僧ではないと察して大層慇懃にもてなした。国師はその志に報いようと、唐の饅頭の製法を授けた。これが我が国の饅頭製法の始めである。この看板は国師が揮毫して与えた素晴らしい宝である。承天寺開山忌法会にはいつも看板を寺に迎えていた。この伝統は今絶えている。代氏は古い時代の物事を大切にする人である。故あってこの看板を入手し、私にその由来を記すよう依頼した。よってここにその由来を記す。氏の子孫はこれを大切に保存するように。

これでも看板所有者の移動がある程度わかるが、『西日本新聞』昭和六十二年（一九八七）九月二十一日付夕刊の記事は、右の箱書の理解の助けにもなり、所有者の移動にともなう問題などにも触れていて興味深い。「看板を守った博多商人」と題し、「私と承天寺　福岡市菓子協同組合」と横書きし、松尾孫四郎氏と松江利右ヱ門氏の対談のかたちをとっている。今では貴重な資料であるから、原文のまま引用しておこう。

松尾　聖一国師が製法を教え、看板として書き与えた「御饅頭所」が一時所在不明になったことがある。福崎から千代に移った栗波家では、代々「看板様」に灯明や初穂を供えて礼拝し、承天寺の開山法要のときはお寺へ。ここではお看板様の席もちゃんとあった。

松江　それが明治の末、行方不明になり、福岡市通俗博物館に因幡町の代準介氏所有として看板が委託展示され、関係者は驚いた。聖一国師の直筆であることは判然としている。菓子商組合としては「由緒ある看板をおろそかにはできない。子孫を捜して返してやろう」となった。八方手をつくしたが不明。忘れられたころ、東京・大森に直系がいることがつきとめられ、無事に栗波家に戻された。当主が病気になって、親類に看板を預けて借金したのが転々とした原因らしい。

「御饅頭所」看板（虎屋文庫蔵）

松尾　国師は京都の東福寺へ移られて、ここでも饅頭の製法を伝授し、これが京都の虎屋饅頭になったといわれている。京都側は国師の看板が宙に浮いているのを知って「二千五百円で買いうけたい」と申し出があった。大正十三年二月のこと。いまの金でいえば四、五千万円といったところか。

松江　福岡の菓子商組合はあわてた。郷土の歴史と名誉のため、京都の申し出を断わり、真の持ち主を捜しつづけた。そして義に厚い博多商人の気質が実った。栗波家に伝わる看板様を模して作った「御饅頭所」の看板が、いま土居町の松屋にある。菓祖・聖一国師の歴史と筆を伝えるものとして感慨深い。

昭和五年五月一日の『九州日報』は栗波家からの礼状を掲載した。（該当記事なし）

「饅頭の看板についてのご配慮、感謝にたえません。地下に眠る祖先の喜びも如何ばかりか。ありがたき次第です。（中略）看板様が消えてから祖母と母と妹が相ついで亡くなり、親類の者が罰が当たったと言い、取り返しのつかない過失をおそれていました。（略）」

虎屋には「御饅頭所」の看板が虎屋に移るについての証文類が伝存されている。次に大略を紹介しておこう。一つは、昭和十三年七月十五日、福岡市西養巴町《ようはのちょう》三十番地（現・中央区赤坂）の代準介が「聖一国師御授与饅頭看板壱台」を虎屋十五代店主黒川武雄に譲渡した証書である。さらに同月二十三日、代準介が虎屋十四代店主黒川光景（武雄の養父）にあてた「聖一国師仁治三年博多虎屋栗波吉左《(ママ)》衛門へ御授与之分」の譲渡証書と、同日、代準介が黒川光景にあてた「聖一国師看板代金千弐百五拾円」の受領書がある。また、三十日付で、福岡市林毛町《りんもうちょう》（現・大名一丁目）高瀬登内栗波一同から東京市赤坂区新坂町二八の黒川武雄にあてて「きゝますれば代様より（カンパン）様をゆずり受けられたとのこと定めし御喜びの御事と思います」云々と書いた葉書などがある。右の証文類が、「御饅頭所」の看板を虎屋が代準介から購入したことを示す貴重な史料であることはいうまでもない。ちなみに、黒川光景・武雄は、現在の虎屋社長十七代光博氏にとっては、それぞれ曾祖父・祖父にあたる。

前述の「御饅頭所」看板箱書や新聞記事に、虎屋教示の右の証文類その他関係のことをあわせて、事実を前後整理すべきであるが、今はその暇を得ない。いつの日かそれがなされることを期待している。

菓子の鶏卵素麵《けいらんそうめん》で知られる福岡市の松屋が、現在、円爾の修行地にちなみ黒羊羹の「径山」と、円爾の饅頭にちなむ「万寿《まんじゅう》」を作り、販売していることを付記しておく。

おわりに

本章2では承天寺の開山・開基をめぐる諸問題を述べたが、それは、青木氏が前掲書でいわれているように、円爾が饅頭を始めとする点心《てんじん》の将来者として認識される背景に、国際都市博多と承天寺を中心に活躍した聖一派の僧侶の存在が大きくあったからであり（四七頁）、それに博多綱首たちの存在を抜きにできないことを述べたかったからである。中世日本の食文化が中国の禅宗文化の移入に表裏しながら深い影響を受けていることを改めて痛感する。

3　志賀島文殊

福岡市東区に所在する志賀島は博多湾口を扼《やく》する陸繋島で、金印、『万葉集』、蒙古襲来などでよく知られている。志賀海《しかうみ》神社を中心とする祭事やにぎわいごとが多く、共同的性格の濃厚な島で、島全体が民俗博物館のようなおもむきをもっている。その間のことは福岡市教育委員会『志賀海神社祭事資料集』（『福岡県文化財調査報告書』第二十四集、一九六二年）や森山邦人『志賀島の四季』（九州大学出版会、一九八一年）などに活写されている。志賀海神社所蔵文書は大谷光男氏によって紹介され（『史観』七十冊、早稲田大学史学会、一九六四年）、長講堂領としての中世志賀島の実態を示す島田家文書が大山喬平『長講堂領目録と島田家文書』（『京都大学文学部博物館の古文書』第一輯、思文閣出版、一九八七年）によって紹介された。中世志賀島に関する島内外のまとまった史料があらかた公にされ、中世志賀島研究の一応の土台は用意されているといってよい。

しかし、それにしても魅力尽きないこの島の未解明な問題は多い。ここでは、その一つである志賀島の文殊《もんじゅ》信仰について、史料は極めて乏少であるが、把握し得ていることを提示しよう。元禄十六年（一七〇三）福岡藩主に献上された貝原益軒『筑前国続風土記』巻之五・那珂郡上・志賀島「文殊堂」の項が解明の手掛りを与えてくれる。

志賀社の西の側にあり。古昔経（径）山寺より文殊の木像、及五台山の絵図を志賀島にわたしけるを、堂を作りて安置す。其後大蔵経をも渡しけるが、文禄二年十一月四日火災起りて、文殊の木像半ば焼たるを作りつけり。蔵経の内二千余巻焼失せり。残て猶三千余巻今にあり。此文殊の事、東海瓊玉集に載たり。堂のかたはらに文殊水あり、清潔なり。

右に引く『東海瓊玉《けいぎよく》集』については、中巌円月《ちゅうがんえんげつ》（一三〇〇～七五年）の『東海一漚《いちおう》集』、惟肖得巌《いしょうとくがん》（一三六〇～一四三七年）の『東海璚華《けいか》集』その他検索してみたが、該当記事を見出し得なかった。中国径山寺（浙江省杭州府余杭県）請来の文殊の木像、中国文殊信仰の霊場である五台山（山西省五台県）の絵図・大蔵経のその後については、大谷光男氏紹介の『萬暦家内年鑑』[1]（『金印ものがたり』西日本図書館コンサルタント協会、一九七九年。以下『萬』と略記）その他の史料によって若干のことが知られる。文殊像は文禄二年（一五九三）十一月四日文殊堂の[2]火災で半焼している（『筑前国続風土記』巻之五）。五台山の絵図は天正二年（一五七四）八月僧栄昌が修理し（『萬』）、寛文九年（一六六九）博多の承天寺で修理、延享元年（一七四四）寺田甚治季次が修理表装（『萬』）、文化十二年（一八一五）には文事に秀でた福岡藩の重臣久野外記《ひさのげき》が「志賀宮縁起」三幅とともに修理している

『萬』）。大蔵経は文禄二年十一月四日、二千余巻が文殊像（半焼、前記）とともに焼失、『筑前国続風土記』編纂のころには三千余巻残っていた（前記）。寛政（一七八九～一八〇一）ごろ破損甚しいため焼いて灰とし瓶に入れて埋め置いていたが、明治元年（一八六八）神仏分離で志賀海神社の神宮寺＝宮司坊（金剛山吉祥寺）が廃されたとき文殊堂は毀たれ、文殊の木像、大蔵経その他、志賀島の荘厳寺《しょうごん》（博多承天寺末）に移された（『福岡県地理全誌』那珂郡十二）。荘厳寺は弘安元年（一二七八）の開創、開山は円爾と伝える（廣渡正利『博多承天寺史』二九六頁、文献出版、一九七七年）。

志賀海神社（福岡市東区志賀島）

志賀島文殊の初見史料は永享五年（一四三三）成立の『広智国師乾峰和尚行状』（『続群書類従』第九輯下）で、それは東福寺・南禅寺などに住した禅宗史に著名な博多出身の乾峰《けんぽう》士曇《しどん》（一二八五～一三六一年）の弘安八年の生誕にかかわる話柄である。その母が賢い子を得たいと志賀島の文殊に祈願し、文殊が剣を抜いて胸を割く夢を見て、孕んで生まれたのが乾峰士曇である、と伝えている。志賀島文殊に祈って子供を得たというのは他にも例があり、志賀島文殊が期待された効験の主なものの一つである。ところで志賀海神社の宮司坊吉祥寺は文殊堂を管掌していたのであろうが、寺名は文殊を表す吉祥に由来するのか。吉祥天信仰にかかわるのであろうか。永享六年惟肖得巌撰の『石屋禅師塔銘幷叙』（『続群書類従』第九輯下）によると、応安四年（一三七一）石屋真梁が志賀島に渡ったときのこととして、同島は皆吉祥聖像を安じ奉る霊境である、としている。

ともあれ、志賀島文殊の名は世に喧伝され(3)、歌人正広《しょうこう》は寛正五年（一四六四）筑前巡遊の折、法楽一首を捧げている（『松下集』）。志賀島文殊信仰が広く流布していたことは、『実隆公記《さねたかこうき》』永正七年（一五一〇）条が格好の立証史料となっている（六月十一日条、七月二十二日裏文書・同二十八日裏文書）。遣明船正使の東福寺僧了庵《りょうあん》桂悟《けいご》・桂陽《けいよう》らから志賀島文殊絵像を送られた三条西実隆《さんじょうにしさねたか》は、表補して一段と信仰している。このころ実隆は博多から折々練酒《ねりざけ》を贈られているが、文殊の霊像は何よりも嬉しかったようである。『相良家文書』之一―四九九・五〇〇、永禄三年（一五六〇）菊月の志賀島明神社楼門再建勧進状は、その冒頭に志賀島大明神は過去七仏の師(4)文殊大士の垂迹《すいじゃく》であると記している。志賀島文殊の信仰が島内はもとより広く信仰された理由を述べていよう。文殊に期待された効験は、智解はもとより治病息災、罪障消滅、堕地獄《だじごく》救済と幅広かったろうが(5)、志賀島の場合には禅宗を基幹にしながら展開し、智解からおこって子供の保護が目につく。文殊の信仰でカッパの水難を除き、文殊の縁日二十五日にはそれに因む子供宿が行われていたという（前掲『志賀島の四季』二二六〜二七頁）。大正三年（一九一四）の志賀島の火災以来途絶えていた荘厳寺の文殊祭は、子供の学業成就の願いが込められていたが、昭和六十一年（一九八六）二月、七十三年ぶりに復活した。復活した祭りでは参拝者に「知恵のもち」や「ぜんざい」が振る舞われる(6)。

遣明使、その他渡航者は志賀明神つまり文殊大士に渡航の安全を祈願している。祭神は文殊の垂迹としての海神であるから当然であろう。志賀島文殊が中国の径山寺を始源としているという近世地誌は今一つ確かな支証を得たいが、宮司坊・荘厳寺などが博多承天寺（本寺は東福寺）の末寺であること（弘《ひろ》の香音寺、勝馬《かつま》の西福寺も承天寺の末寺）などから、今は一応右の所伝に従っておく。仮にそうだとすれば、この文殊信仰は、日本の対外交渉の拠点博多の湾口に位する志賀島に中国文物がいかに受容され、定着し、島の共同体的なあり方のなかでどのように慣習化・民俗化していったかを示しているといえよう。

〔付記〕志賀島文殊については右拙文のあと、伊藤幸司「中世後期外交使節の旅と寺」（中尾堯編『中世の寺院体制と社会』吉川弘文館、二〇〇二年）や折居正勝「志賀島の禅宗三寺と文殊信仰」（『福岡地方史研究』四一、二〇〇三年）などの研究が出ている。志賀島については川添昭二「宗像氏の対外貿易と志賀島の海人」（海と列島文化第三巻『玄界灘の島々』小学館、一九九〇年）があり、折居正勝氏が『福岡地方史研究』その他に多くの論稿を発表されている。

鹿児島寿蔵氏の志賀島を詠んだ短歌（筑紫豊『金印のふるさと志賀島物語』〔文献出版、一九八〇年〕より）

白水郎歌《あまのうた》十首憶良か否か遮莫《さもあればあれ》ふるさとの志賀に今日われは在り
相島《あひのしま》玄界島大島目の下にあたたかに見え能許《のこ》はもつとも近し

注

（1）『萬暦家内年鑑』は明応六年（一四九七）三月から天保四年（一八三三）までの間の志賀海神社ならびに、その僧坊吉祥寺の記録を中心として島内の重要事項を記録した年鑑ともいうべきものである（大谷光男「『漢委奴国王』印発見者といわれる甚兵衛について」〔『史観』七十冊五八頁、早稲田大学史学会、一九六四年〕）。

（2）文殊堂は天正十八年（一五九〇）小早川隆景が再建し、近世に入ってからは、しばしば修理が行われている（『萬暦家内年鑑』）。

（3）天隠龍沢（一四二二～一五〇〇年）の『黙雲藁』（玉村竹二『五山文学新集』第五巻一一七八頁、東京大学出版会、一九九一年）によると、「則拝㆓曼殊於志賀㆒、礼㆓羅漢於豊前㆒」とあり、志賀島文殊が豊前（大分県中津市本耶馬溪町）の羅漢寺とともに広く信仰されていたことが知られる。曼殊は文殊の意であるが、神功皇后説話の満珠に通じるようにも思える。

（4）過去七仏とは釈尊以前の六仏と釈尊を指す。その師というのは、貞慶の『文殊講式』の第一「讃仏母利益門」

にいう諸仏の師としての文殊の意であろう（上田純一「平安期諸国文殊会の成立と展開について」〔『日本歴史』五三七号、一九九三年〕）。

（5）現在のところ志賀島文殊には西大寺流律宗に顕著に見られる社会福祉についての史料的所見がない。筑前国早良郡飯盛神社神宮寺・博多大乗寺など筑前における西大寺流律宗の文殊信仰と志賀島文殊の信仰ともあわせ考えねばなるまい。ちなみに神事面で飯盛社と志賀海神社とは交流がある（森山邦人『志賀島の四季』一六七頁、九州大学出版会、一九八一年）。

（6）『西日本新聞』一九八六年二月三日。なお、志賀海神社参道左側に建つ貞和三年（正平二、一三四七）八月十五日の宝篋印塔の四方仏種子は、金剛界四仏のなかのウーン（阿閦）をマン（文殊）に代えている。また、荘厳寺には大永四年（一五二四）二月十五日、宣浄なる人物が仏母逆修供養のため造立した板碑があり、上部にマン（文殊）の種子を薬研彫りにしており、阿弥陀三尊に文殊菩薩を配した四尊形式は異例であるが（三木隆行『福岡市の板碑』九頁、福岡市教育委員会、一九九二年）、ともに志賀島文殊の信仰の強さが表れているものと解されよう。

三——蒙古襲来と博多

1　蒙古襲来の原因

「蒙古襲来」というのは、狭くは文永十一年（一二七四）と弘安四年（一二八一）の二度にわたる蒙古（元）の日本に対する侵攻を指す。蒙古襲来の日本に対する影響の広範さなどから、広く鎌倉後期史を指す用語としても使われている。普通「元寇」という用語が使われているが、中世では見られない用語で、水戸藩の『大日本史』本紀での使用例を始め、近世に入って熟した用語である。蒙古襲来当時は「異国（異賊）襲来」ともいわれているが、これ以前にも使われている用語である。文永・弘安の役というのも蒙古襲来当時の用語としては「蒙古合戦」であり、それに文永十一年、弘安四年などが冠せられている。

蒙古襲来の問題で肝心なことは、襲来の原因である。それが「蒙古襲来と博多」の発端にもなる。元が日本に招諭《しょうゆ》を試み、渡洋遠征をした理由については、第一次と第二次とでは、共通・継続する点もあれば、異なる点もある。

第一次は、高麗支配の強化をあわせながら、日本と南宋の親密な関係を断ち切り、南宋を攻略する一環として行った。第二次は、南宋を完全に征服し、降服した旧南宋軍事力を日本遠征に転用して統治の安定化をはかり、高麗支配のさらなる強化を背景に、日本への使臣の抑留（斬殺）を名目として、日本の土地と人の略取を目指したのである。日本は、戦闘を属性とする武士を束ねている鎌倉幕府が、蒙古を侵略者とする認識のもとに、第一次・第二次の段階ともに武断的対応をした。蒙古が国交上重視する使臣派遣の形式など、日本ではその認識はあまりなかったようである。これが、明治以後ことに喧伝される「元寇」=「国難」の起点であり、博多が蒙古襲来対応の前線基地となる発端でもあった。

2 博多津警固の始まり

文永五年(一二六八)正月、事実上の服属を迫る蒙古の国書が到来した。ただちに幕府は御家人に異国用心を命じた。讃岐関係の史料しか残っていないが、九州関係のものがあったことは確かであろう。蒙古は使節派遣を重ねるが日本は応じなかった。文永八年、日本に救援を求めてきた高麗の反蒙古・反政府の軍である三別抄《さんべつしょう》がもたらした蒙古の日本来攻の情報をもとに、幕府は九州に所領をもつ御家人に、九州に赴いて、異国防御と所領内の悪党を鎮圧するよう命じている。その直後、元からの使臣趙良弼《ちょうりょうひつ》ら百余人が今津《いまづ》(福岡市西区)に着いている。

翌文永九年二月、幕府は大友頼泰《よりやす》に、東国の御家人たちが九州に到着するまでの間は、筑前・肥前の要害を守備するよう命じた。博多がその中心的な役割を果たすことはいうまでもなく、薩摩の御家人比志島佐範《ひしじますけのり》が同年六月二十四日から一カ月間、博多の異国警固をし、同年八月、同じく薩摩の御家人平弘純《たいらのひろずみ》が博多の異国警固番役をつとめている。

右二例から少し遡るが、薩摩の御家人成岡忠俊《なりおかただとし》が同年四月十六日から一カ月間、博多の異国警固番役をつとめている。この場合、博多津番役に就くまでの事情が知られる。忠俊は幕命に従い、父忠恒の代理として博多に赴き異国警固番役をつとめることになったので、海路でもあり、また戦場にのぞむのであるからと、不慮の事態にそなえて、四月三日、子息の熊寿丸《くまずまろ》を嫡子《ちゃくし》として先祖相伝の所領を譲り、出発している。異国警固番役は実際の応戦を予想しているものであり、番役従事の御家人は戦死した場合のことを考え、悲壮な心事で身辺を整理し、番役地の博多に赴いたのである。

九州の御家人でさえそうであるから、九州に所領をもつ東国御家人の心事は、さらに悲壮であったろう。日蓮は信徒あての書状のなかで、道行文《みちゆきぶみ》風の形式で、防衛の任に就く者の心事を内面的に叙述し、家族との別れの悲しみを盛り上げ、異国警固の辛酸、合戦にともなうもろもろの恐怖を、手にとるように説き明かしている。日蓮が対象にしているのは東国の武士たちである。

3　文永十一年蒙古合戦

文永十一年（一二七四）十月三日、元・高麗の日本遠征軍は、高麗の合浦《ガッポ》（現・馬山《マサン》）を出発した。池内宏氏によると、蒙古人・女真人《じょしん》及び金《きん》の治下にあった漢人、あわせて二万人、高麗の助征軍は約六千（『高麗史』では八千）、その他に数多くの梢工《しょうこう》・水手《すいしゅ》（かこ）などの航海従事者がいた。高麗負担の造船数は大船・快速船・汲水小舟三百艘、合計九百艘である。元軍は対馬・壱岐を侵し、十月二十日博多湾に侵入した。博多での彼我の戦闘状態は『蒙古襲来絵詞』や『八幡愚童訓《はちまんぐどうきん》』甲本などによって知られる。それらを参考に略記しておこう。

元軍は今津・百道《ももち》の海岸から上陸を始め、百道に上陸した元軍は麁原《そはら》へ向かい、さらに鳥飼《とりかい》と別府《べふ》の両方面に進み、続いて赤坂に進撃している。元軍の集団戦方式や「てつはう」（鉄砲）の使用などで、日本軍は苦戦し、博多・筥崎を打ち捨て水城《みずき》に退いた。日本軍の応戦に元軍は左副元帥劉復亨《りゅうふくこう》が負傷するなど、損害は少なからぬものであった。大宰府攻略が当面の目標であったろうが、軍議をし、『元史』日本伝によると「官軍整《ととの》わず、又矢尽き」たから、ということで撤退している。

元の第一次遠征が不成功に終わったのは、遠征達成の目標が、示威的効果程度を狙ったもので、完全征服を目指したとは思われないこと、混成軍で指揮者間に確執があり、士気も低く、劣悪な造船条件で、蒙古軍の将士が渡洋遠征に不慣れであったことなどによろう。海の介在は元の両度の遠征を成功させなかった主因である。日本側の武士たちは、蒙古軍を撤退させるだけの力戦はしている。ただ、指揮系統が上下緊密であったとはい い難く、蒙古軍の集団戦法・兵器に悩まされ、蒙古再襲にそなえての課題となった。

4 建治年間の防御体制の強化と博多

日蓮像台座のレリーフ（福岡市東区・東公園）。文永11年（1274），元軍が対馬の住民を斬殺する様子が描かれている

文永十一年（一二七四）の蒙古合戦の経緯にかんがみて、幕府は翌十二年（四月、建治と改元）二月、異国警固の体制を整えた。一年の春夏秋冬の各三カ月ずつを九州各国がそれぞれ分担して順次番役をつとめるというもので、守護の配置状況にあわせた制規である。異国警固番役は、幕府－守護－御家人（後には非御家人も含む）の指揮関係のからみ合いのなかで展開していった。この年の末から翌年にかけて、幕府は一挙に防御体制の強化を図った。

一つは、多数の守護交替を敢行したことである。北条氏一門を多く守護に任じ、金沢実政《さねまさ》などを九州に赴かせて直接軍事指導にあたらせ、守護（その名代《みょうだい》）を現地に赴かせて管国武士の直接指揮をさせている。また、六波羅《ろくはら》探題《たんだい》として長く在任していた老練の北条時盛《ときもり》を後見に孫時国《ときくに》を探題予定者として上洛させ、六波羅評定衆《ひょうじょうしゅう》の人事を刷新して西国の支配・統制機関である六波羅探題府を強化し、広く異国防御体制を強化した。

建治元年末、幕府は、元の日本侵攻の基地である高麗を逆に攻めて、元の日本侵攻を絶とうという「異国（異賊）征伐」（「高麗征伐」、「高麗発向」）の計画を立てた。大宰少弐《だざいしょうに》武藤経資《つねすけ》が鎮西《ちんぜい》（具体的には博多である）を根拠地として軍勢動員の準備にあたり、まず鎮西諸国の兵員・船員を主として高麗進攻軍を組織し、これに不足があったら、鎮西の地に近い山陰・山陽・四国方面の諸国から軍勢を徴集する計画であった。翌年三月、豊後守護の大友頼泰《よりやす》は管内の御家人野上資直《のがみすけなお》にあてて船や船員の名簿を博多津に送ることや高麗進攻従軍者の人数・兵具の注進を命じている。同月、武藤経資は、高麗進攻従軍者以外は異国警固のための要害である石築地《いしついじ》（いわゆる元寇防塁）を博多に築造せよ、という命令を管下に出している。幕府は、高麗進攻と石築地築造という、いわば攻守両面の策を立てたのである。

しかし、高麗進攻の計画は、実行にいたらなかった。この計画の具体化と石築地築造の始まりは、ほぼ時を同じくしており、御家人や本所一円地《ほんじょいちえんち》の非御家人の負担は過重で、攻守同時併進は事実上困難であった。具体的に進行し始めた石築地築造─国内防備に重点を置かざるを得なかったのである。ともあれ、守備の基地博多は、同時に高麗進攻の基地とされようとしていたのである。高麗進攻の計画で広範な軍事動員の準備がなされ、水軍戦力はかなり計画的に準備されたと思われ、元の再襲に対する防御体制の強化に転化していった。

5　「元寇防塁」

いわゆる元寇防塁（以下、防塁と略記）という呼称は、築造・修理の時代には石築地という一般的な呼称であ

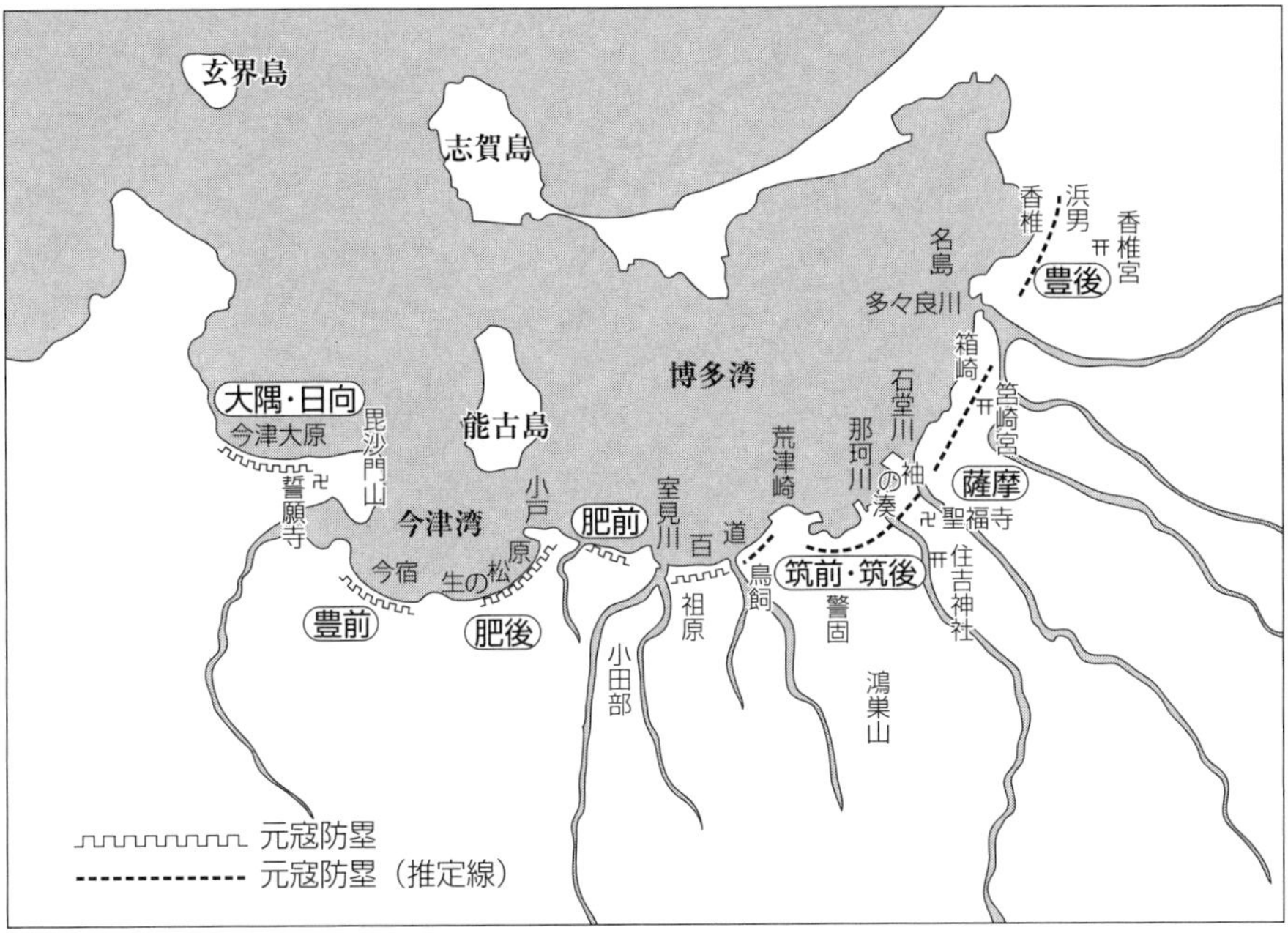

元寇防塁の位置と築造・警固分担図（『中世はかた絵模様』〔商都博多の歴史・文化を掘り起こす市民の会，2000年〕掲載の図をもとに作成）

ったが、大正二年（一九一三）、今津防塁調査の折、中山平次郎氏が仮に名づけたもので、国史跡の名称としても使われ、広く定着している。防塁築造の構想は高麗進攻との関係のなかで出てきており、文永合戦の経緯を省みて、元軍の上陸が予想される博多湾沿岸一帯に築造されたと見られる。幕府は文永九年（一二七二）十月、守護に太田文《おおたぶみ》の調進を命じ、社寺・庄・公領の田畠・員数・領主の名簿を注進させているが、太田文記載の田数をもとに所領一段につき長さ一寸の基準で防塁を築かせた。さらに防塁の上に立て並べる楯や旗を始め矢などの武具・武器類も所領に応じて賦課している。

防塁の築造工事は建治二年（一二七六）三月に始まり、八月には一応のかたちがついたようであるが、各国の事情などによって、完成にはいくらかの遅速の差があったようである。築造後の修理も負担させられていた。築造修理の負担を担ったのは、幕府の支配下にある九州に居住し、あるいは所領をもつ武士（御家人）だけでなく、これまで幕府の支配の外にあった公領・寺社領、いわゆる本所一円地の非御家人にも及んでいる。

　防塁は、九州各国が博多湾沿岸一帯に地域別に築いたもので、その分担は次のようになっている。東の端の香椎は豊後、箱崎は薩摩、博多は筑前・筑後、姪浜は肥前、生《いき》の松原は肥後、今宿は豊前、西の端の今津は日向・大隅。壱岐、対馬は入っていない。両島（国）はまさに応戦の最前線で、自らの地を防御するだけでも精一杯であったろう。

福岡市西区今津の元寇防塁跡

　命令系統から、防塁が造られ修理される手順を見てみると、次のようになる。鎌倉幕府が背景にあることはいうまでもない。ある国の守護が、その管轄内の領主に築造や修理の命令を出す。後に鎮西探題が置かれてからは、探題―守護―領主という手順になる。命令を受けた領主は、指定された分担の場所に人夫などを連れていき、工事をするわけである。南九州の武士たちなどは、海路で現場にやってきた。費用のかさむことはいうまでもない。戦闘を予想しての工事でもあり、遠隔地から工事に来る武士たちの心中は、悲痛なものであった。
　防塁の構造は地域によって異なるが、残り具合のよい今津の場合の一例を『今津元寇防塁発掘調査概報』（福岡市元寇防塁発掘調査委員会、一九六九年）によって挙げると次のようである。前面の現在高二・六〇メートル、後面の高さ一・四五メートル、底面の幅三・一〇メートル、上面の幅二・五〇メートルの台形の断面をしており、石質は花崗岩《かこうがん》である。自然の砂丘上に、底面には長大な石を前・後列に相対して置き、その間を小石で詰め、前面（海側）はほぼ垂直に立ち上がり、十〜十一段に積まれている。『蒙古襲来絵詞』（以下『絵詞』と略記）の生の松原の防塁の絵でわかるように、合戦のときは、この防塁の上に武装した武士たちが楯を並べ旗をなびかせて並列し、応戦・出戦の構えをしていたのである。博多湾の防備、防塁の築造、修理に関する課役についての勤務完了証明書（覆勘状《ふつかんじょう》）が、現在知られる限りで九十通ほど残っていて、勤務者たちの生の声が聞こえてくるようである。

防塁は、合戦時はもとより建治以後幕末にいたるまで合戦できる態勢で警備されていたのであり、単なる石垣ではなく戦闘用の、まさに「要害」であった。海津一朗『蒙古襲来――対外戦争の社会史』（吉川弘文館、一九九八年）の表現のように、「海上警固の要塞として使用された城郭」といっても過言ではない。弘安度合戦で元軍が博多に上陸できなかったのは、このためである。防塁は、北条時宗を中心とする鎌倉幕府の応戦の選択と、築造・防備に従った九州の守護・御家人、本所一円地《ほんじょいちえんち》の非御家人、民衆の労苦をあわせ表示する歴史の遺産である（付記・今の博多小学校の遺跡調査で元寇防塁と見られる遺構が発掘されている）。

6　弘安四年蒙古合戦

弘安四年（一二八一）、元は蒙古人・漢人・高麗人四万人と九百艘の軍船からなる東路軍と、南宋の降兵を主体とした十万人と三五〇〇艘の軍船からなる江南軍を編成し、第二次の日本遠征を行った。当初、両軍は壱岐の海上で会合する予定であったが、後、平戸島に変更している。東路軍は五月二十一日対馬を襲い、壱岐を経て六月六日志賀島にいたった。文永度合戦のときは元軍の上陸を許しての陸上戦であったが、弘安度の博多関係の合戦は志賀島を中心にした海上戦であった。

以下、同合戦のあらましを述べるが、応戦指揮の中心になる当時の守護の配置について一言しておこう。現地にいて実際の指揮をとっていたのは筑前・肥前・壱岐・対馬の守護武藤経資、豊後守護大友頼泰、薩摩守護島津久経《ひさつね》（『絵詞』の久親《ひさちか》）、肥後守護代安達盛宗（正員は父泰盛）らで、九国二島のうち右以外の国は北条氏一門が守護であるが、現地にいたのは豊前守護の北条（金沢）実政《さねまさ》だけであろう。これらに、北条時宗の家臣安《あん》東重綱《どうしげつな》と合田《ごうだ》遠俊《とおとし》が直接派遣され督戦にあたっている。

『絵詞』には、志賀島合戦関係かと見られている絵がいくつかあり、志賀島を占拠した敵の武将が高所から情勢を見ているところと解されている絵もある。詞《ことば》十四は『絵詞』の志賀島合戦の部分の最後に位置するものであろう。絵二十一は最後の画面で肥後国の守護人（実際には守護代）安達盛宗の引付《ひきつけ》（軍功の記録）にそなえている絵で詞十四と対応している。

『八幡愚童訓』甲本には、武士たちが勧賞《けんじょう》を蒙りたい思いを先とし、各別に志賀島に向かったとして、肥前国の御家人草野次郎経永《つねなが》の夜討、伊予国の住人河野《こうの》六郎通有《みちあり》の蒙古船に乗り移っての奮戦、豊後国の大友頼泰の嫡子（親時《ちかとき》）らの攻撃、安達盛宗家臣らの討死などが記されている。文書としては豊後国御家人右田《みぎた》道円《どうえん》の子息能明《よしあき》と肥前国御家人福田兼重《かねしげ》の六月八日の志賀島合戦の軍功を示す右田文書弘安四年十二月二日大友頼泰書下案《かきくだしあん》、福田文書弘安五年三月七日 平 国澄起請文写《たいらのくにずみきしょうもんうつし》がある。元側の史料として「張成墓碑銘《ちょうせいぼひめい》」（旅順博物館所蔵）があり、六月六日夜の日本軍の来襲、八日の海の中道伝いの日本軍の来襲、九日の日本軍の大勢での来襲が記されている。

以上が志賀島合戦の大要である。東路軍はその後壱岐に退いて合戦を行い、江南軍と合流し鷹島《たかしま》付近に集結しつつあったが、閏七月一日、大風にあい壊滅的な打撃を受けた。

7 恩賞地配分

弘安四年（一二八一）蒙古合戦後の問題は色々あるが、幕府にとっても合戦に従った武士たちにとっても、恩賞地配分は大きな問題であった。狭義の博多ではないが、現在の福岡市内に入っている地域で恩賞地となったところがある。恩賞地配分は、⑴弘安九年十月に始まり、⑵正応元年（一二八八）十月三日、⑶正応二年三月十二日、⑷正応三年七月十三日、⑸嘉元三年（一三〇五）四月六日、⑹徳治二年（一三〇七）十月二十二日の六回行われたことが知られる。福岡市域関係は⑴・⑵、ことに⑵に集中している。

⑴で大友頼泰に怡土荘《いとのしょう》志摩方《しまかた》三百町惣地頭職《そうじとうしき》を、大友氏の一族で肥後国の詫磨時秀《たくまときひで》に志登社《しとしゃ》地頭職を与えている。大友氏は香椎に守護領をもっており、博多―筑前に勢力を扶植する契機をなしている。⑵で薩摩国の渋谷有重跡《ありしげあと》に早良郡比伊《ひい》郷地頭職田地十町などを、大隅国の禰寝清親《ねじめきよちか》に比伊郷地頭職田地五町などを、薩摩国の武光師兼《たけみつもろかね》に早良郡七隈《ななくま》郷地頭職田地三町などを、同国の国分寺友兼《こくぶんじともかね》に七隈郷地頭職田地三町などを与え、⑷で豊後国の田原基直《たわらもとなお》に怡土荘高祖《たかす》郷末永名《すえながみょう》田地十町などを与えている。右のうち、薩摩国の御家人渋谷氏に与えられた早良郡比伊郷内の田地・畠地・屋敷に相当すると推定される遺構が、樋井《ひい》川上流域の柏原《かしわら》遺跡（福岡市南区柏原）で発掘された。昭和五十四年（一九七九）から昭和五十九年にかけての福岡市教育委員会の発掘調査によるものである。蒙古襲来の恩賞地の調査など、まことに貴重なことである。

鎮西の御家人で恩賞配分を受けたのは三十人以上は知られるが、大友氏などと一般の御家人とでは規模の違いは大きい。筧雅博『蒙古襲来と徳政令』（講談社、二〇〇一年）を参考にしていえば、恩賞地は文永合戦での元軍の上陸地（怡土荘）か、陸上戦を展開した地域の後背地である。この場合、恩賞配分は第三次の元の日本遠征に対する博多防備をも兼ねていたのである。しかし、被配分者は薩摩・大隅・豊後などと遠隔地であり、恩賞地そのものも容易な収取が期待できる状況にはなかった。寺院への寄進などのかたちをとって、恩賞地に対する支配は漸次無実化していった。

蒙古防備にとって肝心なことは、鎮西の御家人らを防備に専心させることであって、土地の訴訟のため、御家人らが京都や鎌倉へ出向かないようにせねばならなかった。つまり幕府は、最終裁断権をそなえた訴訟機関を設けることが必須であった。いくつかの経緯を経て、博多に鎮西探題が設けられ、鎌倉末期、幕府が倒壊するまで機能した。蒙古襲来を機として九州守護、ことに武藤氏の支配領域の減退は著しいが、それまでに武藤氏＝大宰府がもっていた九州統治に占める役割は鎮西探題に代替され、それだけに国際貿易都市博多は政治面の重要性を中核に据えたのである。探題府が有している文化的属性も、博多文化を多様にした。

蒙古襲来までの博多は、在博南宋貿易商人（博多綱首《こうしゅ》）を中心にした国際貿易都市で、彼らの創建・維持による禅宗寺院はその象徴であった。いわば禅宗一色に近い宗教状況であった。蒙古襲来後、禅宗勢力の増強も見られるなか、幕府の存在を背景とする異国降伏《いこくごうぶく》の祈禱、対外交易の問題などもからみ、西大寺流律宗《りっしゅう》の進出、さらには時衆《じしゅ》の活躍も見られ始め、博多の宗教文化もまた多様化してきた。

8　展望

時代を一挙に近世に下げるが、福岡藩医津田元貫《げんかん》（「もとぬき」ともいわれる。一七三四～一八一五年）が『参考蒙古入寇記』を著作したことは、「蒙古襲来と博多」の問題を考えるとき、看過できない。本書は筑前人として博多に即して蒙古襲来を叙述しており、時代的制約からくる誤記はあるが、管見の限り蒙古襲来に関する専著としてもっとも早いものである。近世における蒙古襲来と博多の問題については、論ずべきことは少なくないが、蒙古襲来研究がゆかりの地でまず本格化したことは注目に値しよう。

明治期に入って注目すべきことの一つに、湯地丈雄《ゆじたけお》の元寇記念碑建設運動がある。福岡市東公園の亀山上皇銅像となって実現し、関連して日蓮銅像が建設される。湯地は同運動を、国家防護の観念を国民に扶植し教育に利する護国の大業として、種々情宣活動を展開した。同運動は明治二十年代、三十年代の日清・日露戦争と表裏しながら進められていた。これ以外にも、福岡市には蒙古襲来ゆかりの遺跡があることはもとよりである。弘安四年蒙古合戦の主戦場となった志賀島には、昭和二年（一九二七）「蒙古軍供養塔」が建立され、翌年除幕式が行われた。建立の唱導者は博多生まれの日蓮宗僧侶で、その面から蒙彊《もうきょう》布教などに活躍していた高鍋日《たかなべにっ》統《とう》である。

近世以降、蒙古襲来に対して様々な研究・論評があり、記念物の造立などがあった。それらはもとより、蒙古襲来の事実も、恒久平和への希求を土台として整理さるべきは、論を待つまい。

志賀島の蒙古軍供養塔（藤本健八氏撮影）。平成17年３月の地震で崩壊したが，同塔を管理し，護持・供養をしている福岡市中央区の勝立寺（第８章参照）により旧所在地の下方に再建され，同19年９月８日に除幕・入魂式が行われた

〔付記〕本稿は平成十三年（二〇〇一）十一月十日の福岡市博物館での同題の講演の原稿である。なお、蒙古襲来と博多については、拙文「元寇防塁が語るもの」（『市史研究ふくおか』創刊号、二〇〇六年）に詳細な報告をしている。

【付論】『蒙古襲来絵詞』に見える福岡市関係地名

はじめに

福岡市は、近世でいう福岡城下の武士を中心とする福岡と、商人の町博多とが近代になって合体し発展してきた都市である。その旧博多部[1]の地名に関する鎌倉時代の史料は意外に少ない。黒水文書文保元年（一三一七）八月二十五日の鎮西下知状に見える「博多北船今寺」の記載などは珍重である。「北船《きたふね》」は現在の博多区上呉服町にあり、戦災をまぬかれ、戦前の町並みが残っている。大学時代西洋史専攻生として直接指導いただいた小林栄三郎先生が住んでおられたので、印象が深い。都市博多の特性を示す海事関係の地名として注意しておきたい。

鎌倉時代の史料で、福岡市関係地名がやや集中的に見られる一点史料として、主題にしている『蒙古襲来絵詞』（以下『絵詞』と略記）、『絵詞』と同じく文永・弘安蒙古合戦の史料として知られる『八幡愚童訓《はちまんぐどうきん》』甲本、鎮西探題《ちんぜいたんだい》滅亡時の動向を詳しく伝えている『博多日記』などが挙げられる。『絵詞』に関連して異国警固関係史料から福岡市関係地名を拙著『注解 元寇防塁編年史料――異国警固番役史料の研究』（福岡市、一九七一年）から若干拾ってみると、生松原（一五二・二七七頁）、今津（一五一・二九一頁）、今津後浜（後浜は位置を示すか。二一六・三二五・三二七・三二八頁）、香椎前浜（前浜は位置を示すか。三三九頁）、筥崎小松（二二八・三二〇頁）その他がある。索引を参照ありたい。

『八幡愚童訓』甲本（日本思想大系20、岩波書店、一九七五年）には、文永十一年（一二七四）蒙古合戦関係の箇

所に今津・赤坂・博多・筥崎・筥崎宮（筑紫本に「今津、早良、百路原、赤坂」とある）、弘安四年（一二八一）蒙古合戦関係の箇所に鹿（志賀）ノ島・能古・筥崎ノ宮が記されている。筥崎宮のことが、ことに弘安蒙古合戦関係の箇所で詳記されているが、八幡神の神徳を童子にも理解させる、という本書述作の意図からいっても当然であろう。同箇所には石築地のことが記されており、文書類以外の所見史料として注目される。

『博多日記』には、記載順でいうと、博多を始め、堅糟《かたかす》・松原口辻堂・早良小路《さわらしょうじ》・櫛田浜口・息浜ノスサキ・犬射馬場(2)などが記されている。堅糟は、筥崎宮領があり、承天寺・聖福寺に近く、かつての勤務校であった福岡高等学校の所在地名（博多区堅粕）として親しい地名である。早良小路は、金屋小路その他の「小路」を付する地名と関連して、博多地名のあり方を考えるとき留意しておきたい呼称である。

以下、本題に入ろう。『絵詞』に見える福岡市関係地区を五十音順に掲げて若干の説明を加える。

『絵詞』所見福岡市関係地名

【あかさか】赤坂。福岡市中央区。詞一に「いそく《（異賊）》あかさかにちん《（陣）》をとるにつきて」、詞二に「あか□《（さかに）》□むかふ」、詞三に「あかさかには□かふところに」、詞四に「たけふさ《（菊池武房）》に、けうと《（凶徒）》あかさかのちん《（陣）》をかけおとされて」とある。文永十一年蒙古合戦で元軍が布陣していたところである。詞一に「あかさかはむま《（馬）》のあしたち《（足立）》わろく候」とあり、騎馬には適さない地帯であったようである。

【いきのまつはら】生の松原。福岡市西区、もと早良郡山門荘《やまとのしょう》のうち。絵十二に同地の石築地の上に菊池氏一門が居並ぶ前を竹崎季長らが通っているところが描かれていて著名。その石築地の現況は(3)、往時を彷彿とさせる。『絵詞』が石築地（元寇防塁）についての唯一の絵画史料であることは、強調してもしすぎることはない。絵十三に「季長かひやうせん《（兵船）》にいきのまつハらよりのり《（乗）》ける人〳〵」とあり、詞十四に「同日むま《（午）》の時、季長《（すゑなが）》ならひにての《（手）》物、きす《（疵）》をかふる《（被）》ものとも《（者共）》、いきのまつはらにて守護のけさむ《（見参）》にいりて当国一番にひきつけ《（引付）》につく《（付）》」とある。生の松原の防塁築造・警固は肥後国の分担。この弘安四年蒙古合戦段階では、肥後守護は安達泰盛である。泰盛は九州には来ていないので、ここにいう守護は泰盛の子息で守護名代《みようだい》の盛宗[4]である。

永仁元年（一二九三）壬辰八月十五日、肥後国の御家人が異国調伏のため生の松原に熊野権現を勧請したのも右のような事情による。ただ、このことを記している中村令三郎氏所蔵の他宝坊願文[5]の干支「壬辰」は、永仁元年は癸巳であるから、史料的に問題はある。生の松原は、古来「生き」、「行き」、「待つ」などにかけて、和歌などによく詠み込まれた地名である。弘安四年（一二八一）閏七月一日の大風で早良郡壱岐松原の松数百本が吹き倒されたことが石清水文書（『筥崎宮史料』九四〇頁、筥崎宮、一九七〇年）に見える。

【おきのはま】息浜。福岡市博多区。内陸砂丘の博多浜の生活域は、十二世紀後半までには海側砂丘の息浜に拡大していたとされている。詞一の最初に「おきのはまにくんひやう《（軍兵）》そのかす《（数）》をしら《（知）》すうちたつ《（打立）》」、詞七に「日のたいしやう《（大将）》たさい《（大宰）》のせうに《（少弐）》三らうさゑもん《（郎左衛門）》かけすけ《（景資）》、はかたのおきのハまをあひかため《（相固）》て」（詞九も同様）とある。「はかた」のなかに「おきのはま」が包摂されたかたちで記述されている。文永十一年蒙古合戦のとき日本側の基地で武藤景資が指揮をとっていたところである。息浜の中世福岡市の歴史に占める意義については佐伯弘次「中世都市博多の発展と息浜」（『日本中世史論攷』文献出版、一九八七年）に詳述されている。

【こまつはら】小松原。詞三に「すみよしのとりゐの□すき《（過）》、こまつはらをうちとをり《（打通）》て、あかさかには□《（せむ）》かふところに」とある。福岡市博多区から中央区にかかるところであるが、どこと確定はできない。あるいは、小さな松の生えている状況をさしている語で、地名でないのかもしれない。前述の筥崎小松の小松も当初はそうであったろうか。明和二年（一七六五）の『石城志』巻之六・歳時にいう、筥崎のうちの「小松縄手といふ所」につながるもののようである。

【鹿嶋】福岡市東区の志賀島。[6] 金印出土地、『万葉集』志賀白水郎《あま》の歌、他ならぬ蒙古襲来で知られる。詞十四に「鹿嶋にさしつかは《（差遣）》すて《（手）》の物」とあり、絵二十に「志賀嶋大明神」とある。いずれも弘安四年蒙古合戦関係。弘安蒙古合戦では福岡市内陸部での合戦は見られず、六月の志賀島合戦だけである。絵二十には、志賀海神社の鳥居が描かれているが、同社所蔵の鎌倉末から南北朝初期ごろの作であろうといわれている社頭の景観を描いた同社絵図[7]とともに、貴重な絵画史料である。

【すみよしのとりゐ】住吉の鳥居。今は福岡市博多区にある住吉神社[8]の鳥居。地名ではないが、神社名から地名の住吉にかけて掲げる。絵二に朱塗りで描かれており、朱で「住吉鳥居」と注されている。詞三に「すみよしのとりゐ」と記されている。現在地の住吉神社としてよいと思うが、同社の発祥を福岡県筑紫郡那珂川町仲《ちゅう》の現人《あらひと》神社とする説のあることを注意しておきたい。筑紫豊氏は「蒙古襲来絵詞に見える竹崎季長の足跡を訪ねて」（『日本絵巻物全集』月報16、角川書店、一九六四年）で「絵詞に見える博多と住吉神社との間の川は、当時博多の南を流れていた比恵川か」としている。当時、住吉社神官は前後の関係史料から御家人であったと思われるので、蒙古合戦には何らかのかたちでかかわっていたろう。ちなみに、一四七一年の『海東諸国紀』は住吉のことを「愁未要時」と漢字表記している。

【すそはら】麁原。福岡市早良区祖原公園一帯。詞四に見える。『筑前国続風土記拾遺』[9]早良郡上・麁原村の条には、早良郡郡家の地で、郡名はこの村からおこったもので、サとソは音通し、今もこの村をさして早良《サワラ》村という、『絵詞』にスソハラと書いているのは伝聞の誤りで、鎌倉の末ごろからかサワラを誤って麁原といったのであろう、と記している（刊本下、一七二頁）。なお、『高麗史』列伝第十七・金方慶、『高麗史節要』巻十九・元宗十五年十月条に見える「三郎浦」は佐原（麁原）の音訳であると解されている（池内宏『元寇の新研究』

一四八頁、東洋文庫、一九三一年)。

【とりかひかたのしほやのまつ】鳥飼潟の塩屋の松。福岡市鳥飼一～三丁目は中央区、同四～七丁目は城南区である。後述「へふのつかはら」の項所引の詞四に「とりかひのしほひかた」、「けうと《凶徒》すそハら《麁原》よりとりかいかた《鳥飼潟》のしほや《塩屋》のまつ《松》のもとにむけ《向》あハせてかせん《合戦》す」とあり、詞七にも「とりかひのしほひかた」が見える。鎌倉時代特に蒙古合戦時の史料に見える鳥飼について、牽引風に以下挙げておこう。鳥飼村内に筥崎宮領があったことは興隆寺文書文明十一年(一四七九)後九月十三日大内氏奉行人連署奉書で明らかであるが、建長ごろ、博多綱首張英が鳥飼二郎船頭といわれていて、筥崎宮から所領として鳥飼の地をあてがわれていたことが知られる(『筥崎宮史料』九四〇頁)。

遡って、石清水八幡宮所蔵類聚国史裏文書承久元年(一二一九)六月調所公文注進状に鳥飼定田とある。前田家所蔵野上文書(年不詳)八月十六日小田原寂仏(景泰)書状に鳥飼三郎が見えるが、ここにいう鳥飼とどうかかわるかは不明。都甲文書文永十一年十二月七日大友頼泰書下写によれば、豊後国御家人都甲左衛門五郎惟親(法名寂妙)が鳥飼浜陣で軍功を立てており、福田文書建治元年(一二七五)九月二十五日福田四郎兼重申状写によると、文永十一年十月二十日の蒙古合戦で、鳥飼塩浜に馳せ向かって防戦し、百路(百道)原に退却する蒙古軍と射戦している。これらの史料に見える鳥飼をこまかく現在のどこに比定してよいか、はっきりしない。

塩屋は前記の「鳥飼塩浜」とあわせ、製塩にかけて理解してよかろう。中山平次郎氏は塩屋の松を「今の福岡城西の大堀の西方なる鳥飼の埴安神社の境内に在ったのである」(「元寇史研究の三参考文籍」『元寇史蹟の新研究』八〇頁、丸善、一九一五年)と断定し、桜井清香『元寇と季長絵詞』一一七頁(徳川美術館、一九五七年)もこれをうけてであろう、同様である。樋井川下流の鳥飼に塩屋橋がある。鳥飼についてはいくつかの関連研究があるが、小林茂他編『福岡平野の古環境と遺跡立地』（九州大学出版会、一九九八年）を挙げておく。

【はかた】博多。[10] 詞二に「はこさき《筥崎》のちん《陣》をうちいて《打出》、はかたにはせむかふ《馳向》」、詞三に「はかたのちん《陣》をうちいて《打出》」、詞七に「そくと《賊徒》はかたにせめいり《攻入》候とうけ給はり候しをもて、はかたにハせむかひ《馳向》候しに」、「はかたのおきのハまをあひかためて」、「はかたのちんをうちいて、とりかひのしほひかたにはせむかひ候て」、詞九に「賊徒はかたに□《攻入候》とうけ給はり候□《を》もて、はかたに□《はせ》むかひ候しに」とある。文永蒙古合戦で、竹崎季長は筥崎から博多息浜に進軍していったのである。「博多」は近世の旧博多部内と思われるが、ここではどの範囲の地域を指している地名なのか、はっきりしない。

【はこさき】筥崎。[11] 福岡市東区。絵一に「はこさきのミやのとりゐ」、詞二に「はこさきのちんをうちいて、はかたにはせむかふ」、詞七に「きよねん《去年》十月廿日もうこかせん《蒙古合戦》の時、はこさきのつ《津》にあひむかひ候しところに」、詞九に「はこさきのつ□《にあ》ひむ□《か》ひ候しところに」とある。竹崎季長が、文永蒙古合戦で、なぜ筥崎に在陣していたのか、必ずしも明らかでない。季長一人の行為で、筥崎宮[12]に武勲を立てることを祈請したのか、戦略上多くの軍兵とともに同宮に集結していたのか、知りたいところである。筥崎宮鳥居の絵は貴重である。

福岡市の中世都市の時代の繁栄拠点は、鴻臚館のあとをうけた博多・息浜、筥崎、今津の三地域であった。蒙古襲来期の筥崎については、対新羅以来の異国降伏祈禱の筥崎宮はもとより、『博多日記』の記事なども含め軍事的側面からの考察も必要であろう。室町期には貿易基地としての側面をあらわに示す。一四二〇年の『老松堂日本行録』では、「波古沙只」と表記されている。

【へふのつかはら】別府の塚原。福岡市城南区。詞四に、「たけふさ《武房》に、けうと《凶徒》あかさか《赤坂》のちんをかけおとされて、ふたて《二手》になりて、おほせい《大勢》はすそはら《麁原》にむき《向》てひく《引》、こせいはへふのつかハらへひく、つかハらよりとりかひ《鳥飼》のしほ《潮》□《ひ》かた《潟》をおほせい《大勢》になりあ《成合》ハむとひくを、おかくる《追懸》に、むま《馬》ひかた《干潟》にはせた《馳倒》ハして、そのかたき《（敵）》をのハ《（延）》す、けうと《（凶徒）》ハすそはら《（麁原）》にちんをとりて、いろ〳〵のはた《（旗）》をたてならへ《（立並）》て、らんしやうひまなくしてひしめきあふ」とある。文永蒙古合戦で、迎え撃った日本軍のために、蒙古軍は赤坂の陣を破られ、麁原と別府の塚原の二手に分かれて退却した、というのである。中山平次郎氏は前掲論文の中で、「福岡城南高地西方の別府《へふ》村落の南の畑地に、今塚町なる小字を有せる土地がある。或は此所ではありはせぬ歟と思ふ」（『元寇史蹟の新研究』八〇頁）と推測している。桜井清香『元寇と季長絵詞』一二七頁もこれを受けてであろう、同様である。ちなみに前記興隆寺文書の文明十一年のものに早良郡別府のことが見える。

おわりに

以上、『絵詞』に見える福岡市関係地名について述べてみた。『絵詞』が竹崎季長と蒙古合戦を主題にしているので、記載地名が戦跡地であることはいうまでもない。「いきのまつはら」、「鹿嶋」（「志賀島大明神」）は弘安四年蒙古合戦関係であり、他は文永十一年蒙古合戦関係である。後者の「あかさか」、「おきのはま」、「すそはら」、「へふのつかはら」などは初見地名であり、『絵詞』所見の福岡市関係地名は概ね現在も生きている。中世福岡市の都市景観を具体的にイメージすることは、なかなか困難である。史料に残る地名の考証など、地道に積み上げていけば、ある程度の具体相には迫り得るだろう。

『絵詞』所見の地名については考定すべきことはなお残っており、検索の便を考えて五十音順にしたため、戦闘過程についての説明が前後していることをお断りしておく。最後に、福岡市教育委員会『御物蒙古襲来絵詞（複製）』の索引（川添昭二執筆、一九七五年）、田島毓堂編『蒙古襲来絵詞詞書本文並びに総索引』（東海学園国文叢書六、一九七五年）は、地名索引[13]にも参考になることを紹介して擱筆する。

注

(1) 地域概念としての博多については川添昭二「東アジアの中の博多」(朝日新聞福岡総局編『鴻臚館の時代』葦書房、一九八八年)、本書「まえがき」。

(2) 服部英雄「犬追物を演出した河原ノ者たち――犬の馬場の背景」(『史学雑誌』一一一―九、二〇〇二年)が参考になる。

(3) 生の松原の元寇防塁は、平成十二年(二〇〇〇)、復原公開された。筆者の好みでいえば、「復原」による偉容よりも「復原」以前の風化・崩落の姿の方が、歴史への回想を誘っていたように思う。

(4)『絵詞』では、安達盛宗は詞十一・十四、絵二十一(「肥後国/時之守護人/城次郎/盛宗」)に見える。同人については川添昭二「岩門合戦再論」(『九州中世史の研究』四〇~四三頁、吉川弘文館、一九八三年)。

(5) 他宝坊願文は、長沼賢海「元寇と松浦党」(『史淵』七輯〔一九三三年〕、のち『日本海事史研究』〔九州大学出版会、一九七六年〕に再録)によると、長沼氏の所蔵であるが、昭和十三年(一九三八)以後であろう、長沼氏から中村氏に寄贈されたという。末永茂世(一八三七~一九一五年)臨書の『青木文書』によると、かつて青木氏に伝えられていたことが知られる(三木隆行氏教示資料)。

(6) 志賀は鹿《しか》に通じるということで鹿嶋としている。ちなみに志賀海神社の鹿角堂にはおびただしい数の鹿の角が奉納されていることは有名である。

(7) 福島恒徳「志賀海神社縁起絵考」(九州芸術学会編『デアルテ』五、西日本文化協会、一九八九年)。以下、志賀島に関する拙文を挙げておく。「宗像氏の対外貿易と志賀島の海人」(海と列島文化第三巻『玄界灘の島々』小学館、一九九〇年)、「志賀島文殊」(『日本歴史』五七二号、一九九六年)。

(8) 廣渡正利『筑前一之宮住吉神社史』(文献出版、一九九六年)は、中世部分に補うべき史料はあり、校正ミスも散見するが、好箇の史料集・研究書である。

(9)『筑前国続風土記』、『筑前国続風土記附録』と並ぶ筑前三大地誌の一つ。平成五年、上・中・下三巻として東京・文献出版より刊行。

(10) 博多関係の文献については、川添昭二「古代・中世博多研究文献目録稿」1(『博多研究会誌』七号、一九九九年)、同「古代・中世博多研究文献目録稿」2補遺(『博多研究会誌』八号、二〇〇〇年)があるが、補うべきものが少なからずある。

（11）参考文献のあらかたは前注目録で検索できる。

（12）廣渡正利『筥崎宮史』（文献出版、一九九九年）は、筆者が注解資料を提供し、二百点前後の史料を補入し、全体を校閲したものである。訂正・補入すべき史料も少なからずあるが、筥崎宮編年史料集としては最初のものであり、廣渡氏による宮史の記述も最初である。宮史の部分は鎮座一〇八〇年記念の本殿大修理にちなんで単行本として平成十五年、文献出版から刊行された。同氏の敬神と郷土愛にもとづく著述作業に敬意を表する。

（13）福岡市の地名に関しては、井上忠・安川巌・井上精三編『福岡・博多の町名誌』（福岡市教育計画局、一九八二年）、井上精三『福岡町名散歩』（葦書房、一九八三年）が好手引きであり、興味深い著作である。前者には参考文献が付載されていて有益である。なお、坂田大『福岡市の町名』（初版一九八三年、改訂版一九九〇年）もある。

四――『正任記』に見える大内政弘の博多支配と寺社

1　はじめに

『正任記《しょうじんき》』は、大内政弘（一四四六〜九五年）が九州に出陣したとき、随行した右筆《ゆうひつ》・奉行人相良正任《さがらただとう》（一四三〇〜?年）が、文明十年（一四七八）十月、博多の聖福《しょうふく》寺継光庵で記した陣中日記である。『国書総目録』第二巻は「まさとうき」一冊として、内閣文庫本（明治写）・尊経閣文庫本（自筆）の二本を挙げている。筆者も右二本以外を知らない。記事は文明十年十月一日から三十日まで、一日の中断もなく、ちょうど一カ月分が現存している。『大日本史料』第八編之十（東京大学出版会、一九八五年）や竹内理三・川添昭二編『大宰府・太宰天満宮史料』第十三巻（太宰府天満宮、一九八六年）などに収められているが、部分的で、若干の誤植もあり、自筆本といわれる尊経閣本には錯簡があり、史料として利用するにはかなりの手続きを要した。平成八年（一九九六）五月、『山口県史』史料編中世1に、尊経閣本全体が錯簡を正したかたちで収録された。校訂は厳密であり、今後の研究に資するところ大であろう。

臨戦的状況下に書かれた陣中日記という特殊性はあるが、筑前国を中心としたこの時期の大内氏の領国支配の実態と特質を、まざまざと伝えている。書かれた場所が博多であり、当該期の博多を知るのに絶好の史料である。鎌倉末期の『博多日記』と並んで鎌倉末期・文明期というそれぞれの変革期の博多を横断的に見事に生き生きと伝えており、中世地方武士の日記として稀有のものであり、中世の武家日記全体のなかで比較・検討するに価する素材である。筆者もかつて本史料を使って「宗祇の見た九州」という文章などを書いているが、大内氏研究の貴重な史料として、佐伯弘次氏の一連の研究（注1・7・19・付記）や川岡勉氏（『室町幕府と守護権力』吉川弘文館、二〇〇二年）、森茂暁氏（注29・付記他）らの研究に利用されている。以下、それらの研究を参照しながら、『正任記』に見える大内政弘の博多支配の一端を見てみる。

まず記主の相良正任について述べる。正任は肥後国相良氏の一族、実名は「タ、タウ」、法名は「シャウシン」という。このことを記している『相良家文書』一―二四六号は、永享二年庚戌（一四三〇）に生まれ、永正三年（一五〇六）に七十七歳であったことを記している。大内政弘に右筆・奉行人として近侍し、「若き時よりひるよるわかず、病のとこ、つゐの莚と（ま）で（政弘、明応四年〔一四九五〕九月十八日没）つかへ」（兼載『あしたの雲』〔『群書類従』第二十九輯〕）た、といわれたほど、親昵な間柄であった。官途は遠江守、長享三年（一四八九）四月二十六日の大内氏掟書では前遠江守であり、明応四年八月八日では沙弥となっている。連歌に巧みで、政弘本の『新撰菟玖波《つくば》集』二部を書写して肥後の相良為続《ためつぐ》に贈ったり（天理図書館大永本）、大内政弘の発企にかかる『新撰菟玖波集』の編纂過程にもかかわっている。和歌にも巧みで、有職故実《ゆうそくこじつ》に造詣が深かった。大内氏滅亡の因を作った相良武任は正任の子である。『正任記』執筆時、正任は数えの四十九歳。ちなみに大内政

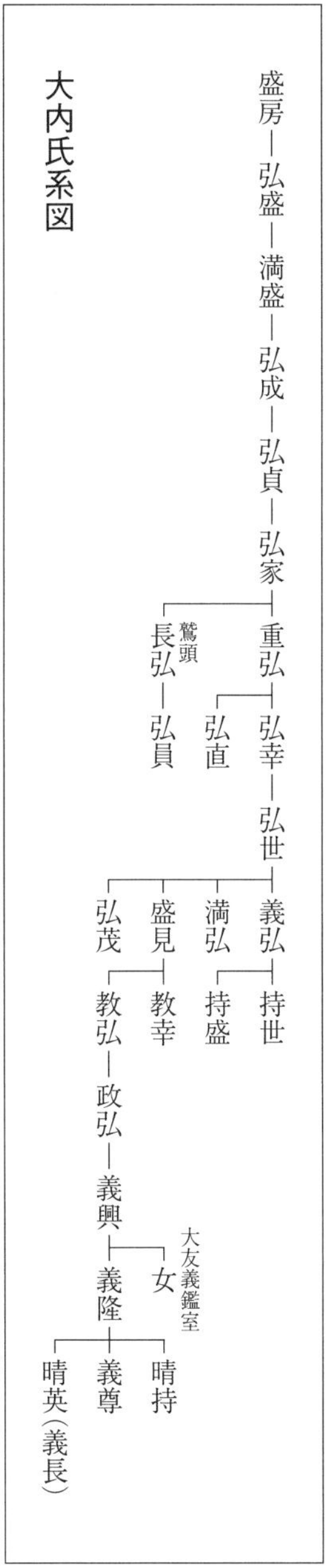

大内氏系図

伝大内政弘墓（中央。山口市滝町。佐藤力氏撮影）

弘は三十三歳、後述の陶弘護《すえひろもり》は二十四歳である。

以下、大内政弘の博多及び周辺（現・福岡市域）寺社に対する支配と保護を主題とし、まずその前提として、政弘の博多支配のあらましについて述べよう。

2　大内政弘の博多支配

大内政弘の博多支配の仕組みがまず考えられなければならないが、臨戦的軍政下のことであるから、山口のそれをそのまま移したものではなく、簡略なものである。『正任記』に表れる限りで見てみよう。『正任記』十月十七・十八・二十一日の条に「老者」が見え、大内政弘は重要案件を老者に相談している。「老者」は少弐《しょうに》氏・菊池氏・相良氏などにも見られるが、大内政弘の側近にあって政務に重要な役割を果たした存在である。「おとな」と読むのであろうか。十月十一・二十日条には「着座衆」が見え、陶弘護・杉重親・杉武道・杉俊明らが挙げられている。政務の実務は諸役人がとっている。文明十八年（一四八六）四月一日の大内氏掟書には「御相伴《しょうばん》衆着座人数事」とある。十月一日条の大内政弘の筥崎社参の条に「御内《みうち》近習外様《とざま》、自国他国諸人出仕之」とある。『大乗院寺社雑事記』文明八年四月十三日条に「大内被官人悉皆三百人」とあるが、ここでは大内氏の家臣は御内・近習・外様の三階層になっているのである。御内とは、語義として譜代関係にある家臣のことをいう。近習は十月一日を始め十四・十九日条などに見える。明応二年（一四九三）十二月の大内氏掟書に「御前陪膳幷御剣役事、任二先例一、可レ為二近習之役一」とあり、『正任記』十月一日条の「御供杉七郎弘固御剣役」、二十三日条の「（飯田）弘秀御剣役」の杉弘固・飯田弘秀は近習ということになる。文明十七年五月十九日の大内氏掟書に「近習幷申次《もうしつぎ》」とあり、『正任記』十月三日条には「尾和兵庫允武親申次之」と、動詞のかたちではあるが、申次（他略）が見える。外様は御内・近習以外の者で、大内政弘の筑前入国にともなって画期的に多くなったろう。文明十三年十二月二十六日の大内氏掟書の「椀飯《おうばん》同御節幷所々御出の事」では、近習衆と外様衆は、出される食事にも差があった。

軍事編成では直属の軍事力となるのが馬廻りで、十月三日条・十六日条に見えるが、三日条には「御馬廻一番衆内長門衆十八人事」とある。一日の筥崎社参には太刀を帯びた走衆《はしりしゅう》百余人が供奉している。走衆は大内政弘が外出するとき徒歩で随行し、前駆・警固をつとめた。その他、十月四・十日条に陶弘護の同道衆、十八日条に陶弘護の寄子《よりこ》のことが見える。大内氏の家臣団が応仁・文明の乱を境にして整備されていったさまが、『正任記』の断片的な記事からもうかがえるのである。

ところで、肝心な点は、文明十年十月の段階で、博多支配を直接管掌していた者は誰だったのか、ということである。次のような事件の記事からそのことが明らかになる。

大内政弘在博中の大きな問題として、陶弘護の筑前守護代職返上という事件が起こっている。事のおこりは、陶弘護の家人弘中源四郎・多田藤左衛門尉と博多代官飯田大炊助弘秀の家人博多下代官山鹿《やまが》壱岐守との相論にあった。山鹿壱岐守が弘中源四郎の宿主である地下人に連々罪科の題目ありということで、その宿主を討ち果たした。ところが、弘中源四郎は、宿主が誅戮されたのは面目ないことだと恨み、多田藤左衛門とともに、山鹿壱岐守の所従の家をこわし同人を追い出してしまった（十月十五日条）。この両者の闘争はそれぞれの主人である陶弘護と飯田弘秀の争いにもなった。大内政弘は、この件を老者と相談し、事無きよう両者に使者を派遣している（十月十七日条）。さらに大内政弘は、おそらくこの件であろう、陶弘護の宿所に近習少々を供に出掛けており、陶弘護はその御礼に参上している（十月十九日）。ところが、十月二十日になって、陶弘護は筑前守護代職返上を申し出た。同二十三日、大内政弘は陶弘護の宿所承天寺《じょうてん》に直接赴いて慰留を重ね、陶弘護もついに了承した。しかし陶弘護は五カ条を大内政弘に言上している。大内政弘は五カ条の件について杉重道ならびに青景弘郷《あおかげひろさと》・相良正任らと相談した（十月二十四日条）。その五カ条というのは、

(1)守護代職在任は来年までであること。

(2)筑前国人の給恩地（知行宛行）のこと。

(3)守護領（大内氏直轄領）のこと。

(4)博多のこと。

(5)諸公事のこと。

以上である（十月二十六日条）。

事書で、内容のこまかいことはわからない。『正任記』十月四日条に、陶弘護が大内政弘に言上した筑前経営に関する七カ条の意見を載せている。この五カ条もそれに関連していよう。これらの検討は佐伯弘次氏によって一応なされているので、再説はしない。陶弘護はこれまでの筑前経営の経験を踏まえ、七カ条提案に続き、問題点を抽出し、それらのなかで今回の家人闘争一件を考えたようである。

今は、第四条の「当津事（博多のこと）」が問題であるが、内容は不明である。ただ事件の推移からいって、博多支配についての筑前国守護代の権限と博多代官との権限が問題になったのであろう。事件の内容からして検断権がことに問題になったのではあるまいか。大内家における陶弘護と飯田弘秀との格の差は明らかである。飯田弘秀は有職故実に通じ、大内政弘の近臣としてその信任は厚かったが、肥前国神埼《かんざき》郡代に任じているとこ

ろからもわかるように（『正任記』十月二十九日条）、格は郡代格であった。博多支配の権限に関しては、筑前守護代の下になる那珂郡代が問題になる。黒水文書文明十年正月十一日祐泉置文のなかに黒水定種が那珂郡代であったことが見え、大内政弘の段階では石清水文書二－四八八・文明十年十二月二日陶三郎あて陶弘護打渡状によって陶三郎が那珂郡代であったことが知られる。文明十三年二月十三日、宮崎政延を筑前国一宮住吉本社神官給吉留名に補任している（安富）掃部助《かもんのすけ》源房行は（住吉神社文書）、筑前国寺社奉行かともいわれているが、『正任記』十月二十二日条によると、文明十年九月二十九日、大内政弘から那珂郡石丸二十町をあてがわれている。那珂郡代に関して注意しておきたいことである。ともあれ、大内氏の博多支配において筑前国守護代・那珂郡代・博多代官の関係はどうなっていたのか確かめ得ないが、ここでは、那珂郡代陶三郎が筑前守護代陶弘護の一族であることに留意しておきたい。陶弘護の側からすれば、大内政弘－筑前守護代－博多代官（飯田弘秀）という統属関係を意識していたのであろう。

陶弘護像（龍豊寺蔵，周南市美術博物館寄託）

　第五条の「諸公事《くじ》之事」は、内容は多岐にわたるが、陶弘護（被官）の興浜入船《おきのはまいりふね》公事《くじ》免除権はこのとき認められたのかもしれない。いずれにせよ、大内政弘は博多支配に関して博多代官・博多下代官の権限をおさえ、筑前守護代の権限を強化して、この一件を収束したようである。ただ、このことは、以後の筑前守護代と博多代官の関係を律するものではなかった。陶弘護が事実上少弐氏討伐の主力であり、軍政下の博多に滞在していたことによるのである。以後の大内氏の博多支配は、博多代官、ことに下代官の直接管掌が主であった。

『正任記』十月十七日条は、大内政弘の博多支配の本質を、次のようにもろに記述している。「為二京都御礼物已下《いげ》御用一、自二筥崎地下一千貫文、自二当津博多一千貫文可二進納一之由、各先捧二請文一云々」。京都御礼物その他のために筥崎地下《じげ》（在地、住民）と博多におのおの千貫文を賦課したのである。京都御礼物というのは文明九年十月三日、大内政弘が従四位下に叙せられ左京大夫に任じ、周防・長門・豊前・筑前四カ国守護職及び石見・安芸の所領を安堵されており（黒岡文書他）、それにつらなる御礼である。父教弘《のりひろ》の従三位贈位運動関係も含まれていたかもしれない。大内政弘は応仁・文明の乱の終末期に足利義政の指示を受けて和平工作をし、室町幕府（いわゆる東幕府）への降伏のかたちをとって帰国しており、その宥免を受けた思いが、その後の政弘の行動に大きく影響している。御礼の額であるが、文明九年十一月七日、大友政親《まさちか》が豊後・筑後両国守護職及び相伝所領を安堵されたときは太刀一腰・鵞眼《ががん》万疋を足利義政に進じ、幕府関係者にもそれぞれ進物をしている（田北学編『増補訂正 編年大友史料』一一―四七四以下、一九六四年）。永享三年（一四三一）の将軍御所移転要脚は三、四カ国守護に対しては千貫、一カ国守護に対しては二百貫が課せられている（『満済准后日記《まんさいじゅごうにっき》』同年八月三日条）。筥崎・博多への賦課は全額の負担かもしれず、莫大である。それにたえる経済力を両地はもっていたのである。それらは対外貿易に依存する面が大きかった。その点は別述しよう。ここで注目すべきは、大内政弘も大友政親も幕府への求心性が強いことである。大内政弘の権力を考えるとき、看過できないことである。

以上、主として佐伯弘次氏の研究を参照しながら大内政弘の博多支配のあらましを述べた。以下、それを背景とした博多寺社との関係（支配・保護）について述べよう。扱う対象は、狭義の博多を超えて、その博多と密接な関係にあった郡部の寺社にも及んでいる。

3　筥崎宮・櫛田宮祇園社

『正任記』には、大内政弘の豊前・筑前の制圧、筑前入国の祝いや御礼などに多数の九州国人・僧侶・神官が参候していることが記されており、それはそのまま九州国人・寺社の大内政弘への政治的結集を示すものである。その状況は佐伯弘次氏が一覧表に整理している。[1] 以下、広義の博多寺社（現・福岡市域）について、大内政弘のかかわり方を見ていこう。

広義の博多寺社のうち『正任記』に比較的多くの記事が見られるのは筥崎宮（福岡市東区箱崎）である。一・三・十五・（十七、筥崎地下）・二十四・二十七・三十日の各条に見られる。関係記事は二つに分けられる。

一つは社参・祈禱依頼とそれにともなう神馬などの寄進である。一日は杉弘固以下七名の近習[2]・走衆[3]百余人を従えての社参で月毛の神馬を寄進している。国司の初任神拝、守護の入部神拝の規式を踏むものであろう[4]。留守佐渡守為寿は太刀・三百疋を政弘に進上している。三日は病臥の重臣杉重道をその宿所に見舞い、平癒のために神馬を筥崎宮に寄進している。十五日は政弘の子息義興の誕生日の祈禱として神馬と神楽を筥崎宮に奉納している。二十七日も同宮で誕生日の祈禱をしている。政弘の後嗣義興の誕生は、政弘が京都から本拠に帰国する直前の文明九年（一四七七）で、この記事で誕生日が知られるのである。義興がのちに周防・長門・豊前・筑前・石見・山城・安芸の守護となり、京都で十年間幕政を掌握することは周知のことである。その義興もこのときは可愛い盛りであったろう。二十四日は政弘夫人[5]の祈禱のため神馬一疋を筥崎宮に寄進している。

二つめは筥崎宮領関係の二十七・三十日の記事である。二十七日、筥崎留守佐渡守為寿は筥崎宮領所々の直《じき》務《む》地《ち》・請口《うけくち》地《ち》・不知行地以下の文書を大内政弘に提出している[6]。直務地は筥崎宮の直接支配地である。請口地は筥崎宮が下地の管理・支配権の委任を受ける代わりに一定の貢租納入を請け負う請所《うけしょ》である。不知行地は支配権を実際に行使できない所領である。つまり、留守為寿は弱体化した筥崎宮領の実態を報告し、社領の回復・保全をするため大内政弘の保護を願ったのである。留守為寿が大内政弘に太刀・三百疋（三日）、鶴一を進上した（三十日）のもそのためであろう。果たせるかな、文明十年十月五日、大内政弘は筥崎宮に早良郡倉光上下庄七十町を寄進し（田村大宮司家文書八二）、同年十一月十五日、同宮領筑前国那珂郡瑞垣免《みずがきめん》を直務させ（石清水八幡宮記録二十四）、同年十一月二十五日、博多奥堂右馬大夫が筥崎神人なので、油役・諸公事以下を免除している（油座文書）。なおついでに、陶弘護が少弐氏討平の功を刻した筥崎宮の鐘を鋳ていること（陶弘護肖像賛）、文明十五年五月十三日、大内政弘が箱崎松の伐採を禁じていること（田村大宮司家文書八三）を付記しておく。

ここで留守佐渡守為寿のことについて注目しておきたいことがある。朝鮮成宗二年（一四七一、文明三）、申《シン》叔舟《スクチュ》が王命によって海東諸国の国情及び通交の沿革を記し、使人の接待に関する規定を収録した『海東諸国紀』西海道九州筑前州に、筥崎津に寄住する藤原孫右衛門尉安直と藤原兵衛次郎直吉が八幡神留守殿の管下であることを記している。直吉は博多の富商定清の娘婿である博多商人藤原佐藤四郎信重の兄の子であった。前述の奥堂氏は博多奥堂に本拠を置く博多の代表的な貿易商人の一人であり、筥崎宮油座神人・同政所として、油の生産・流通と海外貿易の両面を併有していた。宗氏（少弐氏）・大内氏ら博多の支配者から課役免除を受けていた。(7) 筥崎宮は古代以来、大宰府・博多と密接な関係をもちながら海外交易を行ってきたが、文明期の段階では、前述のような貿易商人を基盤とした海の宗教領主であったのである。ただ、社領支配の弱体化は覆い難く、それだけに貿易に依存する度合いは高くなっていたろう。大内政弘の筥崎宮に対する崇敬・保護が、同宮のもつ対外機能を看過するものでなかった、ということはいえよう。筥崎宮に対しては、早くから少弐氏配下の博多代官というべき宗氏の保護が及んでおり、[8]文明二年には、少弐頼忠は筥崎八幡宮経営のため朝鮮に使船を出していた[9]。大内政弘にとって筥崎宮は、少弐氏完封のためにも、その掌握が必須であった。

『正任記』十月二十四日条に、当津（博多）に祇園社を造営するということで、大内政弘はそのことを勧進《かんじん》聖《ひじり》に命じ、勧進聖は奉加帳を調進するということを言上した、とある。同二十六日の条によると、その祇園社は櫛田宮内の祇園社であり、大内政弘は右の奉加帳に加判し、千疋を与えた、門司助九郎宗親が奉行である、と記している。田村大宮司家文書七九康正二年（一四五六）十一月大内氏（教弘）奉行人連署禁制によると、門松と号し、あるいは祇園会《ぎおんえ》以下の作物《つくりもの》（祭礼などのときの出しもの）と号して、神木の筥崎松を勝手に伐り取ることを禁じ、罪科は六親に懸け、社家の注進について堅固に裁断すると令している。ここにいう祇園会は博多のそれであろうから、禁制の対象は箱崎・博多の住人であったろう。箱崎・博多に対する大内教弘の厳しい検断権の行使を示している[10]。ここでは櫛田宮内にすでに祇園社が存在していたと考えられることに注意しておきたい。

櫛田神社（福岡市博多区上川端町）

博多山笠行事の起源については永享四年（一四三二）ともいわれるが、右の禁制が博多にかかわるとすれば、十五世紀半ばごろにはその始源めいたかたちが整いつつあったと見られぬことはない。大内政弘が櫛田宮内の祇園社を造営したことは明らかであり、同社を中心とする祇園会の執行は、博多の小京都化ともいえる。大内政弘期の安定的な博多支配とそれにともなう大内文化の博多への画期的な流入を背景として右の『正任記』の記事を見ると、櫛田宮祇園会の盛行、つまり博多山笠行事の形成に占める大内政弘の存在の意義は小さくないといわねばならない。このあと、博多祇園会のことが確かな史料に見えるのは、恵良《えら》文書天文九年（一五四〇）七月二十八日の大友家加判衆裏判手日記である。

4　住吉社・志賀海神社

『正任記』十月七日条に、住吉新神主満若が任職の御礼に参上して太刀と五百疋を進上し、父の新三郎が太刀と三百疋を進上した、飯田弘秀の披露である、と記されている。住吉神社は、福岡市博多区住吉に鎮座。祭神は底筒男命《そこづつのおのみこと》・中筒男命《なかづつのおのみこと》・表筒男命《うわづつのおのみこと》を主神とし、航海安全・船舶守護の神として信仰されてきた。社史のあらましは別に述べているので省略するが、[11] 大内氏との関係が知られるのは大内持世《もちよ》のときからである。永享五年（一四三三）九月、伏見宮領筑前住吉は大内氏の在京雑掌安富定範が毎年正税《しょうぜい》二千疋で代官請負をしている（『看聞日記』同月十～十三日）。永享十二年八月二十八日の伏見領目録では三千疋の請負となっている。ちなみに『萩藩閥閲録』三―一四三～四四頁所引内藤小源太（巻九九―一）十月十九日内藤隆春注文では那賀郡住吉庄百六拾町と見える。文安二年（一四四五）十月十九日、大内教弘は、住吉社再興興行につき、筑前住吉社上下神官所司供僧等給分内質券沽却の地に関して、造営中は土貢以下、泉福寺（同社神宮寺）納所《なっしょ》が処理すべきこと、造営終了後は本主に下地を還補すべきことを命じ、神領の沽却を停止している。[12]

文明元年（一四六九）七月、対馬の宗貞国は少弐頼忠（のち政尚、政資）を奉じて筑前に討ち入り、少弐頼忠は大宰府にいたり、貞国は自ら住吉にとどまり、麾下《きか》を遣わして博多を守らしめた。このことを記した『海東諸国紀』は住吉（愁未要時）について「小二殿の所管、博多西南半里に在り。民居三百余戸」と述べている。

住吉社が少弐氏の支配下にあったことは明らかである。大内政弘が満若を新神主に補任したのは、筑前国一宮といわれる同社の掌握と少弐氏勢力の回復を排除することにあったろう。同社文書によると、大内代官安富房行[13]は宮崎修理進政延に筑前国一宮住吉本社神官給吉留名を相伝の旨に任せて安堵している。大内氏の住吉社に対する保護と統制が確固としたものであることを示している。ともあれ、ここでは大内政弘が宇美《うみ》宮などと同様に、神官の所職補任権を掌握していたことを重視しておきたい。

『正任記』十月一日条に「志賀嶋宮司祖慶参謁候、献二二百疋一、依二尾州《陶弘護》之儀一、三郎《陶》護経殿披露候」とある。

住吉神社（福岡市博多区住吉）

文明十二年九月二十一日志賀島に渡った宗祇は『筑紫道記』のなかで「嶋近くさしよる程に、明神の宮司の坊よりとて、禅衣の人むかへに来たれり、心得がたき名乗どもなり」と記している。「心得がたき名乗どもなり」というのは、祖慶の名乗りのことであろうか。

永享十一年、大内持世が志賀海《しかうみ》神社（福岡市東区志賀島）を再興したと伝えられているが（『筑前国続風土記』巻之五）、大内氏が志賀海神社に関係をもったことの明証があるのは大内政弘からである。持世再興の所伝は、大内盛見《もりはる》の志賀島海賊の制圧（『世宗実録』四十六[14]）や幕府料国筑前国代官在任、大内持世の筑前支配の実情などを考えると、まんざら無稽の所伝ではあるまい。志賀島は海洋船出入りの風待ち、諸準備の場所で海港博多の玄関口であり、遣明船などの出発のときには航海安全を志賀海神社に祈ることを恒例としていた。志賀海神社文書・松崎文書によると、文明十二年七月二十五日、大内政弘は志賀島大明神宝前ならびに境内の竹木採用を禁止している。禁制は、他からの同社に対する侵犯を防ぐと同時に、同社に対する大内政弘の統制を併有している。御判物控峯郷志多賀村東月寺によると、応仁三年（一四六九）卯月十日、少弐頼忠は、対馬峯郷志多賀村（現・対馬市峰町志多賀）東月寺の住持清蔵主《せいぞうす》に筑前国那珂郡志賀島宮司職を安堵している。志賀島宮司職の東月寺住持清蔵主と同宮司祖慶との関係については詳らかにはできないが、対馬支配を背景とする少弐頼忠安堵の宮司のあとの祖慶が保護を願って大内政弘に参謁し金子を進献しているのは明らかであり、大内政弘の志賀社あての禁制が、少弐頼忠の相当に強かった筑前支配排除の一環をなすこともまた明らかである。宗祇が同社に参詣して詠んだ和歌「浪風もおさめて海のなかばまで道ある国やまたもきてみむ」（『筑紫道記』）はその達成の賛歌でもある。

5 承天寺・妙楽寺

『正任記』十月二十三日条によると、筑前守護代陶弘護は承天寺《じょうてんじ》（福岡市博多区博多駅前一―二九―九）を宿所としていた。近習少々をつれて大内政弘が赴いた陶弘護のところも承天寺であろう（十九日条）。二十三日条は陶弘護の筑前守護代職慰留のためであり、十九日条も同様であろう。大内氏と承天寺との関係が知られるのは『蔭凉軒日録《いんりょうけんにちろく》』永享十年（一四三八）六月二十七日条で、大内持世の推挙によって従隗西堂《じゅうかいせいどう》が承天寺住持の命を受けたというのが初見である。直接の関係は大内政弘からといってよい。承天寺は円爾《えんに》（聖一《しょういち》国師）を開山とし、謝国明《しゃこくめい》の外護によって創建された「綱首《こうしゅ》の寺」であり、少弐氏が土地を寄進したとの所伝があり、無稽の所伝とはいえない。聖福寺・承天寺の対外機能は息浜《おきのはま》妙楽《みようらく》寺によって代替されたようなおもむきもあるが、その伝統はまだ根強かった。承天寺は少弐氏ゆかりの臨済禅寺で、大内政弘は同寺に対しては慎重な配慮をしていたろう。同寺が筑前守護代の宿所とされたのは、同寺が聖福寺に次ぐ博多禅寺の大寺であること、あるいは大内政弘の本営聖福寺に近いということが主であったろうが、対少弐氏の含意もあったろう。以下、同寺関係の大内氏の事績としては、筑前守護代杉興長の同寺領保護・統制を示す永正十二年（一五一五）九月の省伯和尚承天寺掟案、同寺文書永正十三年五月二十三日大内義興承天寺公帖遵行状《こうじょうじゅんぎょうじょう》その他がある。(15)

『正任記』十月三日条に「興浜妙楽寺唯明東堂、政尚息師匠也、依二一路口入一人身体無事之由也、為二御礼一参謁候、唐筵二枚・香炉一胡銅進レ之」とある。妙楽寺の唯明東堂（東堂は前の住職の意）は、大内政弘が討伐している少弐政尚（文明三年九月以前に頼忠から政尚に改名、(16) のち政資）の子息の師匠である。したがって、何らかの害が及ぶはずのところ一路の口添えによって身体無事であったから大内政弘に御礼のために参謁し、唐筵二・胡銅の香炉一を進呈した、というのである。唯明東堂はこれ以外に所見がなく、『石城山前住籍』にも載せていない。少弐政尚の子息として高経・頼隆・資元・資種などが系図類で知られるが、ここにいう政尚息は誰か、不明である。一路は、『正任記』にはここ以外、五・十・十五・二十七日条などに見え、向上庵一路とあり（五日）、大宰府横岳崇福《そうふく》寺方丈建立の勧進をしている（五・二十七日）。季弘大叔《きこうだいしゅく》『蔗《しゃ》軒日録《けんにちろく》』（大日本古記録三〔岩波書店、一九五三年〕索引参照）に見える堺の禅寺、向上庵の関係者であろう。(17)

同十月十四日条には、夜中息浜が騒がしく、雑人らが妙楽寺を破却するというので、大内政弘は軍兵を差し向け、狼藉人は退散した。政弘の近習たちが群参した、とあり、同十月十六日条には、雑人らが妙楽寺に乱入し

妙楽寺（福岡市博多区御供所町）

たというので、大内政弘は尾和兵庫允《おわひょうごのじょう》以下馬廻りの者たちや筑前守護代陶弘護配下の者たちを差し向け、雑人ら二、三人が誅伐され、事は収まった、とある。当時、妙楽寺の置かれていた状況を知り得る手掛りになる記事であるが、雑人らの妙楽寺乱入の原因はわからない。同十月二十三日条は、九州探題渋川《しぶかわ》右衛門佐教直《のりただ》の子息万寿《まんじゅ》が（大内政弘表慶訪問のため）博多に着き、妙楽寺に宿をとった、と記している。九州探題は初代の一色範氏《いっしきのりうじ》以来息浜（興浜）と関係深く、ことに応永の外寇を機として妙楽寺と深い関係があった。

三・十四・十六日の記事を通して、少弐氏討伐などの大内氏の軍政下における敵方関係者への対応や治安維持のための厳しい処断が知られ、軍政下の博多の一断面を如実に伝えている。『正任記』所見の妙楽寺関係記事を理解するためには、妙楽寺自体についての認識が必要である。妙楽寺は、今は福岡市博多区御供所《ごくしょ》町にあるが、もとは息浜（現・古門戸《こもんど》町）にあり、黒田長政の筑前入国後、今の地に再建されたものである。開創については、正和五年（一三一六）博多の居民らが息浜に一宇を構え、臨済宗大応派の月堂宗規《げつどうそうき》を請じて住させたのに始まるというが、寺基は南北朝初期に固まり、以後、室町幕府・九州探題・大友氏らとの関係を背景に、博多の対外交渉の拠点となった。呑碧楼《どんぺきろう》は博多湾を見晴らす建物で中国にもよく知られ、その関係の記事を収める『石城遺宝』（廣渡正利編著、文献出版、一九九一年）は、中世の日中文化交流を如実に伝えている。

端的にいえば、息浜は妙楽寺を核として発展したのである。息浜が博多の対外交渉の拠点となり、妙楽寺は鎌倉期に聖福寺・承天寺が担っていた対外機能を更新していったといえよう。唯明東堂が大内政弘に献呈した品が輸入品であると思われることも、これらを背景としている。大内政弘の雑人らの狼藉を断固排除しての妙楽寺保護は対外交渉で知られる大内氏の息浜掌握志向を含んだものといってよかろう。この事件の翌年には大友氏が本来有していた息浜入船公事の徴収権を大内氏が奪取している(18)こと、博多息浜をめぐる大友氏と大内氏の確執が応仁・文明の乱以降熾烈となったことが指摘されている(19)。

6 顕孝寺・称名寺（土居道場）・善導寺

『正任記』十月三日条に「香椎顕孝寺参謁候・一百疋進上、尾和兵庫允武親申次之」とある。香椎とあるが、現在の福岡市東区多々良《たたら》の地にあった廃寺。現在、この地に同名の寺があるが、これは天正（一五七三〜九二）末年の兵火のため廃寺になっていた顕孝寺の名跡を継いだ浄土宗鎮西派の寺である。ここにいう顕孝寺は、鎌倉末期に豊後守護・鎮西探題引付頭人の大友貞宗が、臨済宗黄竜派の闡提正具《せんだいしょうぐ》を開山として建てた寺である。闡提正具は、玉村竹二氏によれば、黄竜派の伝統では理解できない、元末中国禅宗の風潮の影響を受けている禅僧だという。大友貞宗は、宋朝風の公案禅に理解をもち、中国の儀礼に習熟した、文芸に堪能な人物である。創建の背景には、大友氏が蒙古防備を機にして香椎に基盤をもっていたこと、多々良川一帯が外来文物受容の伝統をもつ地域であったことなどがあろう。[20] 大友氏は博多湾沿岸に香椎・多々良・博多息浜・怡土荘《いとのしょう》という拠点をもっており、顕孝寺もその連環のなかに位置づけられよう。大友氏は顕孝寺を中心にして大陸文物を積極的に移入・摂取した。顕孝寺付近は日元往来の僧侶・商人らでにぎわい、そのような状況のなかで、元弘二年（一三三二）ごろ、同寺で『円覚経』の開板が行われている（『東海一漚集《とうかいいちおうしゅう》』）。

室町期以降、大友氏の対外関係の拠点は漸次息浜に定まっていった。寛正二年（一四六一）大友領博多津息浜代官田原貞成が朝鮮と通交して以来（『海東諸国紀』）、大友領息浜は、ことに対朝鮮貿易で栄えた。文明十年（一四七八）ごろの大友氏と顕孝寺に関する直接史料は管見に入らぬが、豊後万寿寺とともに、大友氏の崇敬する禅寺であったろうと思われる。『正任記』十月七日条には顕孝寺所在地ゆかりの大友氏の香椎代官大和次郎常長のことが見えており、大友氏と顕孝寺の関係は密接であったろう。[21] この時点では、大友政親の妻は大内政弘の妹であるという（『海東諸国紀』、「大友氏宗家大系図」）関係にあったが、大内氏にとって大友氏はもともと対抗勢力であり、顕孝寺の大内政弘への参謁の背景にはそのこともあったろう。大内政弘が山口に引き揚げたあとの文明十六年二月十八日、大内政弘は杉木工助弘依《すぎもくのすけひろより》を筑前国糟屋郡内顕孝寺領打橋《うちはし》三十町代官職に補任し、正税は寺納させている（杉氏文書）。このとき河津掃部允・大村新左衛門尉に同地の打渡しを命じた二人の奉行人のうちの一人は遠江前司相良正任である。大内正弘は顕孝寺に対して、有力家臣杉弘依を寺領の代官職に任命し、事実上の支配を推進している。顕孝寺の政弘参謁の効果は、寺領の正税確保どまりというところで、保護よりも支配の方がまさっているというおもむきである。

『正任記』十月三日条によると、十月一日から三日まで三日間、仁保《にほ》新左衛門尉弘名《ひろな》の頸を土居道場（称《しょう》名《みょう》寺）の門前に掛け、大内政弘は同寺で懇ろに供養をするよう指示した。筑前守護代陶弘護の奉行であると記され、同十月十九日条に「仁保十郎弘名事、依二彦山座主頼有計略一」と記されている。仁保氏は周防国吉《よ》敷《しき》郡仁保荘（山口市）に出自する有力国人である。その一族仁保盛安は筑前守護代としての事績を残しているが、文明二年、大内教幸（道頓）側について大内政弘に敵対した。弘名は盛安の子で、(22)教幸につき、豊前彦山座主頼有《らいゆう》の計略によって捕らえられ、さらし首となったのである。こうして仁保氏盛安流は断絶する。応仁・文明の乱の一つの結末である。

称名寺は鎌倉末期の開創といわれる時宗の寺院で、芦屋時衆《じしゅ》・大宰府時衆とともに筑前時衆の核をなしていた。南北朝期に博多は時衆の広範な活動が知られるが、同寺はその拠点であった。時衆の活動のうち、戦陣の間に戦没者の供養も行っていることが知られるが、仁保弘名を称名寺で供養したのも一つには時宗の性格によるものであろう。時衆は文芸の担い手でもあり、十月十三日条百韻連歌興行には時衆の才阿《さいあ》が見える。

称名寺は大正七年（一九一八）福岡市東区の馬出《まいだし》に移って現在にいたっているが、それまでは片土居町《かたどいまち》（現・

博多区下川端町）つまり息浜にあった。寺蔵の中世史料はなく、関係史料をわずかに点綴して寺史の一部を知り得る程度であるが、戦国期には主として大友氏の保護・統制のもとにあったことは明らかである。(23) 文明期ごろどうであったかは不明であるが、息浜は大友氏の領有下にあった。大内政弘の軍政下における厳酷な処断は、大友氏への示威が含まれていたかもしれない。

博多寺院のうち大内政弘を始め大内氏歴代の保護が厚かったのは、浄土宗の善導寺《ぜんどう》（博多区中呉服町）である。同寺文書や『晴富宿禰記《はれとみすくねき》』によると、同寺は文明十一年十二月二十五日勅願寺となっている。在博中、大内政弘の同寺関係事績は知られないが、同寺文書によって延徳二年（一四九〇）十一月十五日大内政弘が同寺に禁制を掲げていることが知られる。同寺が勅願寺として京都と密接な関係があることもあり、京都文化の動向に敏感な大内政弘の崇敬・庇護は深かったと思われる。政弘は同寺の寺基強化に、間接的にもせよ一定の役割を果たしているように推測される。

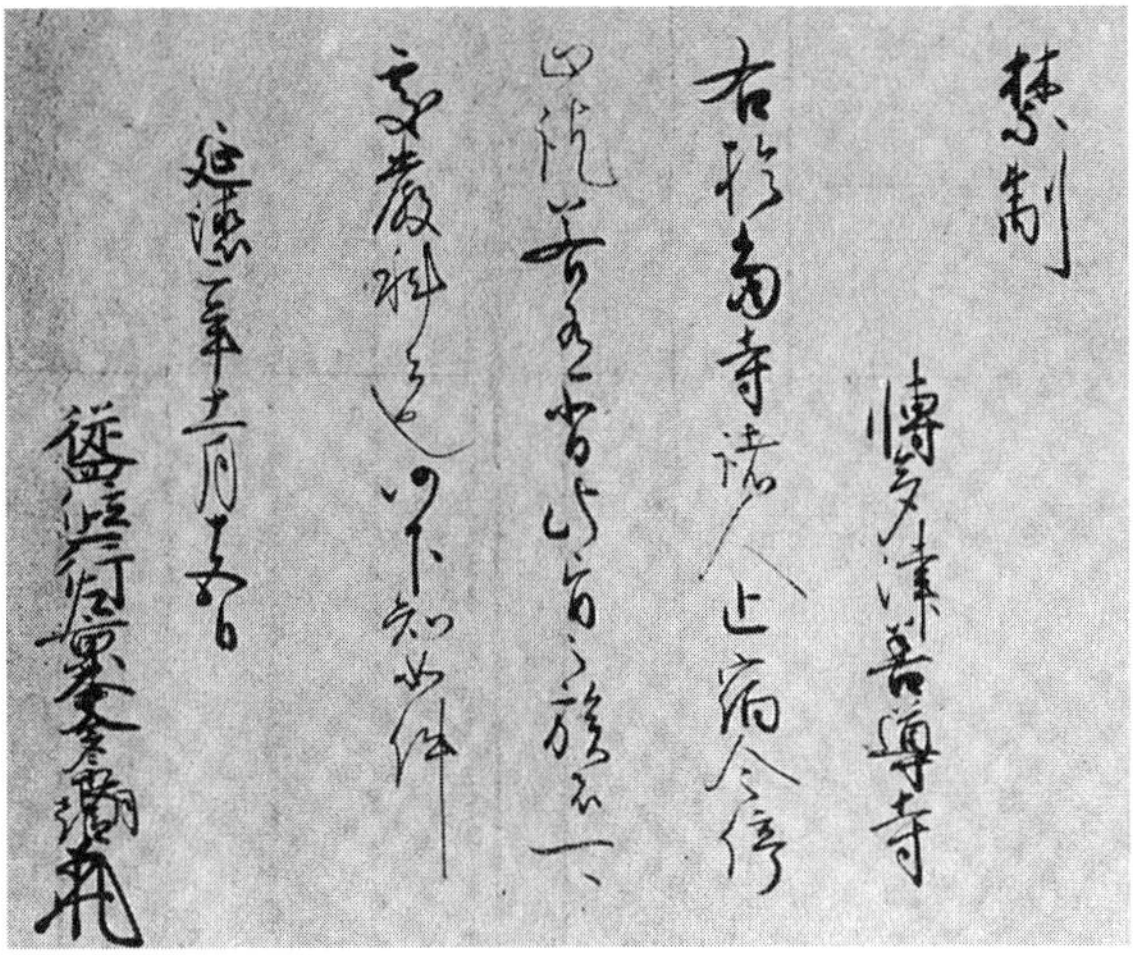
大内政弘禁制（福岡市博多区中呉服町・善導寺蔵）。諸人の善導寺への止宿を禁じたもの

7　堅糟薬師・長橋観音

在博中、大内政弘が厚い信仰を示したものに那珂郡の堅糟《かたかす》薬師がある。『正任記』によれば、十月八日、午時（午前十一時〜午後一時）まで塩断（塩物断ち）をして、歩行の御供衆を従え騎馬で堅糟薬師に参詣し、馬一疋を寄進している。同十二日、大上様《おおうえさま》（大内政弘の母）祈禱のために、神代貞賢《こうじろさだかた》を奉行として千灯を奉じている。政弘

木造薬師如来像（福岡市美術館蔵〔東光院仏教美術資料〕）

の母（教弘の妻）は明応四年（一四九五）卒去、菩提寺は妙喜寺[24]で、同寺は幾変遷のあと廃されたが、山口市の常栄寺の地は妙喜寺があったところである（『山口県の地名』三三一頁、平凡社、一九八〇年）。

堅糟薬師は、大同元年（八〇六）最澄が開いたという[25]。のちの薬王密寺東光院（福岡市博多区吉塚三丁目）である。本尊の薬師如来立像は藤原期十一～十二世紀の造立と見られているが、最澄の彫刻と伝えて広い信仰を得ていた。

『筑前国続風土記拾遺』那珂郡上・堅糟村には、応永二十年（一四一三）四月十六日、九州探題渋川満頼やその被官近江守平満家が洪鐘を再鋳したことを示す銘文を引き、「福岡（福岡市中央区大手門三―一―七）円応寺の鐘堂[26]に懸けたり」と記している。『太宰管内志』筑前之七・那珂郡上・薬王院の項も同じである。九州探題渋川満頼が薬王院を再興したのであろう。承天寺末になったのはこのころかもしれない。大内政弘の参詣祈願も、広い信仰のなかのことである。元和元年（一六一五）二月成書の『豊前覚書』には、織田家浪人小神野勝悦が堅糟薬師に参籠して眼病を治した話を載せている。東光院には二十五体の国指定重要文化財の仏像があることで知られていたが、昭和四十九年（一九七四）寺地・建物・諸文化財など一切福岡市に寄贈され、仏像は福岡市美術館に収蔵・展示されている。

『正任記』十月十八日条に、大内政弘が博多長橋観音の衆僧に法華経の観世音菩薩普門品、いわゆる観音経を三十三巻読誦せしめ、百疋を施与したことを記している。十月二十八日条には、大内政弘が長橋荒神《こうじん》に当神経七巻・般若心経三三三巻・神咒《じんしゅ》（霊妙な呪文）一反を読誦させ、百疋を寄進したことを記している。長橋観音・長橋荒神は同じ場所であろうが、どこかわからない。当時、博多で知られた霊場であったのであろう。大内政弘の観音信仰・荒神信仰が知られ、その多面的な信仰深さを記している。

8 付記 鍛冶・筆結・瓦士

以上で寺社関係についての説明を終わる。寺社が町民の精神生活上に、あるいは日常生活の上に占める意味が大きいことはいうまでもない。『正任記』にはその町民のことをじかに書いた記事が二、三出てくる。付記しておこう。

一つは十月二十六日の「当津鍛冶重房辰房也御馬爪打刀《うまづめうちがたな》二・髪校（鋏）一進上候」という記事である。十月十九日条では、辰房は鑓《やり》二を進上している。博多は鎌倉期の良西・西連（国吉）以来の筑前刀の伝統があり、息浜は左文字系の刀工の伝統がある。[27] 辰房は髪鋏《かみばさみ》のような日常用品や馬蹄なども作っているが、刀・鑓を作っており、それを大内政弘に進上している。大内氏の博多支配のなかで、武器生産に従う鍛冶職人のこの動向は注目される。大内氏の息浜支配志向のなかに、対外貿易問題とともに伝統的な鍛冶職人を掌握する問題があり、それが大友氏との対抗関係を激化させる要因の一つになったのではあるまいか（後述の小結(3)を参照）。

『職人尽歌合』より筆結（徳島県立博物館蔵）

手工業者といえば、十月二日条に「当所

筆結二十管進上候、百疋給レ之」の記事がある。筆結《ふでゆい》は筆作りの職人である。『顕戒論縁起上』送二最澄上人一遣二日本国一叙に筑紫筆のことが見え、『蔗軒日録』文明十八年（一四八六）三月二日条には、郁文周鑑《いくぶんしゅうかん》が記主の季弘大叔に博多筆を与えていることが記されている。博多筆は世にもてはやされていたようである。『正任記』には見えないが、『防長風土注進案』第十二巻所収の文明十一年十一月十三日の興隆寺棟札銘によると、大内政弘の本拠山口の興隆寺の造営に際して、博多の瓦士四郎五郎・次郎四郎の二人が延べ一五二日間、瓦づくりに従っている。博多職人については第五章で述べている。

9　小結

大内政弘の個人信仰は『正任記』に見える限りでも、筥崎宮を始めとする神社への崇敬、薬師（八・十二日）、観音（十八日）、荒神（二十八日）など、神・仏・民間信仰にわたっている。他に、その妙見信仰はよく知られており、[28]『正任記』に見える賀茂在宗《かものあきむね》を素材にした陰陽道への傾倒についての研究も出ている。[29]大内政弘の個人信仰は、以上のように複合的・多面的で、まさにシンクレティズムといってよいが、当時、例外的なことではなく、領主級では常態であるといってよい。そして領主級の信仰は、その領主権力の規模に応じて政治化されるものである。その観点から、大内政弘に即して『正任記』から知られる博多寺社との関係をまとめてみると以下のようになる。

当時、大内政弘にとっては焦眉の急であった少弐氏勢力掃討、筑前の雄族で室町幕府の奉公衆でもある麻生氏の内訌問題その他、当面打開してゆかねばならない軍事的・政治的難問は山積していた。そのような状況下に、聖福寺を本営として博多に軍政を布いた。結果的なものも含め、博多寺社（実際には北部九州一帯）の政治的結集を行った、といえる。ことを分け、項目的に述べよう。

(1) 筥崎社参など（一日）、いわば国司・守護の管国入部の神拝の伝統・精神を追うもので、そこに筑前守護としての自覚を見るのは、あながち不当なことではあるまい。

(2) 住吉社神官補任権の行使が知られるが（七日）、これは住吉一社に限ったものではない。住吉社の場合、『海東諸国紀』に少弐頼忠の所管、宗貞国の直接管掌地民居三百余戸とあるように、軍政的に見ても重要な地域に所在する、筑前国一宮であるとされている点、特に留意しておきたい。

(3) 雑人らの息浜妙楽寺への乱入に対する大内政弘の断固たる処断（同寺保護、十四・十六日）は、一応、軍政下における厳しい治安維持の一端といえるが、事は大友氏の伝統的領有下にある息浜に起きた事件である。大友政親は大内政弘の妹の夫であるという姻戚関係にあり、両者が同地で正面から衝突して合戦に及んだことはないが、大内政弘のこの処置は、対外貿易の拠点として機能している息浜の支配を志向するものと解するのは、決して深読みではあるまい。姻戚関係は、その方向に利用されたともいえよう。その後、大内・大友両氏は息浜支配をめぐり、激しい争いを展開するようになる。

(4) 少弐氏−宗氏が多年にわたって、博多及び周辺寺社に対し保護・統制をし、その影響は、大内政弘が軍事的に少弐氏勢力を駆逐したあとも残っていた。筥崎宮・承天寺など、ことにそうであるが、総じて大内政弘の博多及び周辺寺社対策の裏には、少弐氏勢力の回復を完封する意図が存在した。

(5) 筥崎宮・妙楽寺など、当時、対外貿易の拠点であり、大内氏の博多支配に、この点を看過することはできない。

(6) 櫛田宮内博多祇園社造営（二十四・二十六日）の都市史的な意義は見逃せない。京都・山口文化移入の典型的な例であり、疾病退散などの祭礼を執行させて町民の生活に精神的安定と慰楽を与え、町を守り育てる意識を高めるわけで、おのずから一つの都市政策になっているといえよう。

〔付記〕大内政弘の家集『拾塵和歌集』について

大内氏は防長を中心に北部九州（一時は和泉・紀伊）に及ぶ広大な領国を強力に支配し、日本中世の中央・地方の政治の動向に大きな影響力をもち、「大内文化」の名で知られるように、高い水準の文化を展開した。大内氏の歴代当主には政治的・文化的にすぐれた指導力を発揮した者が多い。なかでも政弘（一四四六～九五年）は応仁・文明の乱という日本史上の画期をなす内乱に、在京参戦約十年、西軍（「西幕府」）の主力となり、軍事・政治の動向に大きな影響力をもち、その帰国は大乱の一応の終結を意味した。また、大乱をも媒介にしながら、大内文化の進展に大きく貢献している。

政弘には、未精撰の准自撰家集『拾塵和歌集』がある。その巻九・十には年紀を記した詞書をもつ歌が多く、政弘と政治・文化面での代表的人物との交流が知られ、文芸資料としてはもとより、当代史料・政弘史料として貴重である。同集所載の詞書・詠歌を、あらあら編年整理し、各歌の歴史的背景についての考察を加えてみると、⑴大内政弘の父祖のこと、⑵応仁・文明の乱、⑶帰国、亡父顕彰、⑷将軍家回想、後嗣義興の四項目に順次まとめられる。それらを通じての史料的特色について大きく二点挙げておこう。

何よりも、政弘が西軍（「西幕府」）の主力として戦った応仁・文明の乱の大内氏における政治的影響の大きさが投影していることを指摘できる。乱中つちかった政治・文化面の代表的人物との交流が、帰国後の大内文化形成の原動力となっていることも知られる。

次に、大乱を通しての大内氏家督権の確立、領国支配の強化、家臣団の再編強化などの諸課題を背景に、父祖ことに亡父教弘の従三位贈位・神格化を介しての顕彰、氏寺興隆寺の勅願寺化などの詞書・詠歌が巻九・十のなかで重きをなしていることである。

注

（1）佐伯弘次「大内氏の筑前国支配――義弘期から政弘期まで」（川添昭二編『九州中世史研究』第一輯、文献出版、一九七八年）。

（2）杉弘固は御剣の役で、御剣の役は近習の任である。

（3）走衆は徒歩で随行・前駆し、警固にあたる。長享三年（一四九八）八月の掟書に、走衆出仕のときの規定がある。

（4）『諸国一宮記』は筥崎宮を筑前一宮としているが、拠るべき支証を見出し得ない。

（5）大内政弘の妻については、米原正義『戦国武士と文芸の研究』九六六～六七頁（桜楓社、一九七六年）を参照のこと。

（6）文明十年十月、筥崎宮神事用途注文が書かれている（石清水文書二―五七七）。

（7）佐伯弘次「中世後期の博多と大内氏」（『史淵』一二一輯、一九八四年）。

（8）『筥崎宮史料』二五～二六頁。

（9）『成宗実録』巻七・成宗元年八月壬戌。

（10）前注7。

（11）川添昭二『中世九州の政治と文化』七一頁、文献出版、一九八一年。なお、廣渡正利『筑前一之宮住吉神社史』（文献出版、一九九六年）に詳述。

（12）住吉神社文書文安弐年十月十九日大内氏奉行人連署奉書。

（13）前注1の三三六頁では安富房行を筑前国寺社奉行かとしている。『正任記』十月廿二日条では、同人は筑前国那珂郡石丸二十町地を大内政弘からあてがわれている。

（14）世宗十一年（一四二九、永享元）十二月。

（15）川添昭二『中世九州の政治・文化史』二〇五頁（海鳥社、二〇〇三年）、廣渡正利『博多承天寺史』（文献出版、一九七七年）、同『博多承天寺史補遺』（文献出版、一九九〇年）。

（16）杠文書文明三年九月廿四日（少弐）政尚安堵状。

（17）『蔗軒日録』にも散見するが、堺は大内義弘始め大内氏ゆかりの地である。上田純一「堺・向上庵一路について」（『禅文化研究所紀要』二十六号、二〇〇二年）が、本稿発表後、公にされている。

（18）あるいは、大内氏との共有かもしれない。

（19）佐伯弘次「中世都市博多の発展と息浜」（『日本中世史論攷』文献出版、一九八七年）。

（20）川添昭二『九州の中世世界』一七四～七六頁、海鳥社、一九九四年。

（21）「大永享禄之比御状弁書状之跡付」享禄四年八月七日臼

杵安芸守（親連）あて宗成賢・盛廉書状によると、顕孝寺が使僧の役割をしており、文明期段階でも顕孝寺が大友氏の使僧になることは考えられる。戦国期の顕孝寺存応は戸次道雪（→大友）方として「武士一篇之奉公」をしており（『大日本史料』第十一編之二十一二四一頁）、戸次道雪方としての軍事行動を示す史料が残っている。

(22)『大乗院寺社雑事記』文明二年四月晦日、前注7。

(23)『筑前国続風土記附録』巻之五に大友氏関係文書六通、大内氏関係文書二通が収められている。

(24)大内政弘の母は、大内系図では、山名中務大輔熙貴女・持豊猶子（前注5著、九八三頁）と伝え、『晴富宿禰記』明応四年二月二十四日条には「大内左京大夫政弘朝臣母儀大谷大夫入道姉正月一日逝去云々」とある。政弘の母については、真木隆行「大内政弘の母に関する覚書」（『やまぐち学の構築』創刊号、二〇〇五年三月）、同「周防国興隆寺の中世梵鐘とその銘文」（田中誠二編『古代～近世の中国地方における採鉱冶金に関する総合的研究』二〇〇四年）。

(25)『筑前国続風土記』巻之五・那珂郡上。

(26)鐘堂は昭和二十年（一九四五）六月十九日のアメリカ空軍による空襲で焼失し、鐘の所在は不明（同寺からの直接聞き取り）。

(27)上森岱乗「筑前左文字と息浜鍛冶の研究」（『刀剣美術』四一〇号、一九九一年）。

(28)平瀬直樹「大内氏の妙見信仰と興隆寺二月会」（『山口県文書館研究紀要』十七号、一九九〇年）、金谷匡人「大内氏における妙見信仰の断片」（『山口県文書館研究紀要』十九号、一九九二年）、平瀬直樹「興隆寺の天台密教と氏神＝妙見の変質」（『山口県史研究』二号、一九九四年）。

(29)森茂暁「大内氏と陰陽道――大内政弘と賀茂在宗との関係を中心に」（『日本歴史』五八三号、一九九六年）。

［付記］佐伯弘次「大内氏の博多支配機構」（『史淵』一二〇輯、一九八五年）、同「『正任記』と博多」（『山口県史の窓』一九九六年）は、直接本章の参考とさせていただいた。貝英幸「地域権力と寺社――陣所を訪ねる人々」（伊藤唯真編『日本仏教の形成と展開』法藏館、二〇〇二年）は、『正任記』の歴史的意義を説いた好論であり、森茂暁「正任記索引」（『七隈史学』六号、二〇〇五年）は『正任記』研究の要具である。

五——天正六年六月の博多職人史料について

1　天正六年六月朔日宗像宮造営置札概況

福岡県宗像市田島・大島・沖ノ島に鎮座する辺津宮《へつみや》・中津宮《なかつみや》・沖津宮《おきつみや》の宗像大社三宮は、古代以来数多くの造営・修理を重ねてきた。三宮のうち中心になる辺津宮の造営・修理については、文献史料も少なからず知られる。ことに天正六年（一五七八）の宗像大宮司氏貞による本殿造営、天正十八年の小早川隆景による拝殿造営は、社殿も現存し、広く知られている。

辺津宮本殿・拝殿は、古社寺保存法により明治四十年（一九〇七）五月二十七日付、内務省告示第六十三号で「特別保護建造物」に指定された。その後、文化財保護法施行にともない、昭和二十五年（一九五〇）八月二十九日付で「重要文化財」と改称され、ついで昭和四十二年六月十五日、文化財保護委員会告示第三十五号で、棟札十枚（本殿九枚、拝殿一枚）が重要文化財に指定された。その内訳は次のとおりである。本殿の棟札九枚は、天正六年戊寅六月朔日記載のもの（置札《おきふだ》）四枚、造営元文元年（一七三六）七月記載のもの一枚、葺替寛政十一（一七九九）己未年九月記載のもの一枚、修理文政三年（一八二〇）辰二月記載のもの一枚、修理嘉永五（一八五二）壬子三月記載のもの一枚、葺替嘉永五歳子四月吉日記載のもの一枚。拝殿棟札は、再建安永九（一七八〇）庚子年記載のもの一枚である。ことに天正六年本殿造営の、いわゆる置札四枚は、造営をめぐる諸事情が詳記されていて、[1]戦国末期の宗像氏・宗像社の動向を集約したようなおもむきがあり、この種の記録としては珍重である。本章の主題とする、戦国末期博多－博多職人史料としても貴重である。主題の理解にそなえ、まず置札の内容・史料的価値について述べよう。

建物の棟上げのとき、建物名、工事の由緒、工事の年月日、建築主（施主）、工事担当者（工匠）などを書き、棟木や棟束などに打ちつけた木札を棟札《むなふだ》（「むねふだ」とも）といい、[2] 棟木や棟束に打ちつけずに保存しておく木札を置札という。

宗像大社所蔵天正六年六月朔日の置札は、次の四枚からなる。(1)宗像第一宮《ていいちぐう》御宝殿置札一枚、(2)第一宮御宝殿御棟上之事一枚、(3)第一宮御造営御寄進引付一枚、(4)第一宮御遷宮之事一枚（以下、それぞれ(1)〜(4)と略記）。

宗像大社辺津宮本殿（宗像市田島）

材質・寸法を『宗像神社史』上巻四二四〜三五頁を参照して記しておく。(1)杉三分（厚さ〇・九センチ）板、幅一尺一寸（三三・五センチ）、長さ六尺七寸八分（二〇五・四センチ）、(2)杉三分板、幅九寸三分（二八・二センチ）、長さ五尺四寸五分（一六五・一センチ）、(3)杉四分（厚さ一・二センチ）板、幅九寸（二七・三センチ）、長さ五尺三寸三分（一六一・五センチ）、(4)杉三分板、幅九寸（二七・三センチ）、長さ五尺三寸四分（一六一・六センチ）、(1)上端部などは損傷が進んでおり、従前の読みでしか推知できない部分がある。

(1)〜(4)それぞれの内容を摘記しよう。[3]

(1) 弘治三年（一五五七）第一宮が炎上した。大宮司氏貞は造営の心願をおこしたが、大内氏滅亡後の筑前における毛利氏・大友氏相克の間にあり、毛利氏に属して旧社領を回復し、永禄七年（一五六四）第一宮の仮殿遷宮と尊像開眼の式を挙げた。しかし、その後も大友氏の侵略がやまなかったので宗像氏は毛利氏の援助を請い、戦乱は続いたが、永禄十二年毛利氏は九州から撤兵し、宗像氏も大友氏と和睦した。天正四年宝殿（本殿）再営の工事にかかり、翌年五月ほぼ造営を終わった。以上を記し、棟上げ、遷宮儀式、経費などのことは別札に記した旨を述べ、天正六年戊寅六月朔日と年月日を記し、奉行・社奉行・筆者計八名を列記している。

(2) 天正五年（一五七七）十一月二十日申尅《さるのこく》に行われた第一宮御宝殿棟上げの子細を記している。宗像大宮司氏貞、その子息塩寿《えんじゅ》ら出仕のことを始めとして、棟木への掛物、祝儀式、大工への謝礼などのことを記し、次に記事を遡らせて、木屋祝い、材木導初《ひきはじ》め、斧立《おのた》て、木屋敷、材木調進、神殿土壇、築石、柱揃え祝いなどのことを記し、棟瓦師、絵師、塗師《ぬし》、白壁師、彫物、番匠日数、鍛冶日数、榑誘《くれこしら》え、金物、木屋取り上げ、人夫関係、番匠の日別賃銀、硯水《けんずい》（建築関係職人への臨時支給の物品・酒食・貨幣）、米銀、段米などのことを記している。終わりに天正六年戊寅六月朔日と年月日を記し、修理奉行・奉行・筆者八名を列記している。

(3) 第一宮御宝殿造営について、宗像大宮司氏貞以下、寄進・協力した人々の人名や、寄進品目とその数量などを列記している。そのあとに天正六年戊寅六月朔日と年月日を記し、修理奉行・奉行・筆者八名を列記している。

(4) 天正六年六月朔日丑刻に行われた第一宮御宝殿の遷宮儀式につき、その式次第と所役、入用品の種目・数量、御供、饗応、座役、湯立、能十番のことなどを記し、氏貞らは栈敷に、社司官は拝殿に伺候することを記し、終わりに、天正六年戊寅六月朔日と年月日を記し、殿上奉行・奉行・社奉行・筆者八名を列記している。

この置札は以下のように早くから活字化されている。まず伊東尾四郎《おしろう》編『宗像郡誌』中編（深田千太郎発行、一九三一年。一九七二年、名著出版より復刊）所収の『宗像記　宗像記追考』に引載されている。明和二年（一七六五）著の『石城志』にすでに引用されている。昭和十八年四月、宗像神社社務所（代表宗像辰美）から宗像神社記録第一輯として刊行された『官幣大社宗像神社造営記録』に収められている。続いて『宗像神社史』上巻四二二～三八頁（宗像大社復興期成会、一九六一年六月）に引載。昭和四十六年六月刊行の『重要文化財宗像神社辺津宮本殿拝殿修理工事報告書』（重要文化財宗像神社辺津宮本殿同拝殿修理委員会）に引載。昭和五十四年六月の神道大系編纂会刊の『神道大系』神社編四十九・宗像の三造営篇にこの置札(1)～(4)が収められ、要領のよい解題が付けられている。さらに平成五年（一九九三）三月国立歴史民俗博物館刊『社寺の国宝・重要建造物等棟札銘文集成』中国・四国・九州編に、先の『重要文化財宗像神社辺津宮本殿拝殿修理工事報告書』などを出典として置札(1)～(4)を収めている。平成八年三月刊『宗像市史』史料編第二巻・中世Ⅱ－五三八号に引載。

以上が管見に入った刊本類引載分である。本稿ではこれらを参照し、原物によって利用し、適宜引用する。全文引用は省略する。

2　置札の史料的価値

慶長八年（一六〇三）沙門祐伝《しゃもんゆうでん》が著した『宗像記』を、元和三年（一六一七）三月、沙弥宗仙《しゃみそうせん》（占部貞保《うらべさだやす》）が増補訂正した『宗像記追考』巻二には置札(1)～(4)を掲げている。その(1)の全文を掲げたあとに置札作成の経緯を次のように説明している。

右一札氏貞卿益心ニ仰付ラレ、草案ヲ調エ差上ルノ処ニ、氏貞卿御覧アリテ、御筆ヲ加エラレ、添削アリテ、清書ヲ益心ニ仰付ラレ書レ之、神殿ニ納メ置レ、後代マテノ亀鏡ト定メ玉フ処也。又造営始終ノ子細ヲ記スヘシトテ、斧初棟上セングウ等ノ事共、一事モ不洩置札ニ記シ留メ、是モ神殿ニ納入テ、後世ノ亀鏡トス。

として、(2)から(4)までの全文を掲げている。「又造営始終」以下が(2)～(4)の説明で、それ以前は主として(1)の説明である。

　この置札は文字史料としていえば造営文書に準ずる。(1)には最初に宗像大宮司氏貞の花押が据えられており、その袖判に対応して本文の書止めは「依レ仰置札如レ件」とあり、奉行らの奉書形式をとっている。『宗像記追考』は、宗像社の神宮寺である鎮国寺支院の実相院益心《やくしん》（後述）が草稿を書き、氏貞の添削を受けて清書した、と記しており、氏貞の添削は、毛利・大友両氏間における宗像氏の政治的去就、精力的な旧領回復などに留意されたろう。(1)が袖判文書の形式をとっているのもこのことと関係があろう。この置札が「後代マテノ亀鏡ト定メ玉フ処也」といわれるのは、究極には社家長久の懇祈にあるが、(1)最末に記しているように「五拾箇年以来諸社之置札等、或紛失、或混乱之条、為二後証一可レ書二顕明細一」というところにあった。それは宝殿造営を軸とする氏貞の諸事績をおのずから顕彰するものであった。

　以上のように、この置札は施主（建築主）宗像大宮司氏貞の意志のもとに直接添削が加えられた、後代への亀鏡とする記録性の強い史料である。(3)が引付となっているのも、その記録性を端的に示すものである。この置札は、記事の作為性など（特に(1)）、まずは考慮に入れなくてよい、客観的な信憑性の高い史料である。そのことをこの置札の筆者実相院益心に即して説明しておきたい。

　置札(1)～(4)の各最後の奉行連署の箇所の最末尾には、それぞれ「筆者実相院益心」とある。前述のように置札(1)～(4)は、実相院益心が草稿を書き、宗像大宮司氏貞の添削を受けて清書したものである。以下、益心がどのような人物であったかを述べよう。

　実相院というのは鎮国寺（宗像市吉田、現在は真言宗御室《おむろ》派）の支院の一つであった。置札には鎮国寺のことが散見し、戦国期の鎮国寺を知る上で貴重な記事である。同寺の開創に関しては、弘長三年（一二六三）三月十五日、宗像大宮司長氏が宗像大菩薩鎮国寺に寺領を寄進し、「斗藪《とそう》」（巡礼修行）の密教僧で「聖人《しょうにん》」と呼ばれた皇鑑《こうかん》を長老とした、と伝えられている（鎮国寺文書弘長三年三月十五日宗像長氏寄進状写、同文永二年八月九日太政官符写）。宗像社の神宮寺であった。永禄十年（一五六七）十月二十五日、大友勢が宗像郡に侵入したとき、鎮国寺は炎上しており(4)、『筑前国続風土記拾遺』の鎮国寺の項には「子院も六区 実相院 円塔院 蔵華院（華蔵） 山之坊 妙勧院 般若院 ありしか、永禄十年十月廿五日大友勢郡内を乱妨せし時、放火して悉く灰燼となる。今日華蔵院一坊残れり」と記している。

実相院益心の史料上の初見は、『新撰宗像記考証』所引の弘治四年（一五五八）十月五日宗像氏家臣連署書状写であろう(5)。益心が来夏まで「豊州御雑掌」とされ、社訴（内容不明）の件を大友氏と交渉し、そのことによって宗像西郷氷上領のうち三町を与えられている。なお、『新撰宗像記考証』が永禄二年に掲げる卯月朔日宗像氏家臣連署書状写(6)によると、津瀬村実相院に中山寺領二町が与えられているが、これも益心の辛労によるものであった。前者は宗像氏が大内氏滅亡後大友氏に服属していたことを示す史料であるが(7)、何よりも、置札の筆者益心が氏貞の雑掌僧をつとめていたことを示す史料として重要である。益心はここでは雑掌僧として神官領主宗像氏の対外的機能を果たしているが、その他の代行的機能も果たしていたろう。宗像氏の雑掌僧の存在と活動には、小林健彦氏（『駒沢史学』三九・四〇〔一九八八年〕、『中央史学』一三〔一九九〇年〕、『学習院史学』二八〔一九九〇年〕）、貝英幸氏（『鷹陵史学』二五、一九九九年）らによって明らかにされている大内氏の雑掌僧の例が参考になる。

永禄十二年、毛利勢の九州撤兵により宗像氏は大友氏と和睦の協議に入るが（後述）、このとき大友氏側の使者と協議した宗像氏側の使者は実相院益心と石松尚宗《ひさむね》である。石松尚宗は名乗りからして氏貞の父黒川隆尚《たかひさ》（?～一五四七年）の代からの家臣であろう。いわゆる赤間庄衆で、増福院文書天正十六年（一五八八）十月二日豊福秀賀等連署寄進状が、年号の明らかな史料に見える最後である。ともあれ、益心は氏貞の重臣とともに和議に臨んだのである。大友氏側の使者は日田郡衆といわれる豊後国（大分県）日田郡の在地武士坂本新右衛門と堤九郎右衛門である。大友家文書録にいう日田八人、『日田記』などにいう八奉行のうちで大友氏の日田郡支配の核をなしている者である。しかし、これは「豊州三老」、「御三老」（臼杵鑑速《うすきあきはや》・戸次鑑連《べつきあきつら》・吉弘鑑理《よしひろあきただ》）などといわれ、大友宗麟の執政を直接に担当した重臣の使者である。大友氏側に即していえば陪臣である。

ここで実相院益心が和議の使者として起用されているのは、氏貞の雑掌僧として大友氏と交渉した前述の役割と本質的には同じである。と同時に、益心が「筆力の及ぶ所に非ず」（置札(1)）と吐露しているほどの苦心を重ねた大友氏側との和議交渉の実体験を踏まえて置札の記述をしていることは、置札の史料（特に政治史料）としての価値の高さを保障するものである。

宗像家文書『新撰宗像記考証』所収天正二年三月二十五日造立の辺津宮第三宮薬師如来銘写には「勅賜鎮国寺当看坊益心尊師」[8]と見え、益心が鎮国寺の看坊《かんぼう》であったことが知られる。看坊は寺院を監守する留守居・後見役的な僧のことである。鎮国寺には住持は別におり、永禄七年十一月段階で第二十七代の豪能（置札(1)）、天正六年段階で仁秀法印（置札(4)）が知られる。

益心について知られる以上の事実をまとめておこう。益心は密教僧で、宗像社の神宮寺である鎮国寺の看坊、鎮国寺支院実相院の住持であった。密教僧として宗像社に即し様々な宗教的活動をしていたろう。宗像大宮司氏貞の雑掌僧として大友氏と外交交渉にあたっており、宗像氏の内政を氏貞側近として支え、置札銘起草のことから氏貞の側近右筆の役割を担っていたと推察される。氏貞の転戦にも随侍していたろう。それらのことから、益心の起草になる置札の史料としての価値の高さが確認される。ことに置札(1)には他では知られない政治史的記事があり、他史料と補い合って豊かな史実を知らせてくれる記事もあり、戦国期北部九州政治史料として貴重である。益心は軍記物を書くぐらいの力量はもっていたであろう。以下、本題に入る前提として宗像と博多との関係について見ておこう。

3 寄船・渡来明人

古来、宗像と博多とは種々の面で関係が深く、置札でもそれがうかがえる。ここでいう博多は一応、福岡市博多区の石堂《いしどう》川から福岡市博多区・中央区境界の那珂《なか》川までの狭義の博多を指し、博多と不可分な関係にあった筥崎も適宜加えて述べる。

博多は国際貿易都市であるから、まず置札(1)に見える次の事実（前述）に注目しよう。永禄七年（一五六四）十一月十五日、宗像大宮司氏貞は尊像の開眼供養を行うが、このときの費用は津屋崎沖に漂着した明からの帰国貿易船（いわゆる寄船《よりふね》）の積荷を没収して充当している。このとき、大友氏と毛利氏との和平工作のために長州に滞在していた聖護院道増《しょうごいんどうぞう》が、積荷の過半は将軍足利義輝家臣の私物であるとして返却を求めた。宗像大社にはこのときの宗像大宮司氏貞あての聖護院道増書状が残っている（川添昭二他編『宗像大社文書』第一巻二五号、宗像大社復興期成会、一九九二年）。しかし宗像社は住古以来の寄船・寄物《よりもの》の例を楯に積荷を返却しなかった。寄船[9]となったこの貿易船はおそらく博多に寄ったか、寄る予定であったろう。

天正五年（一五七七）十一月二十日、第一宮宝殿は棟上げになるが、その十日前に、商品を売り回る博多津廻船が宗像郡地島（宗像市）の白浜沖の瀬に漂着し、その一物も損しなかった三五〇目相当の積荷は本殿造営費にあてられている（置札(1)・(3)）。宗像社は「御神力之光輝誠新也」（置札(1)）、「頓ニ如レ此之儀不思議也」（置札(3)）と驚喜している。博多廻船（あるいは博多着（経由）貿易船）の寄船・寄物は、宗像社の伝統的な処分権主張によって天正六年造営費の重要部分をなしているのである。ちなみに『宗像軍記』下六氏貞三社ヲ建立ノ事付リ霊夢ノ事には、天正三年五月、異国船が宗像郡江口の浜に漂着したので、氏貞は博多津の富者奥野惣兵衛・紙屋善兵衛に依頼して金銀に交易させ、その金銀を宗像三社の修造にあてた、と伝えている。(10)

以上のこととあわせて宗像氏の支配下に渡来明人がいたことは看過できない。置札(2)第一宮御宝殿棟上之事の「一材木導初之事」に「天正四年丙子十月十三日、鎮国寺風呂谷楠ヨリ始㆑之、唐人四頭八人幷横切江州之住人平井又三郎相㆓添之㆒、御造畢迄調㆑之」とある。導初は「ひきはじめ」と読み、材木の切り出し、製材開始、の意であろうか。

置札(3)第一宮御造営御寄進引付に、「一五文目　唐人助三郎」、「一五文目　同三官」とある。唐人助三郎については具体的なことはわからないが、唐人三官については若干の史料がある。検討を要する参考史料であるが、宗像大宮司天正十三年分限帳の赤間庄衆の項に「壱町六反医師（木道）同三官」(11)とあり、これも参考史料であるが、遡って天文二十二年八月の宗像御代寺社武家知行帳の宗像赤間庄の項に「八反　木道三官」(12)とあるのと同一人物と見られる。『宗像記追考』本書第四・菊姫御前弁御母君御霊崇之事に、菊姫の母の喉の疵を木道三官が良梅軒・五十君《いぎみ》与助《よすけ》とともに治療したことが見えており、「此木道三官ハ唐人ナリ、名ヲバ其頃一徳ト云、後ニ氏貞卿ヨリ壱町六反ノ地下シ給リテ、薬ヲナシ、世財乏シカラズ」(13)と記されている。筑前における渡来明人医師の例として貴重である。(14)以上のことは、中世の中国貿易商居留地跡である福津市在自《あらじ》の唐坊、(15)同じ在自の唐坊八幡宮の存在、宗像氏の家臣に唐坊姓の者がいることなどをも併考すべきである。

4　博多津大工、その他の博多職人

置札は博多関係の貴重な記事を含んでおり、その理解にそなえて、氏貞の本殿造営と博多との関係を示す記事を挙げ、宗像氏の海の領主としての一側面に触れてみた。以下、置札に見える博多関係の直接記事について述べよう。

置札(1)によると、天正四年（一五七六）本格的工事に入るにあたって、氏貞はまず近隣の大工（木工の指揮工）数人を選び、鬮《くじ》で博多津居住の日高与三左衛門尉定吉に決定した[16]。『宗像軍記』下六氏貞三社ヲ建立ノ事付リ霊夢ノ事には「近日箱崎ノ大工匠日高氏ヲ召寄テ其事ヲハカラシムヘシトソ議セラレケル」と記している。置札(2)第一宮御宝殿御棟上之事には「一鞍置馬一疋法花栗毛無印　博多津大工日高隠岐守定吉給レ之」とある。天正五年十一月二十日の本殿棟上げの日に隠岐守に任ぜられている（置札(1)）[17]。居住地を置札は博多津としており、『宗像軍記』は箱崎としているが、日高氏が筥崎宮の造営関係に携わっていたからである[18]。筥崎宮の縁透塀欄間玉縁下端の天正十四年六月八日の墨書銘に日高重秀、日高新三郎貞次などの名が見える[19]。ちなみに、昭和四十五年（一九七〇）十月筥崎宮刊行の『筥崎宮史料』には筥崎宮宮大工職の日高家の文書を収めている。

日高定吉関係の参考史料を挙げておこう。天文二十二年（一五五三）八月の宗像御代寺社武家知行帳の諸御家人・田島衆に「一町八反　番匠日高与三右衛門[20]」とある人物は日高定吉と見られる。なお、宗像大宮司天正十三年分限帳に田島衆として「弐町八反　番匠日高与三右衛門[21]」、天正十四年の宗像大宮司諸臣各司領地書上帳に「二町八反　日高与三左（ママ）衛門[22]」とある。博多津（あるいは筥崎）居住の番匠（大工）でありながら、宗像大宮司氏貞から田島衆として所領を給されているのである。認めてよい事実だと思われる。氏貞は技量優秀な博多大工を職人支配の一環に組み込んでいたのである。

日高定吉が担当大工となると、造営関係の各種職人が集められ、各所から材木の調達がなされた。これらのことについて置札(1)には、

小工廿余人、鍛冶并木導《こびき》・杣取《そまどり》・瓦師、集二人数一、材木調儀、上者石州益田《ますだ》(23)、下者肥前松浦、御分領尽二槇之数一採二用之一、公物御入目記レ之不レ遑《いとま》二毛挙一、此外不レ謂二寺社一給二百段米一、諸浦船別加レ之、又者奉加之輩在レ之。

と記し、置札(2)の材木調之事には、

本柱并小道具少々、於二三笠郡・早良郡・那珂郡并肥州松浦一大工調レ之、此外或領内見懸採二用之一、或不レ調二他領遠近一所二望之一。

と記している(24)。参考史料として前記の知行帳を見ると番匠・鍛冶・塗師《ぬし》、分限帳を見ると番匠・番匠大工・鍛冶大工・御剣鍛冶・塗師・細工人・絵師・医師などの各種職人が見える。彼らは宗像氏から所領を与えられて領内各所に存在しているのである。天正四年本格的工事に入ってすぐに集められた造営関係の各種職人のなかには、右のような宗像氏支配下の領内各種職人もいたろう。置札に見える各種職人についてもそうであるが、置札には博多関係の職人の記事が見える。数は少ないが、居住地を付した職人の記事は博多・筥崎だけである。

棟上げ関係の置札(2)の「一棟瓦《むねがわら》師（棟瓦を作る瓦工）之事」に次の記事がある。

博多津中道場僧金師、小工弐人御祝銀子百目、一面大工ニ遣レ之。十文目ニ帯一長宛、小工ニ遣レ之。

文明十一年（一四七九）十一月十三日、大内政弘は周防興隆寺本堂の上棟式を行うが、そのことを記した『長防風土記』三・山口宰判所引の同寺棟札銘には筑前国博多の瓦士二人のことを挙げている。早くから博多瓦工が知られ仕事の需要は多かったのである。貝原益軒の『筑前国続風土記』巻之二十九・土産考上には「博

『職人尽歌合』より塗師（徳島県立博物館蔵）

多に瓦町とて、瓦士の集り住る町一坊あり、屋瓦及もろもろの瓦器を作る」とあり、黒田長政の筑前入りにともなって博多に来た瓦師たちがここに住み、瓦を焼いたので町名となった、といわれているが[25]、明和二年（一七六五）の『石城志』巻之七・土産上にはこの置札(2)を引いて（『宗像記追考』によるものであろう）「瓦工　土器師瓦町に住す、数家あり、天正六年丁丑、宗像社を大宮司氏貞再造せられし時、棟瓦師博多津中道場僧金師といふ名あり、されば古へより当津にて瓦を作りしなるべし」と述べている。先の文明十一年の史料もあり、中世から博多瓦工は知られていたのである。小工二人を従える道場僧は土居道場（称名寺）の時衆《じしゅ》－時宗の僧をいうのであろうか。『筑前国続風土記附録』巻之五・博多中・片土居町所引称名寺文書天文四年七月九日、大内氏家臣連署奉書写に「博多津土居道場同官内両門前東西在家諸職人牛馬以下諸公役事」とあって、土居道場同官内門前東西には在家があり諸職人がいた、とあることも併考される[26]。

置札(2)には「煉瓦師之事」に続いて「一絵師之事」があり、「博多津感定入道《かんじょうにゅうどう》、小工弐人御祝右同」とある。博多絵師についての史料で管見に入るものはほとんどなく、飯盛神宮寺の木造文殊菩薩騎獅像（福岡市西区・飯盛神社文殊堂に安置、福岡市文化財）の心木墨書銘に見える、康永元年（一三四二）七月、右同騎獅を彩色した絵師が、博多絵師の可能性があるかもしれない、という記事ぐらいで、これは中世博多絵師の史料として珍重である。置札(2)の「一御木屋敷之事」に見える「四間弐間壱絵師塗師木屋」の絵師は博多津感定入道の記事にかかるものであろう。塗師も次掲の塗師にかかるものであろうし、両者の併記は作業内容の近さを示している。

参考史料であるが、宗像大宮司天正十三年分限帳の赤間庄衆の項に「四町七反大　絵師医師五十君与助(27)」とある。時代的には遡るが、『職人歌合』を参考にしていえば絵師も医師も職人の範疇でとらえられ、宗像氏の職人掌握（保護と支配）の一環と理解できる。この場合、領内絵師の力量では不足と見られて博多絵師が招かれたのであろう。博多寺社付属の博多絵師などの史料が出てくることを期待したいものである(28)。

置札(2)の「絵師之事」のあとに「一塗師之事」が続き、次のように書かれている。

京都之住関新左衛門尉万細工ト云レ之。今博多ニ居住。小工五人。日数五百四十人但細工人手加数多在レ之。御祝右同、奉行、社司九人。

塗師は漆塗りに従事する職人、前引のように木屋は絵師と同じで、絵師に続いて記載されているのは、作業内容が彩色関係で近いからであろう。万細工は、色々な小道具・調度などこまかいものを作る職人、後に引くが、置札(2)には「漆卅盃　万細工調レ之、（略）一膠《にわか》三荷余　万細工調レ之、一牛粉(胡)(29)（ごふん）五荷　同人調レ之、一桐油卅　盃同人調レ之」とある。この塗師が京都の住で今は博多に居住と書かれており、京都の塗師史料に一例を加えるものでもある。建築・職人関係史料としても貴重な『快元僧都記』の天文四年三月十四日条（『群書類従』第二十五輯）で奈良塗師七郎左衛門尉の小田原城下移住が知られるが、京都塗師の博多移住も渡り職人の活躍、広くは京都文化の博多移入のなかで考えてよいことであろう。宗像大宮司氏貞は本殿の造営を進める過程の永禄七年（一五六四）、京仏師深田次郎左衛門尉に尊神三体・従神六体を造らせるが（置札(1)）、この京都塗師の例とあわせて、京都文化の宗像への移入という点から見うるものである(30)。

参考史料であるが、占部文書天文二十二年八月の宗像御代寺社武家知行帳の山田・平等寺の項に「一町　塗師伊藤助三郎(31)」、宗像大宮司天正十三年分限帳の山田・平等寺衆の項に「弐町　塗師伊藤助三郎(32)」の記載があり、宗像氏の御用職人として給分を与えられている塗師の存在が知られる。この本殿造営に参加していたかどうかはわからない。力量の問題から京都塗師が挙用されていると見られる(33)。

置札(2)の「一鍛冶日数之事」の条に、「大工小工弐人、千余人但大小釘調ハ御領中鍛冶御用次第勤レ之。此外於二博多津一買二得之一。」とある。造営にとって欠かせない釘は宗像氏領内の鍛冶から調達し、その他は博多津から購入した、ということである。御領中鍛冶については、前引参考史料の占部文書天文二十二年八月の宗像御代寺社武家知行帳(34)や宗像大宮司天正十三年分限帳(35)に給分（一町五反・二町五反）を与えられている田島衆の稲光助三郎が見える。博多が建材用具の供給地であったことと、宗像氏が領内に多種多様に存在する職人を掌握していたことの一端とを知り得る。

前に引用した史料と一部重なるが、置札(2)に「一漆卅盃　万細工調レ之、一朱六貫目余博多津徳永又右衛門調レ之」という項がある。博多津の徳永又右衛門が鉱物性赤色顔料の朱六貫目を調達したというものである。調達したという朱は当時博多で輸入(36)、あるいは製造（後述）されていたかと思われ、博多の漆工業の展開にも思いがいたる。徳永又右衛門は博多商人ではなかったかと推察される。

明和二年（一七六五）津田元顧《げんこ》・元貫《げんかん》の手になる『石城志』巻之九・人事上には、博多の惣司（年行司）として公税などのことをもつかさどった徳永宗也の伝を載せており、「按に、宗像記追考に、天正六年、宗像田嶋の社を大宮司氏貞修造せられし時、朱六貫目余、博多津徳永又右衛門調也、是宗也が父祖なるべし」と述べている。『宗像記追考』所載の置札(2)に見える徳永又右衛門は徳永宗也の父祖であろう、というのである。当たっているのではあるまいか。なお、このことに関して『石城志』巻之七・土産上には、

朱　昔、博多の商満田助左衛門といふ者、中華に渡り、朱を焼く事を習ひ得て帰り、博多にて是を焼く。其後、京都の朱坐にも此地より伝ふ。近年まで博多にて焼しが、今は焼ず。然ども、日本に朱を焼事は、博多より始れりと云ふ。続風土記

として、「朱やきものども上せ候付道哲も指上候、或〔イ其〕は博多年寄中より其方一書の書状見届候」で始まる六月

九日黒田長政書状を引き、この文書は遠賀郡植木村《（ママ）》の農長《シャウヤ》原孫右衛門の家に伝わったもので、制禁をおして博多で朱を焼いたので江戸から咎め来ったものであろうとし、「又、宗像記追考に、本社造営の時、朱六貫目余、博多津徳永又右衛門調也、とあり。是博多にて製せし朱なるべし」と記している。この長政書状は現在福岡市博多区上川端の原家に所蔵されている。(37) 原氏は博多土居町の原道哲の孫の孫右衛門以来、遠賀郡吉木村の庄屋を世襲していた。朱に関して知られるのは、今のところ、この置札(2)と『石城志』所引（原本原文書）黒田長政書状ぐらいで、置札(2)の朱の記事を、輸入品の調達と考えるか、時代は少し下るが、長政書状を勘案して『石城志』のように「是博多にて製せし朱」と解するか、断定はできない。

以上、直接博多に関係する置札の記事について述べてきたが、置札には、博多と密接な関係にある筥崎についての関係記事が二項載せられている。以下、それについて触れておこう。まず前出置札(2)の「一塗師之事」のあとに「一白壁師之事」として次の記事がある。

筥崎　日高左衛門大夫、小工四人　日数四百五十人御祝右同、奉行、大嶋司官四人。

置札の関係記事として、(2)の「御木屋敷之事」に「白壁師者本木屋ニ在レ之」とあり、前出の(2)「一漆卅盃万細工調レ之」の項に「一白灰十駄　白壁師調レ之、一杉原廿束　白壁用レ之、一油廿盃　同人調レ之」とある。白壁は白い漆喰《しっくい》で塗った壁である。日高左衛門大夫は前述の博多津大工日高隠岐守定吉のところで引いているが、筥崎宮造営に従事した大工日高氏と関係があろう。白壁師については、前引の『快元僧都記』に具体的な活動状況が記されている。(38)

次に、前引の置札(2)「一鍛冶日数之事」のあとに「一榑誘之事」として「葺屋津巧桶結七人、筥崎巧六人、以上以二十三人一調レ之」とあるが、筥崎関係である。巧《たくみ》は手や道具でものを作り出す職人のことで、ここでは木材でものを作る職人のことである。榑誘は「くれこしらえ」と読むのであろう。榑は中世で広く使われた雑材のことで、ここでは板材の意。誂は用意する、準備する、の意。「城誂」など広く使われている。桶結《おけゆい》は桶を作る職人。筥崎巧は葦屋津桶結と同質の職人である。(39) 杉や檜などを薄い板状にし、それを桶状に曲げて作った器を曲物《まげもの》というが、この筥崎巧の記事は『筑前国続風土記』巻之二十九・土産考上の「捲《まげもの》　檜物師福岡博多に多し。ことに那珂郡馬出《まいだし》（現・福岡市東区）の町には、家々に捲を作る。皆羅漢松材《まき》を用ゆ」という記事を想起させる。

5　おわりに

以上、置札が戦国末期博多史料として価値高いことを述べてきた。まず史料的価値の高い理由を筆者に即して述べ、ついで寄船・寄物を介しての国際貿易都市博多と宗像社の本殿造営との関係について述べ、さらに、造営の中心となった博多津大工日高定吉を始め、置札所見の博多職人を中心に、宗像氏の領内御用職人の掌握（支配・保護）と関連させながら、本殿造営に博多の職人・物産などが果たした重要な役割について述べてきた。置札における博多史料の検討は、何よりも宗像社本殿造営の解明にとって重要であるが、同時に職人史料を含めて手工業関係の史料に乏しい中世博多史料のなかで重要な役割をもつものであることを述べた。

職人支配の主体である宗像大宮司氏貞の神官領主としての実態について触れていないが、桑田和明『中世筑前国宗像氏と宗像社』（岩田書院、二〇〇三年）で委曲が尽くされており、今はその参看を希《こいねが》い、別稿を期して筆をおくことにする。

注

（1）宗像社の造営については『宗像神社史』上巻四一八頁以下（宗像神社復興期成会、一九六一年）、『宗像大社昭和造営誌』（宗像大社復興期成会、一九七六年）。

（2）棟札については多くの研究があるが、次のものを挙げておく。水藤真『絵画・木札・石造物に中世を読む』（吉川弘文館、一九九四年）、同『木簡・木札が語る中世』（東京堂出版、一九九五年）、同『棟札の研究』（思文閣出版、二〇〇五年）、佐藤正彦『天井裏の文化史――棟札《むなふだ》は語る』（講談社、一九九五年）。

（3）『神道大系』神社編四十九・宗像二五～二六頁（神道大系編纂会、一九七九年）参照。

（4）『宗像市史』史料編第二巻・中世Ⅱ五七一～七三頁（一九九六年。以下Ⅱと略記する）。

（5）Ⅱ三九一頁。

（6）Ⅱ三九一頁。

（7）『宗像市史』通史編第二巻五二一頁（堀本一繁氏執筆）、一九九九年。

（8）Ⅱ六八四頁。

（9）寄船・寄物に関する研究はかなりあるが、次を挙げておく。新城常三『中世水運史の研究』塙書房、一九九四年。

（10）当時、博多は大友氏の支配下にあった。

（11）Ⅱ八八五頁。

（12）Ⅱ三四四頁。

（13）Ⅱ三九八頁。

（14）中島楽章「16・17世紀の東アジア海域と華人知識層の移動――南九州の明人医師をめぐって」（『史学雑誌』一一三―一二、二〇〇四年）参照。

（15）唐坊についての研究が盛んになってきて研究文献もかなり見られるが、宗像に即して次だけを挙げておく。正木喜三郎『古代・中世宗像の歴史と伝承』第七章・筑前国野坂別符と輸入陶磁器、岩田書院、二〇〇四年。

（16）博多津大工に関連して、福岡市博物館所蔵青柳資料太宰府御供屋蔵古文書に、「博多津番匠」の活動を示す（年欠）三月廿一日御供屋別当御坊あて大内氏家臣吉見興滋・杉宗長連署状写があること、聖福寺文書弘治参年（一五五七）九月廿参日聖福寺領当知行目録の最初に「博多中行堂力者弁大工鍛冶諸役者等、居屋敷給分之事」とあり、寺院所属の職人（大工）の存在が知られ、神宮文庫蔵「永禄七（甲子）年中国九州御祓賦帳」に「つなは大工」（「つなは」は福岡市博多区綱場町）が見えることを挙げておく。

(17) 宗像大宮司氏貞は、同時に、吉田貞時・吉田守致・石松源四郎らに官途状を出している。Ⅱ七二二頁。

(18) 博多津大工の日高定吉と筥崎宮造営大工の日高氏との関係は明らかではない。

(19) 筥崎宮編『重要文化財筥崎宮本殿修理工事報告書』一九六七年。

(20) Ⅱ三三五頁。日高与三左衛門尉であろうか。なお、Ⅱ七四五頁参照。

(21) Ⅱ八七五頁。

(22) 川添昭二他編『宗像大社文書』第二巻五八四頁、宗像大社復興期成会、一九九九年。

(23) 現在の島根県益田市。石見国の有力豪族益田氏の根拠地。同氏は大内氏滅亡後は毛利氏に仕えていた。永禄十三年(一五七〇)二月九日の益田兼藤譲状(益田文書、Ⅱ六五六~五七頁)に津丸・久末(福岡県福津市)があり、益田元祥の二男景祥(一五七五~一六三〇年)が宗像大宮司氏貞の養子となっていること(『宗像大社文書』第二巻六五三頁)など参照。なお置札(3)には「丁(釘)長一万数益田殿ヨリ御寄進之」とある。

(24)『筑前国続風土記』巻之三十・土産考下には筑前の材木・松の多産地を列挙している。

(25) 井上精三『博多町名散歩』九九頁、葦書房、一九八三年。

(26) 博多時衆については川添昭二「南北朝期博多文化の展開と対外関係」(『地域における国際化の歴史的展開に関する総合研究』、一九九〇年)、同『中世九州の政治・文化史』海鳥社、二〇〇三年。

(27) Ⅱ八八四頁。宗像家文書天正十四年(一五八六)五月の宗像大宮司諸臣各司領地書上写の赤間庄衆の項にも「四町七反五十君与助」(『宗像大社文書』第二巻五九二頁)とある。本文にも述べているように、同人は明人医師木道三官とともに活動しており、『筑前国続風土記拾遺』宗像郡下には「宗像家の臣にして医画の両技を以仕へり。雪舟の画法を学ひたるといふ。今も郡中に往々此人の画残れり」と記している。

(28) 博多絵師に関連して、宗像に関係した博多仏師が知れることを記しておこう。宗像家文書『新撰宗像記考証』所載辺津宮第三宮薬師如来銘写によると、宗像大宮司氏貞は天正二年(一五七四)三月二十五日、辺津宮第三宮に本地薬師如来像を安置しているが、その仏師は博多津宗藤左衛門重次である。『筑前国続風土記拾遺』宗像郡上の薬師堂の項に「山下といふ所に在り、木像一尺三寸、脇士十二神将長八寸、共に天正二年三月大宮司氏貞造立せらる。昔の像ハ行基の作なりしか、近代の乱に紛失せしかは、博多津宗藤左衛門重次といふ仏師に命して改造せしよし、像背に銘有」とあり、宗像市田島・医王院現蔵の薬師如来像か、といわれている。福津市長谷寺の十一面観音立像背面墨書銘によると、天正二年十一月十八日、入江老母が願主となり、手光《てびか》の長谷寺同像を彫像しているが、その仏師は宗藤左衛門尉である。福津市福雲寺蔵の地蔵菩薩坐像銘によると、同像は天正八年閏三月に作られているが、その作者は博多浜小路町主の七条仏師井熊（猪）与三左衛門尉であった（Ⅱ七三三頁）。博多仏師については、八尋和泉「中世博多仏師の存在とその作品」（『九州歴史資料館研究論集』二号、一九七六年）、同「中世の博多仏師――九州の仏像彫刻・在銘資料のなかから」（『宗教文化』二六号、一九七六年）。

(29)『日葡辞書』に「絵を描くのに使う色彩絵具」とある。『筑前国続風土記』巻之二十九・土産考上に「蛤粉《ごふん》　博多にて蛤殻をあつめて焼て粉とし、屋壁をぬる。又小池を作るにも用ゆ。是を以て石灰にかへ用ゆ、其価廉なり。畿内にて石灰を用るか如し」と記す。

(30)『宗像市史』通史編第四巻六〇頁、一九九六年。

(31)Ⅱ三四五頁。

(32)Ⅱ八八五頁。

(33)『筑前国続風土記』巻之二十九・土産考上に「漆　此木上座郡にあり、其外にはまれ也。塗匠は福岡博多に多し」とある。

(34)Ⅱ三三五頁。

(35)Ⅱ八七五頁。

(36)小葉田淳『金銀貿易史の研究』法政大学出版局、一九七六年。

(37)川島久美子「文禄・慶長期の博多津支配――博多年寄原道哲関係文書に関連して」（『県史だより』一五、一九八三年）。

(38)『快元僧都記』の刊本には、『群書類従』、『神道大系』神社編二十・鶴岡及び脚注付きの『藤沢市史料集』一八（一九九四年）がある。

(39)天文十二年（一五四三）二月の奥書きのある聖福寺所蔵『安山借屋牒』には桶大工・桶屋その他の手工業者が見える。

［付記］佐伯弘次氏に、平成十五年（二〇〇三）十一月十八日博多遺跡研究会の発表資料「天正六年宗像宮造営置札から見た十六世紀の博多」及び「中世後期の博多と大内氏」（『史淵』一二一輯、一九八四年）、「戦国時代の博多町人」（『博多研究会誌』一〇号、二〇〇二年）その他多くの関連論文があり、参照した。記して感謝の意を表する。

六——福岡藩文化史の構想

1　一藩文化史研究の方法

報告の主旨・内容構成・題名

『筑前国続風土記拾遺』（文献出版）出版記念、福岡古文書を読む会二十周年のお祝いとして、「福岡藩文化史の構想」という題を掲げまして、お話をいたします。

まずお話をいたします主旨を内容構成に即して申します。内容構成は前・後二つ考えております。

前半は、一つの藩の文化の歴史（一藩文化史）を見る場合、どのような視点で見たらよいかということです。若干の作業をやってみまして、こういう視点で当初からやれば能率的に事が運んだのではないかという一種の反省を込めて、一藩文化史を見る視点といったようなことを申したいと思います。

それから後半は、福岡藩の文化史のなかの重要なテーマであると考えております歴史・地誌研究について具体的に報告します。それらのことを通じて福岡藩における歴史・地誌研究に福岡古文書を読む会の作業が、どういう意味を占めるか、出版事情厳しいなかにそれをあえて推進していただいた文献出版のご苦労の意義というものがどういうものであるかということを報告・説明申して、私の祝辞としたいと考えております。以上が、本日お話をいたします主旨です。

それから題名ですが、「福岡藩文化史の構想」というのは、実は話を思い立ったときに即座に出てきた題名です。これには暗々のうちに一つの意識が働いていたと思います。それは、次のようなことです。私の好きな

名島城跡碑（福岡市東区名島）

国文学者に風巻景次郎という方がいらっしゃいます。国文学の方にご関心の深い方々は風巻景次郎氏の仕事はよくご存じだと思いますけれども、晩年は北海道大学の国文学の教授をしておられた方でして、全業績は著作集（桜楓社）としてまとめられております。学生のときに私は、この風巻景次郎氏の『新古今時代』を始めとして、種々の著作に親しみました。ファンでして、しばらく〝風巻かぶれ〟をしていたことがあります。その風巻氏の業績のなかに現在、著作集二として『文学史の構想』という一巻が収められております。確か解説には、風巻景次郎の雄大な構想は結局未完のままに終わった、と書かれていたと思います。

今日、ご承知のように、ドナルド・キーン氏だとか、あるいは『梁塵《りゅうじん》秘抄《ひしょう》考』など数々の名著で知られ、国際的な活躍をなさっておられる、筑波大学におられた小西甚一氏（『日本文芸史』全五巻、講談社）だとか、こういう方々は膨大な日本文学史の体系を打ち出されています。私の福岡藩文化史についての構想は、風巻氏が評せられたようなこととは異なり、次元の極めて低いかたちで未完になるかと存じますが、ご容赦いただきたいと思います。題名だけは雄大な題名を付けましたのは、〝風巻かぶれ〟の後遺症であろうかと考えています。

それから、福岡藩文化という言葉ですが、おそらくはすぐに藩主、藩士などを中心とするものをお考えかと思いますけれども、私がここで申します福岡藩というのは、それらはもちろんのこと、一般の民間の農工商などをひっくるめて（仮に一般の民間と申しておきますけれども）そこにまで及ぶ総体としての福岡藩ということで使わせていただきたいと思っております。藩―領民の支配―被支配関係が中軸になることはいうまでもありません。そういう意味での文化の種々相を、時間の許す限りでお話をしようということです。

近世における藩、これは日本の歴史が経過した非常に大きな歴史的な問題ですけれども、藩というのは一体何であったかということを文化史の側面から少しでも明らかにしていきたいというのが、私の作業の念ずるところです。そういうことを通しまして、福岡藩文化の種々相を探り、そのことから近・現代文化の直接の前提を探りたいのであります。

少し堅苦しい表現を使わせていただきますが、藩時代文化が、近・現代文化にどのような規定性をもっているのか、具体的にいいますと、例えば我々が日常的にどこそこのお寺を檀家寺としてどういう宗教行為をしているかといったようなことです。このようなことは、江戸時代に形成された檀家制度を継承しながら、つながっているのであります。適当な例になるかどうかわかりませんが、いわゆる博多の山笠なども近世にかたちを整えております。そういったことを念頭に置きながら、藩時代文化が近・現代文化をどのように規定しているか、具体的に見ていこうということであります。

文化というのは定義のしよう、論議のしようによっては、切りのないように時間がかかりますので、個別的には書物の目次風に、簡単に学問・教育・宗教・芸能・美術などといったものをお考えいただければよろしいのではないかと思います。

歴代藩主

いわゆる福岡藩と申した場合に、その藩主になっているのはいうまでもなく黒田氏です。我々はすぐに岡山県の長船町《おさふね》（現・瀬戸内市）が黒田氏の故地と考えがちですが、遡れば近江佐々木氏ということで、滋賀県伊《い》香郡《か》木之本町黒田がみなもとであるといわれています。

　時代区分をするときに、小早川時代の扱いをどうするかということがあります。ごく簡単に申せば、小早川時代というのは文化的に見れば史料も乏しいし年数も短い。そして具体的には豊臣秀吉の代官という機能で形成・展開されたものです。それにもう一つ、小早川時代の文化は概ね小早川氏の本拠地、広島県の三原で作り成していたものの延長線上にあったと思います。筑前－名島における独自性を無視することはできませんが、福岡藩文化の前提ないしはそれへの過渡的なものとして考えております。もちろんさらに詳しく調べていけば、おのずから史料も出てきて名島城を根拠にした独自の名島文化の実態が具体的に見えてくるのではないかと考えます。名島文化というのは、便宜的な仮称です。

　黒田氏というと我々は最初に如水《じょすい》を考えます。藩祖は如水（孝高《よしたか》）でありまして、初代の藩主はいうまでもなく黒田長政であります。長政から後は忠之《ただゆき》・光之《みつゆき》・綱政《つなまさ》・宣政《のぶまさ》・継高《つぐたか》・治之《はるゆき》・治高《はるたか》・斉隆《なりたか》・斉清《なりきよ》・長溥《ながひろ》・長《なが》知《とも》とあわせて十二代続いています。第七代目の治之のときから黒田氏の血筋以外の他姓の養子藩主が相次ぎます。治之は一橋宗尹《むねただ》の子息です。その後の第八代治高は、京極高慶《きょうごくたかよし》という讃岐の小藩、多度津《たどつ》藩の藩主の子息です。第九代藩主斉隆は一橋治済《はるさだ》の子息です。その次の第十代藩主斉清は斉隆の子息（実子ではないという説もあります）で、幕末有名な第十一代長溥は申すまでもなく島津重豪《しげひで》の子息です。その後を継いだ長知は、長溥の実子ではなく伊勢津藩主藤堂高猷《とうどうたかゆき》の子息です。以上のように第七代以降は他姓の養子筋であります。

　福岡市博物館の黒田家文書には、この養子届け出関係の文書が残っています。幕末、政治動向の慌ただしいとき、長溥は何かやると、養家筋の御藩主は、と藩士からいわれていました。これが福岡藩文化の形成に影響を及ぼしたことは申すまでもありません。ここでお話をします内容は、福岡本藩を中心にし、秋月藩・東蓮寺《とうれんじ》藩については省略をします。

福岡藩文化史研究の概要

福岡藩について、これまでの文化史の研究がどういう状況であるかということ、つまり、研究史の整理について簡単に申します。これまでの福岡藩、特に文化現象に関する研究は、どういう状況であったかということであります。福岡藩の政治・経済・社会・文化（文化については、先ほど申しましたような部門があります）について、私が集めた研究文献カードは各部門の刊本史料類を含め約五千点ほどあります。及ぶ限り読んだつもりですが、それらを通観しながら考えましたことは、まず部門別の研究が相応に行われているということであります。これらの研究は細分化されています。まず仏教関係に例をとって見てみましょう。

『福岡県史』の近世研究編福岡藩二のなかには、廣渡正利氏や福岡県立図書館の森山みどり氏らの福岡藩の寺社支配などに関する立派な研究が入っております。また、最近は森山みどり氏の真宗の妙行《みょうぎょう》寺に関する研究（「博多における真宗寺院の初伝」〔『福岡県地域史研究』九〕）だとか、同じく福岡県立図書館の川島久美子氏の禅宗に関する研究（「筑前における曹洞宗の展開」〔『西南地域史研究』七〕）だとかが出ています。このような着実な研究が続けられていくと頼もしいなと思います。

仏教と申しましても、右以外の天台宗だとか、真言宗だとか、日蓮宗だとか、色々ありますが、研究は手薄です。例えば博多三禅刹といっております博多の代表的な禅寺、その中の崇福《そうふく》寺などについては、まとまった寺史というのは出ておりません。わずかに、歴代住職のなかで、有名な江月宗玩《こうげつそうがん》については、堺の方である程度まとまった展覧会などが行われたりしておりますけれども、全体としては寥々たる研究ぶりです（付記・平成十九年〔二〇〇七〕九月、福岡市美術館で大応国師七百回忌記念特別展が開かれ、『大応国師と崇福寺』というすぐれた成果が公にされ、近世までの寺史の体もそなえています）。

こうして挙げておりますと切りがありません。このように仏教関係だけをとりあげてみましても、福岡市民

大隈言道墓（福岡市中央区・香正寺）

の方々を始め多くの方々が熟知しておられる寺などでも、立派な研究といったものがあまりありません。ちなみに、福岡古文書を読む会を二十年にわたって指導なさいました廣渡正利氏が、承天寺については委曲を尽くした史料と解説を出されて寺史を発刊されております。こういう個人での寺史の研究というのは貴重だと存じます（付記・廣渡氏は住吉・香椎・筥崎各社の社史を刊行され、『聖福寺史』も同寺から刊行されました）。

部門別のなかで、芸能については、永井彰子氏の精力的な研究でずいぶんと明らかになってまいりました。それらの研究がまとめられますと、我々は芸能についてまとまったイメージをもつことができるだろうと期待しています（付記・関連研究として永井彰子『日韓盲僧の社会史』（葦書房、二〇〇二年）がまとめられています）。

文学については、雅文学・俗文学それぞれに研究が行われています。雅文学の和歌のなかでは大隈言道《おおくまことみち》や野村望東尼《ぼうとうに》だとかは、多くの研究が集中し、資料も早くから公刊されています。これらは客観的に見ますとかなり偏ったかたちのままです。主として有名なもの、重要と思われるものに研究が集まりますから偏りはそれなりに十分価値がありますし、それはさらに深められて結構でありますが、全体的な総合的な視点からいいますと、局部肥大のような状況であります。研究の基礎になります資料の公刊も同様であります。

今申しましたように、もとより個別研究というものはより深化されなくてはなりませんし、例えば時代を画するような学者・文化人、具体的な例を挙げますと、貝原益軒、立花実山、亀井南冥・昭陽、野村望東尼らの研究はいっそう深められるべきです。有井諸九尼《ありいしょきゅうに》などは、このごろでは

野村望東尼が隠棲した平尾山荘（福岡市中央区平尾）

加賀の千代女より高く評価されております。諸九尼は筑後の出身で、直《のお》方《がた》で生涯を閉じた女性俳人です。私自身も個人的な好みで申しますと、加賀の千代女、太田垣連月尼らよりは、諸九尼の方が好きです。これは、地元びいきもあるかもしれませんが、こういった人々はさらに研究が進められなくてはならないだろうと思います。

　歴史研究の態度として、文化史とか、政治史・経済史・社会史とか区別するのは、一応のことではないでしょうか。できれば、政治・経済・社会・文化などを歴史として総合的にとらえたいという気持ちです。もちろん、得意不得意、向き不向きなどもあります。専攻―専門分野というものもあり、人間のエネルギーは限られたものでございますから、何事もすべてというわけにはまいりませんけれども、やはり、私は歴史理解については総合的な全体的な認識を得たいものだと念じています。

　研究史の整理について、私が作っている近世筑前の文献目録だけでも、印刷物にしますとかなりのページをとるだろうと思います。ですから、研究史の整理だけでも相当な用意が必要であります。以上、概括的な言い方だけでお許しをいただきたいと思っております。

　私が申したいのは、時代の順を追って総合的な一藩文化史を叙述するということ、それが叩き台となって個別研究の深化・進展と相まち、再構成がより高いものになっていってほしいということです。私の編集になる『福岡県史』通史編福岡藩文化（特に第一章総説）はその最初の試みで、本日のお話はその総括になります。

時代区分

福岡藩の文化史を全体を通して把握しようとして一番気になったのは、時代区分です。時代区分というのは、年号とか藩主とかを基準にするなど色々な分け方がございますが、やはり社会構成の変化ということは重要ですし、それと対応する、あるいは対応しない場合もなくはないかもしれませんが、政治過程、文化の変化といったようなもの、そういうものを総合して考えなくちゃならないわけでありますが、結局私の現在の力ではどうにもなりませんので、近世の一般文化史の文化史区分、それから福岡藩の藩政史、さらに勉強した限りでの社会経済史などをあわせ、便宜的にある程度ずつ藩主をくくって時代区分めいたものを設定しました。

2　福岡藩文化史理解の指標

京都文化

続いて、福岡藩の文化の展開を考えますときに留意すべきいくつかの指標を申します。まず福岡藩文化の展開に、特に初期の段階で大きな影響をもったのは京都文化の受容ということです。これはかなり大きな比重を占めていたと思います。具体的に申しましょう。黒田如水が太宰府に隠棲していたときに、太宰府の文化の興隆を色々とやります。京都の公家・僧侶らの記録を見ますと、如水は京都と密接な関係をとりながら、太宰府文化の興隆をやっています。ですから京都文化との交流、あるいは京都文化の受容ということを意識していた方がよろしいのではないかと思います。

例えば、第六代の藩主の継高という人は相当な文化人で、個性豊かな藩主です。その和歌の師は、京都公家の烏丸《からすまる》ですし有栖川宮《ありすがわのみや》です。また、社会経済の方で豊かな史料を誇る三奈木黒田の当主の和歌の師は京都の

観世音寺の清水記碑
（太宰府市観世音寺）

冷泉《れいぜい》家です。文学の方に関心のある方は、冷泉家の文学資料が公開されたりして、話題を提供していることをご存じだと思いますけれども、三奈木黒田氏六代目一誠《かずのぶ》の和歌の師は冷泉為村《ためむら》であります。

　時代は下りますが、『筑前国続風土記附録』を編纂した、大組という、福岡藩では上の方の藩士でありました加藤一《かず》純《ずみ》（号は愚山その他）も例として挙げられます。現在、太宰府の観世音寺に行かれるとわかりますが、境内の右側の方に清水記碑があります。寺のうしろに奇麗な水が出ているということを加藤一純が文章にしてもらった碑文です。依頼先は、自分の和歌の師であります京都の公家・滋野井《しげのい》公麗《きんかず》という人なのです。

　藩政初期における京都文化の影響として、さらに京都の寺社、大徳寺などの禅寺、江月宗玩などの僧侶、その他の動きも加えるべきであります。京都の大文字屋といった富商、これは『福岡県史』福岡藩の史料編にも出ていますが、それらも忘れてはなりますまい。京都の富商、これは単に商売人というだけではございません。

　私は学友と、京都の出版社から論文集『日蓮とその教団』（一九七六〜八一年）を出しておりますが、出版社は江戸時代からの本屋で平楽寺書店といいます。太宰府天満宮文庫のなかに、江戸期に同店から出版された書物が入っております。その主人と編集のたびに定期的に会っていましたが、私たちが行きますと「元政《げんせい》さんを見つけてきましたよ」とかいって掛軸を見せられるのです。最近、岩波書店から江戸期日本漢詩人の詩集を注解した『江戸詩人選集』（一九九〇〜九三年）が出ていまして、そのなかに元政の詩が収められていて嬉しくなりましたが、元政は、江戸初期の有名な僧侶詩人であります。

そういう経験から、江戸初期京都の豪商はもちろん商売人でありますが、一面また文化的な高い志向をもっていた人だろうなと感じる次第です。京都の富商というものを考えますときに、すぐに私は右の例を思い起こします。

福岡藩初期文化は、こういう意味での京都文化の影響を考えねばならないでしょう。それから、大坂などもただ単に経済史の部面からだけではなくて文化史の面から色々と考えなくてはならないと思いますが、時間の都合もありますから割愛しておきます。故・宮本又次氏の「九州の文人と大坂」(『西南地域史研究』四、一九八〇年)などは一つの指針になりましょう。

江戸文化

それから、江戸藩邸文化というべきものを見過ごしてはなりますまい。江戸藩邸は、学問・教育・文芸・芸能などの江戸文化の受容、地元への供給のプールになったところです。

著名な第十代藩主斉清の博物学の研究などを考える場合、やはり江戸の蘭学者との交わりを考えざるを得ません。幕末期の日本の蘭学の代表的な存在でありました福岡藩士永井青崖《せいがい》という人がおり、勝海舟の蘭学の師であったということで知られております。永井青崖の蘭学とその特質については、井上忠氏がこまかく研究なさっていらっしゃいますけれども(「福岡藩における洋学の性格」〔有坂隆道編『日本洋学史の研究』創元社、一九六八年〕)、これも江戸藩邸文化とでもいうべきものです。あまり注意されていないのは、有職故実《ゆうそくこじつ》についての研究が江戸を介して地元へ渡し込まれているということです。有職故実というのは、公家や武家の儀礼・官職・法令などの先例・典故です。

福岡藩の有職故実というと、平野国臣《くにおみ》という幕末の勤王党の人物を想起されると思いますが、これは秋月藩の坂田諸遠《もろとう》の有職故実を受けたということでよく知られております。ついでに申しますと、福岡大学の総合研究所に、坂田諸遠の有職故実の関係史料が入れられており、研究を待っております。

そういうふうにして、普通、有職故実は秋月藩経由で考えられていますが、私はオーソドックスな有職故実は江戸藩邸を介して福岡に入っていると考えた方がよいのではないかと思います。近世の有職故実を代表する人に伊勢貞丈《さだたけ》という人がいますが、江戸でそういう人たちの教えを受けた者が、福岡藩に帰ってその故実を教えているのです。金子才吉の師葉山信果などがそうです（『筑紫史談』三六、一九二五年）。有職故実は学問でありますが、これは一種の秩序学です。当時、社会秩序、身分秩序が現にあります。有職故実はそれを解釈する学、秩序解釈学ともいうべきものなのです。有職故実の研究はそういう意味で政治の側面からも考えるべきことだと思います。

以上のように、京都文化とか藩邸を介しての江戸文化の受容といったことを、福岡藩文化史の展開を研究するときに注意しなければならないと思います。それから福岡藩の文化的展開でことに重要なのは対外的契機です。

長崎警備・朝鮮通信使

一つは長崎警備、もう一つは朝鮮通信使の問題です。長崎警備と深い関係があるのは沿岸防備です。沿海諸国の各藩が負っていた沿岸防備、これは各藩の研究のなかで案外と気にかけられていません。これら二つの問題はもとより近世の、いわゆる鎖国を考える場合の大きな問題です。福岡藩文化の展開を考える場合、長崎警備・朝鮮通信使の問題など、対外的契機はややもすると過小評価されがちです。「鎖国」というと、いかにも閉塞的な状況を考えがちでありますけれども、福岡藩文化の展開は長崎警備・朝鮮通信使の問題など開かれた対外的契機が大きな意味をもっています。

少し具体的なことを申します。長崎警備の折、藩士たちの文才のある人は、その往来のことを記録に残しております。藩老久野《ひさの》一親《かずちか》に『崎陽《きよう》紀行』（天明三年（一七八三）、亀井南冥序）すなわち長崎紀行文があったことが知られています（『筑紫史談』一四、一九一七年）。それから、筑前の地誌のなかに入れられて、よく知られているもののなかに『江海風帆草《こうかいふうはんそう》』というのがあります。宝永元年（一七〇四）、立花実山が序を書いています。長崎行役の参考に資するということが著作の目的の一つです。このような地誌類ができるということも、長崎警備を介してのことです。それから、長崎警備自体についても、藩士井上権一郎の大部な長崎警衛の記録『長崎警衛記録』（一九三二年）が日本史籍協会から刊行されています。

長崎警備ということは、福岡藩にとっては藩自体の存在証明のようなものです。アイデンティティという言葉が最近よく使われますが、それです。藩主が亡くなり後継者の問題が起こる。その場合、長崎警備をよその藩にもっていかれては困る。今申した久野一親などはそのことのために奔走しています。久野一親は将軍の面前で「くの」と呼ばれて、私は「ひさの」だといった、という挿話が『筑紫史談』一四に書かれたりしています。ともあれ、長崎警備は福岡藩の存在自体といってもいいような大変重要なことだったのです。面白いことに、十三世紀の蒙古襲来のときに使っておりました「異国警固番役《ばんやく》」という言葉が、長崎警備関係の史料に出ていまして、これあるかなと思った次第です。そういう意識がどうもあったようです。ともあれ、いちいちのこまかなことは省きますが、様々な外来の文化的所産が長崎警備を通して残されているのです。

長崎警備ということは、常に戦いを考えているということです。いわば敵国を想定しているわけです。具体的には中国だといわれております。仮想敵国があり、戦いを考えている。したがって福岡藩では、武術ということが特に強くいわれています。第六代藩主継高など、弓馬剣槍にすぐれた藩主は、率先して武術の奨励をしています。これは、長崎警備にそなえて軍学が盛んに研究されるということにつながっていきます。野口武彦氏が、このごろ『江戸の兵学思想』（中央公論社、一九九一年）という本を出していますので読んでみました。近世軍学の研究は重要なことだと思います。福岡藩は長崎警備がありますので、軍学研究は絶えず内的緊張を強いられているといってもよいのです。つまり軍学もまた広い意味での政治ということです。

次に対外的な契機としての朝鮮通信使の問題は、文化的には朝鮮からやってきた使節の人々と福岡藩を代表する学者との間の漢詩文の応酬としてよく知られています。それにともなう作品が残っています。唱和した漢詩文を見ますと、お互い色々な思いを抱きながら相接しています。貝原益軒などは、柳成竜《リユソンヨン》の著『懲毖録《ちょうひろく》』の序文のなかで、秀吉の朝鮮出兵を酷評しているくだりがあります。もちろん江戸幕府体制のなかの反秀吉発言でありますが、朝鮮の側では益軒を高く評価しております。門人の櫛田琴山《くしだきんざん》など、詩作は駄目だけど学問の方は「特に凡ならず」などといわれています（申維翰《シンユハン》『海游録』）。亀井南冥は宝暦十三年（一七六三）二十一歳のときの信使応接の『泱々余響《おうおうよきよう》』によって、その学才が世に知られるようになりました。福岡藩学者の信使応接は、学者としての登竜門みたいなかたちになっています。朝鮮通信使の問題は、単に外交史的なものに終わるものではなく、文化面も含んで総合的に見なくてはならないと思います。

領域を超えるもの

ともあれ福岡藩の文化史の展開で注目すべき点として、京都（大坂）・江戸文化の問題、対外的契機を始め、その他色々あります。

時間の関係で委曲を尽くすというわけにはまいりませんので、他に一つだけ挙げておきます。我々は江戸時代というと、きちんと箱のなかに納められて、にっちもさっちもいかない、出入りもできないような、そういうことを「鎖国」という言葉とともに考えていますけれども、対外的契機とは別に、国内的にも種々の点でかなり流動的な側面があることを見逃してはなりません。つまり〃領域を超えるもの〃とでもいうべき広い意味の「交通」の問題があります。

そういう流動的な面を示す〃領域を超えるもの〃の一つに挙げられるのが遊行《ゆぎょう》上人の廻国です。神奈川県藤沢市に時宗《じしゅう》の総本山清浄光《しょうじょうこう》寺があります。江戸期には、ここの遊行上人が全国廻国をいたします。詳しいことは省略せざるを得ませんが、その本来の目的は、廻国をして修行をすることなんです。遊行上人が中世に土居の道場といわれていた博多土居町の称名寺《しょうみょうじ》（現在、福岡市東区馬出に所在）に到着しますと、称名寺はもちろんのこと、その末寺、信者の人々は、遊行上人は諸国を修行してまわっている人だからなのか、生仏のように崇めるわけなんです。そして遊行上人の賦算《ふさん》（札を配って成仏を約束する）にあずかります。藩主は城中で遊行上人を厚くもてなします。次の地点に送り届けるまで大変な気の遣いようです。遊行上人の廻国は宗教的な分野で外から「藩」の領域を超える問題を提供しているのです。内からの問題としては伊勢参宮などがあります。

それから、文学分野のなかの紀行文をこの側面から見てみます。紀行文は、こちらから出て帰ってくる場合と、外から筑前を通過する場合があります。後者の場合、通過する他国の人たちが筑前観察をやります。吉田松陰が『西遊日記』で筑前人を酷評し、佐賀人を称揚しているのはよく知られています。

水戸藩の勘定奉行であった川瀬《かわせ》教徳《のりなり》が天保八年（一八三七）米の買い付けで九州に来ます。その紀行文『西海行記』（玄孫川瀬二郎編刊、一九八九年）には、桝形門や博多、福岡のことを的確に書いていて、しかも藩士の目で見ています。商人の書いた紀行文の観察とはひと味違う観察記述が残っております。この人は福岡藩に対し、長崎行役などもあり財政的に大変であろうと述べ、福岡城下の佇まいなど「家居モ見グルシク」と書いており、すべて黒田は「高マケシタルト見ヘタリ」といっています。ところが佐賀に行くと佐賀人を酷評しています。これはおそらく米の買い付けがうまくいかなかったからではないかと思います。だから人国記だとか紀行文の筑前観察といったものを史料として使用する場合、ちょっと考えなければいけないと思います。

しかしそういう問題があるにせよ、他国人の紀行文は、紀行文学という限定されたかたちではなく、領域を超えたかたちでの筑前観察の史料として、別言すれば他国人による近世の筑前論の史料としても貴重であると思います。

3 福岡藩文化史理解の基本的問題

その他色々申したいことがあります。大きな問題の一つは、文化の民衆化ということです。仏教が生活仏教―民衆仏教となったのは江戸時代です。これは言い古されたことでありますが、それを福岡藩に即して実証したものはほとんどありません。私も「博多における日蓮教団の展開」(『日蓮とその教団』第二集、平楽寺書店、一九七七年)、「筑前における日蓮教団の展開」(宮崎英修編『近世法華仏教の展開』〔平楽寺書店、一九七八年〕、両論は本書所収) などを書いておりますが、史料の少なさをかこったものです。方法論の貧困さということもありますが、史料的にも不十分でした。

他の分野でも多くそのようなことがあるということを前提にしながら、福岡藩の文化の展開を考える場合、一番基本的な問題として抜かさない方がよいのではないかという問題があります。それは先ほどから申していますように、文化を広い意味での政治と相即・関連させながら、総合的に見ていくということです。もちろん、その際、政治と文化それぞれのもつ独自性・自立性といったもの、政治と無縁の場所での文化の展開といったことなどを全く否定するものではありません。文化史の側面から、近世の藩とは何か、ということを考える場合の、これは大きな、重要な手掛かりであり、第一の階梯《かいてい》ではないかと考えています。

幕府との政治的関係

(1)幕政と藩政

事を分けて多少申します。一つは幕府との関係であります。幕藩体制と通例申しますが、幕府との関係でまず重要な政治的な関係、具体的に申した方がわかりやすいと思いますので、例えば黒田騒動であります。黒田騒動は、栗山大膳の盛岡配流、黒田家は改易を免れる、という結果で落ち着きますが、藩主忠之は勝訴するために寺社に祈願をしたという所伝があります。ですから、それらに対してその後の手当てをしたことは当然であろうと考えられます。つまり、政治に文化現象が随伴して出てくるということですね。

ですから島原の乱のときに強引と思えるほどの作戦、実戦をやる。これもまた公儀への忠誠を端的に表さねばならなかったからですし、それがまた家譜のなかに詳しく書きとめられることを忠之は望んだであろうし、後の藩主がそれをちゃんとしてくれたということは、泉下において忠之も喜びとしたであろうと思うのであります。島原の乱の記述の問題など、各藩比較してみるとおもしろかろうと思います。出兵した九州各藩ではこれをどう受けとめたのか、その時点だけでなく後代に与えた影響というものもあわせ考えてみてはどうかと思います。

(2)参勤交代

その次に、参勤交代という政治レベルでのもっとも基本的な、江戸時代を律した「交通」の問題がございます。先ほどから江戸文化の問題を申しましたが、これが江戸と地元筑前の文化交流の導管になったということはいうまでもありません。

近世の政治・経済・社会などの史料調査などをおやりになっている方は、こまごまとした道中記を折々実見・採録されたりしていると存じます。これを残された文化遺産として、我々は客観的に分析してみる必要があるのではないかと思います。政治的な参勤交代－交通といったものの文化史的意味を、広く考えてみてはどうであろうかということです。

(3)神君思想の下降・分有、寺院の格付け

それから思想的・宗教的な問題についてですが、具体的な例を申します。

初代黒田長政が、日光東照宮に石の鳥居を造建・寄進したということ、これは有名なことであります。福岡の東照宮にもそのことを刻したものが確かあったと思いますが、思想的・宗教的に幕府と福岡藩との関係を考える場合の具体的な事例の一つであります。そのことと深く関連しますが、特に東照宮を福岡藩に祀ったということが肝心です。現在日光東照宮にお勤めで、東照宮についての調査をなさった方があり、その方の報告を見てみますと、東照宮というのは全国に五二〇社以上あるといわれています。その方は、譜代藩では案外祀っていないとか、外様大名の東照宮勧請は単に「幕府に対する思惑」からということだけではないんだ、民間信仰レベルからも見るべきだ、そういうことも考えなくてはいけないと述べておられます（高藤晴俊『家康公と全国の東照宮』東京美術、一九九二年）。なるほど、と思いました。

ところで、徳川家康を神君として祀るということについては、福岡藩では、承応元年（一六五二）荒戸山（福岡市中央区）に東照宮を創建し、天台宗の松源院がその側に宮司坊として建てられ、祭礼を執行します。この神君思想は、幕府が藩を統制していく場合に大きな思想的媒介物になります。福岡藩は黒田騒動でそれを強く受けとめています。公儀への忠誠の宗教的な証しでありました。先ほどのような意見もありますが、その神君思想は各藩へ下降・分有されます。福岡藩の場合ですと、如水、長政をそれぞれ福岡藩における神君として

祀るということになるわけです。

神君思想の下降・分有の側面から、幕府＝将軍－藩の関係を考えなくてはいけませんが、そのことに関連して福岡藩における寺院の格付けの問題があります。それは石高などで分限帳に出てきますけれど、一番上に松源院（三〇二石）、源光院（三百石）など、将軍を祀る寺を置いています。それから藩主の菩提寺崇福寺（三〇一石）とか東長寺（三百石）などを格付けし、以下序列がきちんとできあがっています。菩提寺は祈禱を介して将軍・藩主の健康、藩体制の弥栄を祈る。そういうことで藩体制の宗教的な護持をしていくわけであります。神君思想の下降・分有、寺院の格付けによる藩体制の宗教的安定化といったことは、宗教の問題から藩を考えるとき、キリシタン対策がどうだとかいうことも重要でありますが、ゆるがせにできない大きな問題だと考えます。

黒田孝高・長政を祀る光雲（てるも）神社（福岡市中央区西公園）。かつては福岡城内にあったが，明治40年(1907)，かつて東照宮が祀られていた現在地に遷座した

幕府との文化的関係

続いて幕府・将軍と藩の文化的な関係を申しておきます。犬公方といわれた綱吉のような好学の将軍には、在江戸の藩主たるもの、これに好学を以て対応せざるを得ないわけです。藩主は国元から儒教関係の書物を取り寄せて、これを将軍に献呈するとか、いやいやながらも将軍の談義を聞かねばならないとか、そういう関係もありますが、何よりも幕府の学問的政策の藩への影響といったことがとりあげられるべきだと思います。端的な表れが甘棠館《かんとうかん》事件です。亀

井南冥の廃官、西学の閉鎖です。いわゆる寛政異学の禁の影響です。その影響はもちろん段階がありまして、南冥廃官段階では明瞭ではありませんが、寛政十年（一七九八）には徹底的な措置がとられます。

結果的に見て寛政異学の禁の影響があるわけです。福岡藩としては藩主が次々と替わったり、在職年数の非常に短い、在職一年などという藩主もいますから、常に藩主レベルでの危機感は強いのであります。ですから幕府の意向をびくびくしながらうかがっていました。やはり受皿が影響を受けやすいかたちになっていたと思います。

藩における儒教的な秩序の確立、例えば福岡藩でもっともよく知られているのは、孝行者である宗像郡武丸村（現・宗像市）の正助、今でも遺徳顕彰が行われていますが、そういう篤行者の顕彰をやります。これはいうまでもなく、幕藩秩序の儒教的な整序ということです。将軍綱吉が篤行者の顕彰を先駆けてやりますが、これは儒教的な文治主義政策の具体的施策でして、福岡藩などはすぐに受け入れます。受け入れの感度が高いのであります。いわゆる寛政改革の段階で、松平定信が『孝義録』を作らせます。篤行者を顕彰したものを集めていますが、福岡藩はそういうことにいち早く対応します。竹田定直・定良などの藩儒学者が孝子良民伝を作り成しています。福岡藩のこの種の事蹟は、最終的には伊藤道保《みちやす》『筑紫遺愛集』といったものに集成されていきます。

幕府と藩の関係を歴史研究の次元で見てみましょう。幕府は初期から各藩に家譜を作らせ、それを徴します。それから正保、元禄、天保の国絵図の作成。時間的な日本の把握としての史書の編纂、空間的な把握としての国絵図の作成、そういうことをやらせます。そういう場合、幕府は藩から直接資料を徴するとか、それの影響を受けて藩が各々の作業をやるということ、福岡藩の歴史研究を考えるとき、底流として見逃すことができないことであります。これは大枠で申しますと、幕府との対応関係のなかで福岡藩の文化の展開を考えていくべきではないかということです。

藩主・藩の文化的なありよう

⑴藩主の文化的個性

以上で、大きく幕府と福岡藩との関係を見てきましたが、以下、時間がありませんので、主に藩主を例にして、その文化的なありようといったことを申します。

福岡藩の歴代藩主を見てみますと、藩主としての在職期間が一年の人もいれば三年の人もいます。長い人では光之の三十五年、継高の五十年、斉清の三十九年、この人は後年、目を悪くしておりますので実際は短くなります。長溥は三十五年です。藩主としての在職期間の短い人は、それなりにおもしろい資料を提供してくれます。例えば、第九代の斉隆、第十代の斉清など、幼少年時に受けた教育の状況がよくわかります（川添昭二・福岡古文書を読む会校訂『新訂黒田家譜』）。階梯を追って何歳のときに何をやったということがきれいに出てきます。藩主教育の具体像が、在職期間の短い人は短いなりに知られるということです。

ところで私がここで申したいのは、藩主の文化的な個性の問題であります。先ほど、藩祖如水の太宰府滞在による太宰府文化の興隆ということを申しましたけれども、第二代藩主忠之の桜井神社崇敬は福岡藩における唯一神道化を強力に推し進めています。その他色々申したいのですが、若干を付加するにとどめます。忠之の真言宗帰依も問題がありますし、第四代の綱政は専門画家とみまごうばかりの精進をしていまして、関係の画事は深く広いものがあります。藩主がそうでありますと、側近などに直ちに影響が及び広がっていきます。

斉清の博物学研究は、藩士・領民の批判もあったようで、例の〝ものずき〟といったことになるのでありましょうが、その質的水準は高かったようです。初代長政が謡を習い始めたとき、毛利但馬が大名芸で家臣にへつらいを起こさせるからと諫止したといいます。これは藩主の文化的個性の問題を考えるとき参考になる話であると思います。

(2) 藩文化における御用の問題

藩主を頂点にした藩文化でもっとも基本的なことは、藩文化を律する御用―お抱えの問題です。こまかい説明は省きますが、まず学問・教育の体系それ自体がお抱え体制であります。学問に関して、先ほど少し触れました軍学について若干述べましょう。軍学者関係として「福岡藩における歴史研究略年表」をご覧いただきます（一八六頁）。例えば一七一三年の条を見ますと、宮川忍斎《にんさい》（尚古）の『関原軍記大成』を挙げております。彼は若狭小浜の生まれで、福岡藩におけるお伽衆《とぎ》です。お話をして、藩主の無聊《ぶりょう》を慰め、あるいは学問・教養に資するというお伽衆であります。福岡藩の軍学の展開を考える場合、お伽衆は抜きにできません。お伽衆のもっている広博な知識が史書の編纂などに利用されています。貝原益軒はこれらの人たちと親しく、彼らから相当な材料を得ています。庄屋文書などの調査・整理のとき宮川忍斎の『関原軍記大成』が出てきて、庄屋などが同書を愛読していたのを実感したことがあります。宮川忍斎の長沼流の軍学は福岡藩で連綿と続きます。幕末外圧期に長崎警備問題などが焦眉化してきたなかで、藩主長溥は藩軍学者の香西《こうざい》氏などに命じてオランダ流の軍学を学ばせたりします。先ほど申しましたように、軍学、これまた政治ということになるわけでありまず。

今申しました香西氏の先祖香西成資《しげすけ》は讃岐の有力な豪族の末裔で、光之に三百石で召し抱えられ、福岡の平尾山にかなり広大な演武堂を造ってもらい、ここで軍学の教授をやります。八十六歳のときに自分の郷里讃岐の『南海通記』を著しています。これに先立つ『南海治乱記』も有名です。彼ら軍学者は軍記物の作者でもありります。近世の軍学はテキストとしての軍記物を抜きにはできないのです。近世日本の代表的な軍記を書いたのが福岡藩の軍学者宮川忍斎・香西成資であります。かなり前から私は両者を追いかけておりますが、新しい史料が見つかりません。問題の所在だけを申しました。これも藩の御用の学問ということで考えられるものです。

医学ももちろんであります。お抱え医師の名にちなんで雁林町《がんりんのちょう》の地名が残るというような調子であります。教育はいうも更なりです。竹田派によって独占的に藩の教育が推進されていくということであります。芸能もまたしかりです。永井彰子氏のご研究でそのへんのことが詳しくわかるようになりました。芸能のことを見ておりまして、私はゆくりなくも、室町文化の展開における室町幕府同朋衆の意義につらなるものがあるなと考えた次第です。お抱え絵師についての問題が藩文化、美と権力の問題を考える適例であることはいうまでもありません。

(3)郡奉行の文化性

藩士の文化性の問題をこまかく述べる余裕がありませんので、一例だけ挙げておきます。藩政治のありようとの関連で考えておいた方がよいと思ったことです。それは郡奉行のもっている文化的意味を注意しておくべきではないかということです。具体的な例を挙げます。宗像郡奉行の富永氏休、御笠郡奉行の矢野昭徳です。富永氏休は、宗像郡の一筆一切経の保存、宗像神社文書の返還に尽力しています。文書は一時山口県の方に流出していたのです。これが宗像神社の方に帰ってきます。そのときに富永氏休が色々奔走するのです。彼の文化的資質を媒介にした郡奉行の立場・役割ということをあわせ考えるべきでしょう。石瀧豊美氏から、富永氏休は酷吏であったという話がありますよ、と注意をされました。これは確かめてみなければなりませんが……。

矢野昭徳は歌人としても知られ、『巌屋《いわや》城軍記』を書いています。この人について一つだけ申します。御笠郡奉行として太宰府の遺跡保存に努力していることです。できれば江戸時代以来の太宰府史跡の保存・調査といったことを歴史的に跡づけてみたらと思います。その点で矢野氏の業績は好個の事例になります。とにかく右のような郡奉行の文化性などは藩政治の質を高めるということなんですね。中間収奪の側面だけで郡奉行を考えないようにということです（太宰府の遺跡保存などについては『太宰府市史』通史編別編〔二〇〇四年〕に詳述）。

以上、つまるところ文化史の側面から近世の藩とは何であったかということを、色々例を挙げて申してきた次第です。

4　福岡藩における歴史・地誌研究

小早川期・福岡藩初期

残された時間で歴史・地誌研究関係の説明をしたいと思います。順序を追いながらかいつまんで問題の所在だけを説明し、福岡藩における歴史・地誌研究の性格に触れてみたいと思います。

略年表（一八六頁）の一番最初のところに深江種治こと法名浄念、文禄四年（一五九五）に亡くなったけれども、この人は『九州鑑』というのを著していて、後に草野玄厚が『九州軍記』というかたちに再撰したという例を挙げております。秀吉の時代に九州を討伐しますが、これは色々な問題があって、それにいたる間には龍造寺とか大友とか島津とか、そういうものの非常に大きな競い合いがあります。それらを経て結局秀吉が九州を征服・支配するということになります。この間、多くの軍勢が動員されます。

秀吉は軍事的なデモンストレーションをやると同時に、箱崎茶会で代表されるように、非常に大きな文化的デモンストレーションもやります。これは単なる茶会だけではありません。政治・文化をあわせた大きなデモンストレーションをやって九州を圧服していきます。

そのようにして全国の目が九州に集中してきます。全国の人々はもちろん、九州の人はいうも更なり、自らの歴史に対して省察を加えるという動向が出てきます。全国的にそうですが、戦国末期、近世初期にかけて日記・聞書・覚書のたぐいが相次いで出されます（桑田忠親「覚書の分類と実例」〈『大名と御伽衆』有精堂、一九四二年〉）。日本はこういうものの残り具合が豊かな国であります。特に聞書・覚書の類がたくさん残っています。これは福岡藩に即しても色々例を挙げることができます。時代は少し下がりますが、佐賀藩の有名な『葉隠』の形成を考える場合にも、この聞書・覚書の問題はゆるがせにできないと思います。

こうして、戦国末から近世初期にかけて、聞書・覚書のたぐいが多く出され、九州にかかわる事柄が書かれ、九州関係の史書・軍記が編まれます。この覚書の代表的な例として、元和元年（一六一五年）の条に、城戸清種の『豊前覚書《ぶぜんおぼえがき》』を挙げているのであります。これも川添昭二・福岡古文書を読む会の校訂によって、文献出版から刊行されているのですが、右のような流れのなかで理解されるものです。近世に入り、一種の歴史ブームを呈したころに、肥前に力点をおいて九州史を記述した史書が佐賀藩から出てきます。『歴代鎮西要略』、『歴代鎮西志』、『北肥戦誌』といったようなものです。さらに『普聞集《ふもんしゅう》』の成立とか、内容は龍造寺関係ですけれども、龍造寺を中心としての広い動きがありますのであえて入れておきますと、そういうものが佐賀藩から出てきます。これはなぜかということがあるんですね。筑前ではそれに対応するようなかたちでは、地誌ですけれども幕末になりまして伊藤常足が『太宰管内志』の編集を全九州の規模でやっております。全九州の地誌ではありますが、事実上は貝原益軒以来の筑前地誌の集成といったような感が強いのであります。伊藤常足は自ら〝かんだいし〟と読ませておりますので、吉川弘文館『国史大辞典』その他に〝かんないし〟とありますが、〝かんだいし〟と読んでおきます。その他の覚書・聞書などのことは省略いたします。

慶長九年（一六〇四）の条には、長政が父如水の遺物北条本『吾妻鏡《あずまかがみ》』を徳川秀忠に贈り、元和三年の条には、藩士の佐谷五郎太夫、林羅山のもとで『吾妻鏡』を読習とあります。八代国治《やしろくにじ》の『吾妻鏡の研究』（吉川弘文館、一九一三年）からとっておったもので、『羅山文集』の「東鑑考《あずまかがみこう》」が原拠です。佐谷氏は分限帳その他と引き合わせてみますと、佐谷俊直ということになると思います。これらは文脈としてはいうまでもなく、家康・秀忠の好学、ことに歴史関係に対応しての学を好むということ、しかもそれは治者意識を涵養するということ、政治の様態を過去の鎌倉幕府から学ぶということ、それらが背景としてあるのはもちろんです。黒田氏がそれに対応していることに注意したいのです。こうしてだんだん自らの藩の藩史意識が強まり、藩主の事跡を明らかにするということが行われます。

寛永十七年（一六四〇）黒田一成が忠之の命で『長政記』を著すといったようなことが出てきます。職隆《もとたか》・孝高（如水）・長政など黒田家の創業期、ことに如水の事績を詳しく述べ、金子堅太郎『黒田如水伝』（博文館、一九一六年）もよく引用している『故郷物語』など、その成立過程をあわせて知りたいのですが、まだよくは理解し得ていません。書名の読み方からしてまだ合点がいってないのであります。歴史研究関係だけでも、そういう未解決の問題がこの時期にはたくさんございます。忠之の段階では、先ほど申しましたような内容の郷村高帳・国絵図などが幕命で作成されます。

元禄・享保期

そして第三代の光之の段階に入りますと、延宝六年（一六七八）に、貝原益軒によって『黒田家譜』が編まれます。これ以降、第四代綱政から第五代宣政にかかる段階は、福岡藩における元禄文化の展開として理解することができる時期と思います。そのなかに占める貝原益軒の存在というのは、まことに大きく、福岡藩における学問の中核的な存在です。かつ貝原益軒は全国を代表する学者で、今日までその影響は大きいものがあります。最近は、福岡教育大学の板坂耀子氏によって、知的伝達情報という観点での先駆的なかつもっともすぐれた紀行文作家として益軒が高く評価されております。

歴史・地誌の研究の面では、昔から評価が定まっているといってもよいのでありますが、益軒自体の学問的な性格は、ご承知のようにだんだんと朱子学に疑問を抱いて『大疑録』を著しており、岡田武彦氏は益軒を修正朱子学者といわれています（叢書・日本の思想家9『安東省庵・貝原益軒』明徳出版社、一九八五年）。益軒の学問に対する態度は、いわゆる未知を明らかにする経学が本であって、歴史学は末であるというのが建前であります。しかし実際には、『黒田家譜』、『筑前国続風土記』といったような歴史・地誌の記念碑的な作業をしています。具体的な作業は門下生や一族の者が協力しております。そしてこのころから藩内の歴史関係の史料の整理などが行われて、藩主レベルの史料の整理などが進んでいきます。貞享元年（一六八四）に『御感書写控』が成ったことなども、そうです。『御感書』についても説明したいことがありますが省略します（本書第九章参照）。

貝原益軒像（福岡市中央区今川・金龍寺）

歴史・地誌などの編纂における幕府や将軍からの影響ということを、福岡藩文化の展開における基本的な問題の一つとして申しておりましたが、御三家の水戸藩の『大日本史』編纂の影響なども考えておくべきでしょう。その編纂のために水戸藩は諸方に史臣を派遣します。筑前には佐々《さっさ》介三郎宗淳《むねきよ》（「そうじゅん」とも読む）らを派遣します。『花押藪《かおうそう》』で有名な丸山可澄《よしずみ》も随行します。そのときのことは『益軒日記』や京都大学所蔵の史料などによってかなり具体的に知ることができます。『大日本史』編纂の影響というのは全国的に見て大きいものがあります。史料調査から『大日本史』が順次できあがっていく段階など、それぞれに影響があります。福岡藩では佐々宗淳らに貝原益軒が応対し、史料の収集に協力をし、このあと両者は長く交流を続け、水戸藩は福岡藩文化の展開に少なからぬ影響を与えます（小林健三・照沼好文『水戸史学の伝統』〔一九八三年〕、但野正弘『新版佐々介三郎宗淳』〔一九八八年〕ともに水戸史学会）。

益軒が末とした歴史関係の作業は『筑前国続風土記』として残り、基本的な筑前研究の書として現在にいたるまで利用されています。これは元禄十六年（一七〇三）に藩主に献呈、以後改訂が重ねられています。これが成るにあたりましては、宮川忍斎（尚古）のような軍学者だとか、あるいは『筑前早鑑』の著者末永虚舟のような門人だとか、色々な人たちが助力をします。そのなかには『筑陽記』の著者安見有定などもいます。『筑陽記』は寺社などのことに重点を置いております『筑前国続風土記』に比べると、その時点での現状を知るのに便であります。元禄時代というのは、福岡藩においても、歴史ブームなどという言い方をしますと少しばかり印象が違ってくるのでありますが、歴史学研究の興隆期にあたるといってよいと思います。そのなかで作業をした様々な人々のことの一端を申した次第です。

元禄期に続いて享保期に入ります。一般の文化史では元禄享保期と一括することが多いようです。享保期の文化というのは、一般的に申しましても現実性・実用性を帯びてきたということがいえます。学問の分野など、特にそうです。その端的な表れが、稲生若水《いのうじゃくすい》の『庶物類纂』の完成です。幕府で、もとのままにしておくのはもったいないということで、補遺を作るべく全国に協力をさせるわけであります。福岡藩ではそれに対応して、元文三年（一七三八）『筑前国産物帳』を作ります。これに従ったのは、福岡藩学を代表する竹田定之進や小野玄林といったような学者であります。これは、この期における福岡藩のもっていた広い意味の歴史学研究の現実的・実用的な傾向を示すものです。元来、近世の歴史学というのは、貝原益軒の『筑前国続風土記』が政治に資するためであると明瞭にうたっておりますが、まさにそうであります。これは中国の地誌編纂などを継承している面もありますが、そういう伝統を踏まえながら、実用性あるいは現実性というものが大きく加わってくるのです。そしてそれが幕末期洋学の歴史研究へと推移していきます。

この間における藩主・藩段階での作業としては、『黒田家譜』の後を継ぐ『黒田新続家譜』が編まれていきます。これは川添昭二・福岡古文書を読む会の手によって、『新訂黒田家譜』全十二冊の内としてまとめられているものです。また、それぞれ個別的な地域研究が行われます。『博多古説拾遺』を挙げていますが、これは博多蔵本番で宿屋をしていた熊本屋と関係があるのではないかといわれている熊本敬卿（敬郷か）が書いたもので、秀村選三氏の校訂になるものが『日本都市生活史料集成』六（学習研究社、一九七五年）に入っています。秀村氏の解説のように、史料的な限界はもっていますが、伝承を知るには便であります。

こうして一つの地域の個別的な認識作業が出てくるわけであります。『石城志』などはその例です。史料的には『博多津要録』（秀村選三他編、全三巻、西日本文化協会、一九七五～七八年）などが出てきます。博多年行司原田安信による『博多津要録』の記事の終わりは巻二十八の宝暦九年（一七五九）で、巻一は欠けています。その原田安信にすすめられ、津田元顧《げんこ》・元貫《げんかん》によって『石城志』が編まれます。同書は、種々限界はあるにせよ、博多研究の手引書としてまず就いてみるべきものであります。ですから『石城志』の成立について明らかにされていない一つの問題として、『博多津要録』との関係が残っています。

藩の政治の動向などを知るのに便であるばかりでなく、民間の芸能関係、その他民衆の文化的な営みも様々にわかる史料として貴重なものが、長野恒義の『長野日記』です。元禄八年（一六九五）に始まり、享保二十年（一七三五）で記事が終わっています。秀村選三編『近世福岡博多史料』第一集（西日本文化協会、一九八一年）のなかに収められています。

亀井南冥がこの期にだんだん勇姿を現してきます。このころからいわゆる歴史研究が出てきます。それはやはり一つは、何か具体的なきっかけがあればそういう研究が出てくるのでありまして、天明四年（一七八四）志賀島から金印が出てきたのがきっかけになっています。南冥が『金印弁』を著します。竹田系からも金印に関する考証が出されますが、南冥は、この金印は間違いでないという、本物の説を唱えております。この意見が大体今日定着しています。ですから、亀井南冥の論理明快な『金印弁』は、叙述内容においてもその高さをもっていたということになります。亀井学と竹田学を比べる場合、一つの素材を提供するものでもあります。ただ、金印をめぐる問題は、単純なものではありません。

寛政期以降

続いて寛政期に入っていきます。ここで藩段階としては何よりも『筑前国続風土記附録』の編纂の問題があります。これは藩の大組であった加藤一純が中心になっています。加藤一純については本格的な研究をまちたいものです。朝倉市杷木《はき》の円清寺に墓があり、加藤一純の書いたものなんかも残っています。この『筑前国続風土記附録』の公刊にあたり校訂をし解題を書きますときに、福岡古文書を読む会の方や池畑祐樹氏などの助けを借りて黒田家文書などから関係の史料を急いで集めたことを思い起こします。

加藤一純を助けたのが鷹取周成です。これも「周成」の読み方からしてわかりません。長く気をつけていますが、零細な史料で解題のなかで触れたあと、若干付加し得た程度です。俗名は正義、格式は無足、四人扶持十石（太宰府通古賀《とおのこが》『王城大明神縁起』序）、一純の死後、鷹取が青柳種信を助録とし、完成させます。『筑前国

青柳種信像（福岡県立図書館蔵）

続風土記附録』の編纂にあたって加藤一純らは絵師を連れて絵を画かせながら、各村をまわって史料を収集していきます。これも川添昭二・福岡古文書を読む会の校訂によって全三冊活字本になり、利用しやすいかたちになっています。藩の地誌編纂はこれ以降、青柳種信が中心になります。『筑前国続風土記拾遺』の編纂です。平成五年（一九九三）六月、福岡古文書を読む会の手によって編集・校訂され、文献出版から公刊されたものです。

　ここで福岡藩における歴史・地誌編纂の特色について述べておきます。藩の正史というべき黒田氏の家譜は竹田氏を中心に相次いで編まれていっております。ちなみに福岡藩の儒学は益軒の子孫によってではなく、益軒の門弟竹田定直《さだなお》（号は春庵）の子孫によって伝えられていき、それを中心にして展開していきます。福岡藩の正史は主としてその竹田系の学者によって編まれていったのです。この間の編集の経緯については、月形家の出身であります長野誠（号は芳斎）のまとめた編集記録がございます。これには森山みどり氏がきちっとした安心して拠れる解説を付けておられますので、ご覧いただければと思います。先述のように地誌類は、国学者の手によって編まれています。藩の二大文化事業が、儒学系の学者と国学系の学者とで、分業されたかたちで行われているということです。これには政治的問題その他ありますが、ここでは触れずに結果的なことだけ申しておきます。

　国学者というのは、もとより本居宣長の学問を継承していますが、地方国学の展開を見ますと、宣長のスケールの大きさからすれば、多くは

海妻甘蔵（『己百斎筆語』より。福岡県立図書館蔵）

部分的な継承になっています。青柳国学も古代学などに特色をもち、地誌の編纂でことに異彩を放っていますが、宣長の全体系がそのまま継承されているわけではありません。

　青柳国学は、つまるところ体制の学ですが、福岡藩の体制の学の中核をなすのは竹田系の学問で、竹田系学者による一系の藩正史編纂は、その具体的な現れです。随伴する問題もあったでしょう。『己百斎筆語』で海妻甘蔵《かいづまかんぞう》がいっていることですが、『黒田家譜』を塾などで読もうとして、竹田定簡がこれをとめたとあります。本当かどうかよくわかりませんけれども（海妻甘蔵は同書などで反竹田系の叙述を折々しておりますので）、竹田系の学問が一種教条化・固定化・形骸化していく傾向をもっていたことは確かでしょう。

　幕末期筑前国学の展開について、少し述べておきましょう。古代研究・神道研究についてみるべきものがありますが、繰り返し述べていますように、地誌研究に特色があります。それに幕末期筑前の教育・文芸の展開に大きな役割を果たしていることは特筆されます。幕末期学問所で和学が正課になりますが、とくに地域教育に果たした役割は大きいものがあります。さらにまた、国学者の地方歌人育成に果たした功績は大です。それに関連して女性の和歌・紀行文など文芸世界における活躍は注目されます。国学は体制維持の側面をもつとともに、その復古・皇室尊崇という思想的性格から体制変革の原動力となるという側面が現れてきます。

　その他説明すべきことはたくさんありますが、青柳種信の周辺にいた人たちが歴史学関係の仕事を残していますのでその点を申しておきます。文化十四年（一八一七）、児玉琢《こだまたく》が『改正原田記』を編んだことを挙げております。児玉琢は『筑前国続風土記拾遺』の編集を手伝い糸島地方の史料などを整理しますが、それら児玉琢が写したものなどをもとに孫の轀《おさむ》が『児玉轀採集文書』としてまとめています。筑前の代表的な収集文書で、糸島郡・早良郡などの文書が中心をなしています。原本の所在は不明です。若久《わかひさ》（福岡市南区）にご子孫が住んでおられるという情報を得たことがありますが、その後確かめておりません。『筑前国続風土記拾遺』編纂のため文政三年（一八二〇）から廻村をして史料を収集していますが、そういうことの所産として『筑前町村書上帳』というのがあります。これも、福岡古文書を読む会によって校訂・公刊（文献出版、一九九二年）されております。これは筑前の史料として貴重であることはいうまでもありません。今はなくなった多くの筑前中世史料も収められています。その文書目録が有川宜博氏によって作製され、刊本『筑前国続風土記拾遺』の下巻に入れられ、便宜を与えています。『筑前町村書上帳』にどういう中世史料が収められているか、すぐにわかるのでありまして、これまでは一部中世史の専攻者などによって利用されていた程度でありましたが、広く全国的に利用されることになりました。この青柳種信を助けておりました者のなかには、藤田正兼のように一面では歌人の誉れ高い者もいまして、文学的作業も種々残しています。

そして先ほどの話につながるのでありますが、筑前地誌の集大成として伊藤常足の『太宰管内志』が天保十二年（一八四一）藩主に献呈されます。挿入的説明になりますが、これらのことを色々解説をして私たちに非常な便益を与えておりますのが、長野誠（号は芳斎）の『閲史筌蹄《えつしせんてい》』です。彼は大型の学者です。青柳種信が教示を受けた遠江の内山真龍《またつ》なんかは、その伝記研究の大著が学位論文として出ていますが（内山正『内山真龍の研究』内山真龍会、一九五〇年。世界聖典刊行協会より一九七九年に復刻）、青柳種信とか長野誠とかは、それに匹敵する人物だと思います。長野誠の『閲史筌蹄』は近世筑前の学芸を調べるとき、宝庫といってよいものです。彼は『閲史筌蹄』のなかで『太宰管内志』のことを「彼類書に似たり」と書いております。的確な表現だと思います。『太平御覧《たいへいぎょらん》』が宋の時代に編まれて、平清盛などが輸入していますが、その『太平御覧』が類書のいい例です。お茶ならお茶の史料をまとめているのです。それを孫引きしたといわれているのが栄西の『喫茶養生記』です。そのような史料百科全書が類書であります。『太宰管内志』は筑前を始め、九州各国の古代・中世史料集といってよい性格をもつものであります。ただ先述しましたように、北部九州以外の史料収集はやはり限界があったようです。しかし、それにしてもあの田舎でよくあれだけの収集をし、よく整理したものだと驚嘆しています。大変な労力だったと思いますし、その分類能力にも驚かされます。

5 おわりに

享保期から顕著になってまいりました学問の現実的・実用的な傾向が、福岡藩の場合は長崎を介して、ことに蘭学を導きとして出てきます。ただ福岡藩の蘭学の性格は、この道に長い研鑽を重ねられていますす井上忠氏によりますと、世界の歴史・地誌の研究と翻訳（翻訳が多いのですが）というかたちで出てきます。その担い手が青木興勝《おきかつ》や永井青崖《せいがい》などであります。そのなかで歴史・地理関係で著名なのは永井青崖の『銅版万国輿地方図《ばんこくよちほうず》』（一八四六年）で、これは幕末期のもっともすぐれた世界図です。第十代の斉清が経済的援助をしているようです。似たような『五大洲各洲全図説』といったものも永井青崖は出しています。さらに柴藤家の『年中行事』のような民間の様々な数多くの史料が実にたくさんございます。それらのいちいちについては省きます。

また幕末期には政争に応じて人々はその慷慨を様々なかたちで記録しています。それが歴史の体をとり、あるいはそのこと自体が伝記史料として広い意味での歴史学研究の素材になるということもあります。その例として中村圓太の『自笑録』があります。彼は脱藩して大橋訥庵《とつあん》に入門し、尊攘志士として実践活動を展開してゆくさまを如実に語っています。井上忠氏校訂の「中村圓太『自笑録』の紹介」(『福岡大学人文論叢』三―三、一九七二年)があります。

ともあれ福岡藩における歴史研究の主流は、何といってもやはり竹田家による黒田家の家譜の編纂であります。その根幹をなす、藩に収積された記録類の問題など、最近すぐれた研究が出ておりますが(江藤彰彦「福岡藩における記録仕法の改革」〔『西南地域の史的展開』近世篇、思文閣出版、一九八八年〕)、それらも省略しました。とにかく福岡藩における歴史編纂の中核になる黒田家の家譜編纂は、竹田家を中心に約二百年にわたって継続されています。他藩と比較して考えねばなりませんが、めずらしい例ではないかと思います。これほど長続きして、しかも今まであまり知られていなかったのです。

さらに『筑前国続風土記』以下すぐれた地誌が、相次いで編まれました。それらの多くを、廣渡正利氏を指導者とする福岡古文書を読む会が逐一解読され、文献出版の犠牲的な精神で相次いで発刊されたのです。これら一連の作業で福岡県における歴史研究の基礎は大いに固まったといえます。これは顕彰しても顕彰し切れないものがあると、その労に改めて感謝する次第であります。私のこのつたない話が、おのずからその顕彰となり、ひいては同会の『筑前国続風土記拾遺』出版記念と二十周年記念のお祝いになればと思いまして、押しかけ女房ばりに講演をさせていただいた次第です。

(平成五年七月十日、福岡県立図書館においての講演)

［付記］長年、福岡古文書を読む会の指導を続けられた廣渡正利氏は、平成十五年(二〇〇三)七月四日に逝去されました。三十年以上にわたり同氏の研究と史料集刊行に協力し、その間、近世史を中心に多くのことを同氏から学びました。その誠実なお人柄と貴重な業績の数々をしのび、深くご冥福を祈ります。

【資料】福岡藩における歴史研究略年表

和暦	西暦	事項
文禄　四	一五九五	この年、深江種治（法名浄念）没す。生前『九州鑑』を撰する。友人草野玄厚、これを『九州軍記』として再撰する。僧了円、これを補修して、慶長十二年（一六〇七）に完成する（『閲史筌蹄』他）。
慶長　九	一六〇四	三月二十日、黒田如水没す（『歴代参考』他）。福岡藩主黒田長政、父如水の遺物北条本『吾妻鏡』を徳川秀忠に贈る（『寛政重修諸家譜』）。
元和　元	一六一五	二月、筥崎座主旧家臣城戸清種、『豊前覚書』を編む（同書）。
三	一六一七	三月、宗仙、僧祐伝の著『宗像記』を増補訂正し、『宗像記追考』を撰する（同書）。
		九月、福岡藩士佐谷五郎大夫（俊直）、林羅山のもとで『吾妻鏡』を読習する（八代国治『吾妻鏡の研究』）。
寛永十七	一六四〇	十一月十五日、黒田美作一成（号は睡鷗）、藩主黒田忠之の命により『長政記』を著す（『閲史筌蹄』）。
十八	一六四一	十一月、藩主忠之、幕命により黒田家の系図を編み、幕府に提出（三奈木黒田家文書）。
正保　元	一六四四	十二月二十五日、江戸幕府、諸国の郷村高帳及び国絵図、城郭図を作成させる（「御当家記年録」）。
延宝　六	一六七八	九月四日、貝原益軒、『黒田家譜』十二巻を編み、藩主光之に献ずる（『御年譜集要抄』）。
貞享　元	一六八四	三月七日、福岡藩の『御感書写控』成る（『黒田新続家譜』）。
二	一六八五	八月十五日、水戸藩士佐々介三郎宗淳、『大日本史』編纂のため、太宰府天満宮などの史料を採訪。貝原益軒・浦野半七、案内にあたる（『益軒日記』）。
元禄十六	一七〇三	十一月十八日、貝原益軒、『筑前国続風土記』を編み、藩主綱政に献呈する（『黒田新続家譜』）。宝永六年（一七〇九）全く成る。

宝永 元	一七〇四	一月、京都押小路の書店川島屋半兵衛、『宗像軍記』を開版（同書）。 十一月、藩士立花増能、祖先以来の事蹟を『鷹野家譜』にまとめ、立花実山序を付す（同書）。
二	一七〇五	秋分日、貝原損軒（益軒）、安見有定著『筑陽記』に序を付す（同書）。
三	一七〇六	三月一日、古野元軌（梅峰）編『河津伝記』成る（同書）。 この年、貝原益軒・竹田定直、『黒田続家譜』（忠之記）を編む（『黒田新続家譜』）。
六	一七〇九	この年、末永虚舟（名は景順）、『筑前早鑑』を著す（同書）。
正徳 三	一七一三	三月、宮川忍斎、『関原軍記大成』を著す（同書）。
享保 四	一七一九	二月、香西成資、『南海通記』を著す（同書、竹田定直〈春庵〉序を付す）。
八	一七二三	この頃、鶴田自反、『博多記』を著すか（同書）。
十六	一七三一	秋、竹田定直（春庵）ら、『黒田新続家譜』（光之・綱政記）を編む（「御家譜編輯記録稿」）。その後も編纂続行。
二十	一七三五	この年、長野恒義（常言）の『長野日記』の記事終わる。
元文 元	一七三六	この頃、熊本敬卿（敬郷か）、『博多古説拾遺』を著す（同書）。
三	一七三八	この年、福岡藩の『筑前国産物帳』成り、幕府に提出（『黒田新続家譜』）。
延享 二	一七四五	九月二十日、能勢頼実「黒田年譜」を完成し、藩庁より褒賞さる（「御家譜編輯記録稿」）。
宝暦 九	一七五九	この年、『博多津要録』の記事おわる（同書）。
明和 二	一七六五	三月、津田元顧・元貫、『石城志』を編む（同書）。
天明 四	一七八四	この年、亀井南冥、『金印弁』を著す（同書）。
寛政 十	一七九八	十二月、『筑前国続風土記附録』全く成る。加藤一純（愚山）編、鷹取周成・青柳種信助録（『黒田新続家譜』）。加藤一純は寛政五年没。
文化十四	一八一七	六月、児玉琢、『改正原田記』八巻・附録二巻を編む（同書）。

文化十四	一八一七	九月、藩主斉清、梶原景熙に宗像神社の阿弥陀経石（重要文化財）を調査させる。ついで『田島石経記』成る（同書）。
文政　三	一八二〇	三月、青柳種信ら、『筑前国続風土記拾遺』編纂のため、廻郡を始める（文政十一年三月終了。諸書上帳）。参照『筑前町村書上帳』。
四	一八二一	十一月、奥村玉蘭、『筑前名所図会』十巻を脱稿（同書自序）。
五	一八二二	この年、怡土郡三雲村南小路より多数の副葬品をもつ甕棺墓発見さる。青柳種信、それらの記録考証を含め『柳園古器略考』を著す（同書）。
天保十一	一八四〇	この年、宮浦（福岡市西区）の荒物商津上悦五郎、『見聞略記』を記し始める。明治四年（一八七一）に至る（同書）。
十二	一八四一	十二月、伊藤常足、『太宰管内志』八十二巻その他を藩主斉溥（長溥）に献呈（同書刊本所載略年譜）。
弘化　元	一八四四	八月、『黒田新続家譜』（斉隆記）の清書終了（「御家譜編輯記録稿」）。
三	一八四六	この年、永井青崖、『銅版万国輿地方図』を刊行（同図）。
四	一八四七	一月、博多釜屋番の柴藤善左衛門正知、『柴藤家年中行事』を録す（同書）。
文久　三	一八六三	この年、福岡藩尊攘志士中村圓太、半自叙伝『自笑録』を書く（同書）。
慶応　三	一八六七	九月、『黒田新続家譜』（斉清記）成る。浄書にいたらず（「御家譜編輯記録稿」）。

七——博多における日蓮教団の展開

1　はじめに

本章は、筑前国博多日蓮宗寺院六カ寺の調査を通じて、博多における日蓮教団展開の諸問題について考察することを目的とする。博多における日蓮教団は、福岡のそれと合して近世筑前における日蓮教団展開の基軸をなした。博多以外の筑前における日蓮教団展開の考察については次章に譲る。まず、博多・福岡という地域概念について一言しておかねばならない。

『続日本紀』天平宝字三年（七五九）三月二十四日条に見える「博多大津」が「博多」という地名の初見である。黒田氏の入部以後、近世においては、那珂《なか》川をはさんで東部を博多といい、商人の町であり、西部の福岡城下の町を福岡と呼んでおり、商人も多くいるが、いわば武士の町であった。古代の「博多」は大宰府の外港として、鴻臚館《こうろかん》を中心に発展するが、平安期以降、近世でいう博多部の開発が進み、室町期以降における日蓮教団の展開はここを舞台としている。だからここでいう博多は、那珂川以東石堂《いしどう》川までの間を目安に、近世でいう狭義の博多を中心にしている(1)。

以下、六カ寺叙述の順序については、当初から博多に設けられたもの、あるいは博多の他宗寺院で日蓮宗に改宗したものを開創年代順に述べ、次いで他地域から博多に移転されたものについて開創年代順に述べる。

2 法性寺 博多日蓮宗の始まり

筑前においてもっとも古い開創の所伝をもつものは法性《ほっしょう》寺である。宝永六年（一七〇九）に成った貝原益軒の『筑前国続風土記』（以下『続風土記』と略記）巻之四・博多には「寺町（旧・蓮池町）に在。修昌山と号す。称光院正長元年日親上人開基せり。是筑前国中にて、法華宗最初の寺也」と記している。正長元年（一四二八）日親の開基とする寺伝は『日親上人徳《にっしんしょうにんとく》行記《ぎょうき》』（京都本法寺二十世本地院日匠〔一六二七～八九年〕の著）法性寺第八によるものである。(2)『日蓮宗年表』（日蓮宗史料編纂会、一九四一年）も正長元年開基説に従って系年しているが、その典拠は『日親上人徳行記』と『本化別頭仏祖統記《ほんげべつずぶっそとうき》』である。文明二年（一四七〇）の「埴谷抄《はにやしょう》」で、日親は永享五年（一四三三）二十七歳のとき九州（肥前光勝寺）惣導師職として下向したことを自記しているが、日親の著作類や直接史料には法性寺のことは見えない。「本法寺縁起」によると、応永三十四年（一四二七）二月上旬、上洛して布教の第一歩を踏み出しており、以後関東に赴いている。日親は「埴谷抄」に「自㆓帝都㆒鎮西へ下向仕事六ケ度」といっており、法性寺の開基関係は、肥前を中心とする永享五年以後の日親の弘教の過程で考えた方がよかろう。博多の海運業者（貿易業者）の介在を想定することも可能であろう。文明年間には日親の法弟、本法寺

法性寺（福岡市博多区千代）

・法性寺第二世日祇の九州関係の事績が知られる。(3)

中世の博多の宗教状況は、臨済禅寺を主流として、一部平安期以来の真言・天台の旧仏教系に、蒙古襲来を機とする西大寺流律宗《りつしゅう》の伝播、鎌倉末期からおこった土居町の土居道場（称名寺）を中心とする時衆《じしゅ》勢力、さらに善導寺に代表される浄土宗が拡大の動きを見せていた。寛政十年（一七九八）完成の『筑前国続風土記附録』（以下『附録』と略記）や『附録』を増補した『筑前国続風土記拾遺』（以下『拾遺』と略記）によると、法性寺は初め市小路《いちしょうじ》上ノ番東側にあったと伝え、慶長八年（一六〇三）に今の地（蓮池町、いわゆる寺町）に移ったとしている。明和二年（一七六五）の津田元顧《げんこ》・元貫《げんかん》『石城志』巻之五・仏事下は、「はじめは一(市)小路町上番東側に在、今は白水氏が宅地となれり」と記している。法性寺は中世においては蓮池町北西に所在していたのである。日親系の博多における弘教は、京都―瀬戸内海と肥前その他の九州を媒介する結節点の役割を担ったと思われる。「イエズス会士日本通信」一五六二年十二月十日のバルテザル・ガゴの書簡に見える息浜の法華宗僧院は法性寺の可能性がある。

法性寺の寺基を固めた支持者層は明らかでないが、当時の博多の状況からすれば、大内氏―大友氏の支配下につらなる武士層や、博多を拠点として商業・貿易などに従っていた、いわば博多町衆の前駆的な者たちなどではなかったかと推察される。(4)ただ、同寺は戦国末期の兵火にかかって焼失し、一切の記録を焼失したらしく、中世にかかわる確かな史料はほとんど残っていない。史料的に見る限り、草創以降中世末までの法性寺の歴史は欠史に近い。『豊前覚書』天正二年（一五七四）七月条に「博多法性寺」が見えるのは貴重である。同寺所蔵の霊簿には開基日親以降第三十七世吉倉前誡師《よしくらぜんかい》まで記載されているが（昭和五十一年〔一九七六〕段階）、中世部分の歴代住持の事蹟を確かな史料で辿ることはほとんど不可能である。

江戸期に入ってからの史料も乏しい。(5)江戸期には中本山触頭《ふれがしら》であるが、筑前国内の日蓮宗寺院統制に関する史料は見出し得ない。文政第五壬午（一八二二）之夏六月中浣《ちゅうかん》、聖福寺第一二四世の湛元等夷《たんげんとうい》が法性寺第二十一世日照に与えた書（軸物）などは江戸期の貴重な史料である。湛元は博多の著名な禅僧仙厓の後嗣で、学識があり権貴に屈しない人物だと伝え、大島に流されたこともある。日照の人となりも推し量られる。

同寺の史料の主要なものとしては霊簿の歴代住持のあとに記された過去帳があり、寛文以降江戸期の檀信徒の存在状況が知られる。今一つは、⑴明治五壬午年（一八七二）二月改新寂帳、⑵明治八乙亥年一月改仲陰控帳、⑶弘化三年（一八四六）ヨリ七月九日始明治五年迄新寂帳、⑷文久三亥（一八六三）三月改新寂帳をあわせて一冊にしたものがある。⑶⑷によって法性寺の江戸末期における檀家構成のあらましを知ることができる。そのほとんどは博多を中心とする商人・職人である。一部福岡藩士や同上層藩士の家来などが知られるが、上層藩士そのものは見出し得ない。開山堂前の石造灯籠は、正徳三年（一七一三）岩井勘之丞家永の寄進にかかるものである。岩井氏は福岡藩の鎧師（『附録』巻之四十六・土産考上）。境内墓地には江戸期の墓石が散在しており、宝暦・寛政・天保・文久などの年紀が見られ、商人や武士の墓である。⑶⑷で見る限り、檀信徒は博多を中心に、糟屋郡が多く、怡土《いと》郡・筑紫郡などに及んでいる。藤井学・水本邦彦編『本法寺文書』（京都府教育委員会、一九七四年）の目録四七五に「博多法性寺僧俗連署約定証文」が見え、『京都本法寺宝物目録』（本法寺、二〇〇一年）所収末寺帳の延享元年（一七四四）四月第十六世善誠院日堯の覚（以下、延享元年四月某覚と略記する）には寺の規模を境内表口拾九間、裏行五拾間、寺中惣棟数七軒とし、明治初年の「筑前国日蓮宗一致派寺院記録」は「境内九百六拾九坪但除地、檀家百九拾五軒」と記している。

寺内仏堂としては本堂の他に日親堂（開山堂）があることを『附録』は記しており、「詣来る人多し」としているが、『石城志』は「他宗よりも是を信じて甚だ盛ん也」と記している。『拾遺』巻之九には「寺内に開山堂日親堂共云、番神堂有」としている。番神堂は本堂と開山堂との間にあったが、今はない。番神堂の前に井戸があり、その水をかぶって行をしたものだという。番神信仰によって日々の平安つまり現世利益を祈ったことはいうまでもない。日親堂は自宗内を超え広く博多及びその近傍の庶民の信仰を得ていたというが、博多七観音のように宗派を超えて博多町人の信仰を得ていたものであった。これは、いわゆる冠鐺《なべかむり》を中心とする、日親の奇蹟的な忍難弘通《にんなんぐつう》法験にあやかって現世利益を得ようとするものであったろう。宝永二年（一七〇五）貝原篤信（益軒）の序をもつ安見有定の『筑陽記』(6)に「雖レ然、以二都鄙差一為二本末一親一世之行徳委記一巻流二行于世間一、可レ謂二権者再弘法之大導師一矣」という所以である。近世筑前日蓮教団の中核をなすのは、博多・福岡の寺院で、しかもその大部分が本法寺系であるが、日親開基の筑前最初の法華寺院である法性寺がその中核をなし、博多・福岡日蓮宗寺院形成の誘因になったことは贅言を要しない。

明治四十三年、市内電車が敷設されることとなって、現在地の博多区千代町二丁目に移転した。それまで博多の日蓮宗寺院は、南から北へ本岳寺・法性寺・妙典寺・本長寺と一線に隣接して旧蓮池町に所在しており、本長寺の斜め前に本興寺があった。法性寺末の宗玖《そうきゅう》寺だけが、片土居《かたどい》町にやや離れて所在していたのである。

3　宗玖寺　櫛挽町の寺

宗玖寺（福岡市東区馬出四―一一―一二）は、寛永の「京本法寺末寺帳」(7)に見える。『続風土記』は「宗玖寺栄昌山属法性寺片土居町にあり」と記し、『筑陽記』は「寛永元年甲子本寿院日勢建立」と伝える。延享元年（一七四四）四月の第七世了昌院日孝の覚には、元和二年（一六一六）開闢《かいびゃく》、境内表口拾五間五尺、入弐拾五間、寺中惣数三軒と記している。『石城志』になるとやや詳しく「栄昌山と号す、片土居町に在。此寺、小庵にして食厨乏しかりしかば、福岡の士興西氏、法性寺の檀家たるによりて、家伝の山田振薬の方を教へ、是を世に広めなば、茶堂の料にもなりぬべしとて、伝へけるにより、今に至りて所々より来り求むる者多しと云。此寺開基の時代は元和の頃なるべし。木村宗玖と云人、住せし跡なりとかや」と記している。『附録』巻之五は「栄昌山知詮院と号す。法性寺に属す。日親上人の開基也。年歴詳ならす。宗玖といひし者の来寓せし所に建たる故にかく名つくといふ。当寺より売薬を出せり。山田振薬といふ」と記し、前後の地誌類の所伝と少し異なるところがある。『拾遺』巻之九は「栄昌山と号す、日蓮宗法性寺の末也、慶長十九年一説寛永元年本寿院日勢といふ僧建立せり此寺に法性寺の檀家奥西（ママ）氏山田振薬の方を伝へて世に広めしか。今ハ製せす。開山日勢忌年詳ならす。一説に木村宗久（ママ）と云者、住し跡なりといふ。寺内に番神堂あり」と記している。

宗玖寺（福岡市東区馬出）

以上のように開創の時期について、慶長十九年（一六一四）、元和二年（一六一六）、元和のころ（一六一五―二四）、寛永元年（一六二四）、年歴不詳という諸説がある。寛永の「京本法寺末寺帳」に見えるから、それ以前であることは明らかである。開山日勢について、宗玖寺の位牌は遷化を寛永元年正月十五日とする。宗玖寺のあった片土居町（現・下川端町）は北から時宗の称名寺、浄土宗の栄昌庵（寺）、宗玖寺と並び、栄昌寺は山号を宗玖山といい、宗玖寺の山号は栄昌山という。宗玖寺の言い伝えでは木村宗玖が宗玖寺を建立し、その妻が栄昌寺を建立したという。栄昌寺は住吉の妙円寺の末寺で、天文年中創建と伝える。前記宗玖寺の言い伝えと関連させるならば、同寺の創建も天文年中ということになる。いずれにせよ確かな史料がなく、創建は寛永の「京本法寺末寺帳」以前としかいえない。『福岡県日蓮宗のおてら』（日蓮宗福岡県教化センター、二〇〇二年）では慶長五年開創とする。木村宗玖については一切不明。

開山日勢についても不詳。明治初年の「筑前国日蓮宗一致派寺院記録」によると「境内弐百四拾坪、檀家三拾七軒」という規模である。江戸末期もほぼ同じ状況であったろう。江戸期に火災にあったと伝え、当時の史料は皆無に近い。歴代住職でも不明なものがある。

所在地が、西側は那珂川をへだててすぐに武士の町福岡に接し、近くは既成の寺院勢力に占められており、新たな開教的発展は困難であったと思われる。檀家のあり方を示す史料としては、昭和十三年（一九三八）三月彼岸会に第二十二世再輪院日法によって整えられた霊簿がある。年号は、ほぼ江戸全期にわたっている。江戸期には檀家三十七軒を超えることはなかったと思うが、霊簿によって檀家の地域的分布を見ると、博多の町全体に点在していることと、博多以外には見られないことの二点が指摘できる。武士は見えず、商人と職人で占められている。商家の屋号は角屋・菱屋・梅本屋・吉野屋・扇屋・道具屋・唐物屋・桶屋・綿屋その他が知られ、職人は大工・鍛冶・陶師その他が知られる。片土居町は櫛挽《くしびき》町ともいわれて、一町多くは櫛工である。『拾遺和歌集』巻六に見える「つくし櫛」に関連づけて説く者もいるぐらい古い伝統をもつが、霊簿にも櫛屋が散見する。髪油の油屋をしていた御原屋には享保十八年（一七三三）四月卒去の初代喜右エ門以降を記入した軸物の過去帳があり、宗玖寺に所蔵されている。宗玖寺の霊簿は他の博多日蓮宗寺院のものに比べると、檀家の所在地と職種が一番よくわかるので、近世博多研究の史料としても有用である。墓石は寺が移転していることもあって、江戸期では幕末のものが一基あるだけである（昭和五十一年段階）。

江戸末にはすでに寺内に番神堂があったことが『拾遺』によって知られる。現在、守護神堂として三十番神・鬼子母神《きしもじん》・清正公大神祇《せいしょうこうだいじんぎ》・大黒天（二体）が祀られているが、これらの信仰は江戸期以来のものであろう。盗難除けの大黒天像の底面には「嘉永三年戊十一月甲子、為家門安全、施主高松三右衛門」と朱書されている。高松の屋号は盛松屋である。博多町人の大黒天信仰を物語る貴重な史料の一つである。

現在地への移転について、前引『福岡県日蓮宗のおてら』の該当箇所を引用しておく。「明治四十三年（一九一〇）市電布設のため、箱崎松原の現在地に移転、弘行寺を合併して山号を『弘行山』と改め再建、現在の本堂、庫裏、諸堂は、その折に建立された」（一一〇頁）。筆者の一九七六年代の聞き取り、調査とは叙述が異なっている（二八二頁「初出一覧」七論文）。

4　本岳寺　朝鮮仏画

本岳寺（福岡市博多区上呉服町一四―二二）は寛永の「京本法寺末寺帳」に記載されており、『続風土記』には「本岳寺西昌山、日蓮宗、京都本法寺に属す、蓮池町にあり下同。」と記している。『拾遺』巻之九は同寺創建の経緯などを『附録』巻之六よりやや詳しく次のように伝えている。

西昌山と号す院号なし〇『石城志』正福院とす。は、日蓮宗本法寺に属せり。此寺むかしハ矢倉門に在。慶長年中今の所に移す。中興開基を日因といふ。一説に初禅宗正覚寺〇『石城志』本覚寺とす。はとて辻堂町に在。西昌と云僧住持す。法華宗日因と云僧と賭の碁を囲み、西昌輪《まけ》て日因に寺をとられぬ。依て今の宗門に改め、先住の名を用て山号とす。日因は永正十一年寂せり。元和或云寛永の比、今の宗に遷れり。其時仏堂ハ渋谷良忠と云者建立すといふ。寺内に七面堂あり。唐筆の釈迦誕生会画一軸あり。什宝とす。

同寺の開創については、右のように、『拾遺』巻之九は永正十一年（一五一四）寂の日因の創建とし、明治初年の「筑前国日蓮宗一致派寺院記録」は「明応五乙（丙カ）辰年（一四九六）八月創建、開祖日因」と明示している。開創者日因については、京都から来た僧侶で、碁に巧みであったというから、後の本因坊算砂《ほんいんぼうさんさ》（日海）へつながる系譜などが想定されるが、委細不明。ともあれ、博多の日蓮宗寺院で、他宗からの改宗というのは本岳寺

本岳寺（福岡市博多区上呉服町）

だけである。延享元年（一七四四）四月の第十六世観妙院日達の覚には永正十一年開闢、境内表十間六尺、入六拾三間、寺中五軒と記している。第三十八世のとき寺が荒廃して史料類も散逸したらしい。歴代住職は開山日因から第四十一世の現住、立野良顕師まで知られるが、途中かなりの住職が遷化のときを知り得ない。

本岳寺の堂宇改築については過去帳に記載がある。安政二年（一八五五）七月、第三十三世観妙院日静の代に本堂を再建し、文久三年（一八六三）三月、第三十五世唯心院日幹の代に田中喜八郎・田中八右衛門の寄進によって表門を再建。元治元年（一八六四）三月、第三十五世日幹の代に、原惣右衛門・原惣吉の寄進によって七面堂が再建されている。明治初年の「筑前国日蓮宗一致派寺院記録」によると「境内八百二十五坪但除地、檀家百拾五軒」とあり、江戸末期の規模を引き継ぐものであろう。しかし、第三十八世日徳のとき、日徳が寺を出奔して無住となり荒廃した。そのあと第三十九世日良が入り、本堂・庫裏などを改築し現在の基礎を作った。

本岳寺は、移転開堂以来、建立者渋谷氏系統の外護が厚かった。墓地改葬以前には渋谷氏の立派な五輪塔が境内にあったという。渋谷氏については必ずしも明らかでないが、『博多津要録』には、呉服町に住んで寛文ごろ博多年行司をしていた渋谷九左衛門、貞享・元禄の年行司渋谷九兵衛、同巻四貞享元年（一六八四）五月条に年行司仲間六人のうちの一人として渋谷良加が見える。良加は本岳寺仏堂建立者渋谷良忠と通字を同じくしている。渋谷氏は年行司クラスではなかったかと思われる。江戸期における本岳寺の檀家構成を窺知し得る史料としては、日良の代に作製された慶応二年（一八六六）からの新寂帳や過去帳がある。前者によれば、田中・松田・薦野などの福岡藩士と目される者が一部知られるが、主として藤崎氏など博多の商人であり、その他職人層がいた。過去帳に記載されている時代は江戸初期から末期に及んでいる。

本岳寺の什物としては「唐筆」と伝える涅槃絵像一幅と前記『拾遺』に唐筆云々とある誕生絵一幅がある。[8]前者の箱書には「奉寄進涅槃像一幅　西昌山本岳寺什物　慶安五年七月朔日　施主渋谷宗遅敬白」とある。第二十八世日光の代である。これは裱背墨書銘によると、十三年間質物になっていて、天保九年（一八三八）六両で受出して寄進したものである。後者は、裱背墨書銘により、天保十年正月大破損をしたので、第三十一世心正院日修のとき、福岡中ノ番の表具師宮内利右衛門に依頼して修理したものであることや、田中・藤崎・葉山氏その他の施主の名が知られる。『石城志』によると、「此寺に唐画の釈迦誕生会《ママ》の一軸あり、商家高野道仁が後家寄附せり。元は聖福寺の什物なりしとかや」と伝えている。中野照男・松本誠一「蓮池本岳寺の仏伝図（釈迦誕生図）」（『ミュージアム』三二七、一九七七年）、中野照男「朝鮮の釈迦誕生図」（同『仏画の見かた』吉川弘文館、二〇〇一年）の研究があるので、詳細はそれらに譲る。

京都本法寺の末寺帳所収の延享元年四月の博多本岳寺末下座郡上畑村（現・朝倉市）常照寺第四世智教院日啓の覚には境内一反、寺中二軒とし、『附録』巻之十九には仏堂四間二間半、元禄の初年、台明院日明の開基としている。『拾遺』巻之二十三は、さらに寺内に清正堂あり、として地蔵堂を記し、地蔵免という田字は昔の修理料などにやと記している。同寺は今はない。

〔付記〕朝鮮仏画・釈迦誕生図は、現在修復の上、九州国立博物館で維持・管理しており、平成十九年（二〇〇七）十月、同館から藤田励夫氏の編集で詳密な修理報告の図録が刊行されている。同絵についての詳細は同図録を参照されたい。

5　妙典寺　蔦野（立花）氏・キリシタン問答

寛永の「京本法寺末寺帳」には妙伝寺として記載されている。『続風土記』は「妙典寺松林山」と寺号山号を挙げているにすぎない。妙典寺（福岡市博多区中呉服町九－一二）は、もと筑後柳河にあり、慶長年間、立花増時によって博多蓮池町に移転建立された寺であるから、立花増時－蔦野（立花）氏の事蹟を妙典寺創建及び寺基確立に即して重点的に述べ、あわせて立花増時と本法寺日通との関係について考え、蓮池町に移転開堂した後の江戸期の同寺の状況について簡単に述べてみたい。

妙典寺の史料については同寺第四十一世西村観誠師（不勉院日中）がよく整理しておられ、寺史についても「松林山歴祖表」、「妙典寺履歴備要明治三十年十月起稿　不勉院日中輯録」として大要まとめられており、同師の「筑前国寺院略歴」とあわせ、第四十二世本田日秀師によって「松林山四十一世日中上人筆録古文書」一帙《ちつ》に整理されている。寺史は地誌類にいたるまで博捜されているが、本尊・古文書類などは史料として利用されていない。通覧して参考とさせていただいた。

立花（蔦野）氏については、宝永二年（一七〇五）立花増能《ますよし》が編録した「蔦野家譜」がある。特に増時・成家父子を中心としており、中世末～近世初期の転換期を背景に、立花増時のことを知るにはこの上もない史料であり、立花氏の日蓮宗信仰を通して日蓮宗史料としても有用である。「蔦野家譜」は、糟屋郡古賀町（現・古賀市）蔦野の阿部利樹氏、[9]福岡市中央区白金の黒田基美夫氏、福岡市中呉服町の妙典寺、九州大学附属図書館などが所蔵する。本稿では、近世末期の善写本である阿部利樹氏所蔵本を使用した。「蔦野家譜」には九十四通の文書が収載・使用されているが、立花（蔦野）氏の子孫黒田基美夫氏のところには三十三通、阿部利樹氏の

妙典寺（福岡市博多区中呉服町）

ところには十六通（竹内理三氏目録）の文書が伝存されている。

鷹野氏の本姓は丹治《たんじ》（後に丹）氏。先祖丹治式部少輔峰延《みねのぶ》のとき、筑前国糟屋郡鷹野に住し、鷹野を姓とした。大友氏に属して本領を安堵され、糟屋郡福万西郷《ふくまさいごう》（現・福津市）その他の新恩地を得た。立花鑑載《あきとし》らが大友氏に反して討たれたあと、立花鑑連《あきつら》（戸次《べつき》道雪）が立花城・同城領などを与えられ、鷹野氏を代表とする大友氏支配下の筑前在地領主層は立花氏の与力衆となり、増時は鷹野の姓を改めて立花と称した(10)。天正十五年（一五八七）柳河藩の成立にともない、立花氏の筑後旧勢力整理の一環として、鷹野氏は在地土豪西牟田氏の城であった筑後三潴《みずま》郡城島城と城料一三〇町を与えられ、城番となった(11)。しかし慶長五年（一六〇〇）関ケ原役に関連する筑後八院合戦後、立花氏は改易され加藤清正の預りとして肥後高瀬にあり、鷹野氏は清正から家臣になるようすすめられたが断り、筑前鷹野が本貫であるところから、慶長六年黒田長政の家臣となった。増時は鷹野に六百石、夜須《やす》郡秋月に代官料一五〇〇石を与えられ、老体のため鷹野に閑居した。その子成家は穂波《ほなみ》郡に四千石、増時の弟半左衛門親次は同郡に千石を与えられた。

鷹野氏の信仰については、「鷹野家譜」巻之七に見える。先祖から天台法華宗で清滝寺の檀越であったという。戸次道雪が曹洞宗を奉じていたので、増時は緒庵和尚から来翁玄賀の道号法名を与えられ、祝髪以後は三河入道玄賀（または賢賀）と称されている。元和九年（一六二三）二月十日、八十一歳で卒去し、鷹野村養徳山の側に葬られたが、後に立花山梅岳寺の戸次道雪の塔の側に石塔が建てられ、遺骨が分けて納められた。つまり、薦野（立花）氏の家の宗旨は天台宗で、主筋の戸次道雪の誘引によって増時は曹洞禅に参じていたのである。黒田光之の宰臣立花重根《しげもと》（実山）が博多の曹洞宗東林寺の開基檀越であるのも、曾祖父増時の曹洞宗帰依に縁由があろう。増時は日蓮宗に帰依してからも曹洞禅を棄て切ったとは思えない。ところで、増時が日蓮宗に帰依した動機や時期を確かめることはできないが、薦野氏の家の宗旨が天台宗であったことは教義的な理解を得やすかったろうし、時期はおおまかにいって筑後時代であったことは明らかである。「石城問答」は、増時が京都本法寺の第十世功徳院日通に帰依していたと伝え、妙典寺が本法寺末であるのもそのためだという。おそらくそうであろう。ただ、どうして増時が日通に帰依するようになったのか、こまかなことはわからない。

右のようなことで、筑後時代の妙典寺や増時の日蓮宗信仰について、これを明らかにする手掛りの一つは、本法寺日通と筑後との関係を探ることである。日通は日親の再来といわれたほどのすぐれた僧で、京都本法寺の中興として知られている。堺町衆の出身で、油屋常金《じょうきん》の子。秀吉の政策によって本法寺を天正十五年（一五八七）に一条堀川から小川通り寺ノ内の現在地に移転して、諸堂の改築を行った。長谷川等伯と親しく『等伯画説』の著があり、等伯の描いた日通上人像は著名である。日通は京都町衆文化の担い手の一人であった。妙典寺には天正十六年七月、日通が立花三河守増時に授与した本尊一幅があるという。未見であるから断定はできないが、確かなものであるならば、このころ増時は筑後三潴郡城島城の城番であったから、日通と増時との関係を通じて柳河時代の妙典寺について想定をさせる史料の一つともなろう。なお、妙典寺には日通の書状一通があるというが、これも未見で内容を知り得ない。日通と筑後との関係を推測し得る史料として『本法寺文書』二―一八二頁（本法寺文書編纂会、一九八七年）に収める、本法寺末寺の安堵を行った、次の日通あて小早川隆景の書状がある。

本法寺末寺所々在㆑之由候。於㆓我等㆒不㆑可㆑有㆓疎意㆒候。仏法御修行有㆓度々通㆒尤候。於㆓国中㆒余儀有間敷
候。恐々謹言。

九月三日　　小早川左衛門佐　隆景（花押）

本法寺

日通上人

御同宿中

この書状の年次は、小早川隆景が上洛し本法寺に止宿した天正十六年のものであろう。この安堵が、小早川隆景支配下の筑前・筑後・肥前について有効であったことはいうまでもない。隆景の筑後の所領は、生葉《いくは》・竹野両郡というが、日通と筑後との関係はこの面からも一部うかがえるわけである。さらに参考になる史料が九州大学所蔵の筑後草野文書のなかにある。次の日通書状がそうである。

民部少輔□以㆓書状㆒令㆑申候。御意得候而可㆑給候。尚円如坊可㆑被㆑申候。
新春之吉兆不㆑可㆑有㆓休期㆒。仍其辺御逗留之由、承及候ハ、（カ）、為㆓御見廻㆒。以㆓使僧㆒令申候。雖㆓軽微之
至候㆒。ゆかけ一具進入候。表㆓御祝儀㆒迄候。尚使僧可㆑申候。恐々謹言。

正月廿五日　　日通（花押）

渡辺源七郎殿

まいる

内容についてこまかに知悉することはできないが、日通を信仰的に受けとめる者が筑後におり、そのため日通書状が筑後の草野文書に残っている、ということはいえそうである。もとより柳河時代の妙典寺と立花（薦野）氏との関係を直接明示するものではないが、妙典寺の過去帳に一カ所草野氏のことが見えており、柳河時

代の妙典寺に遡らせて種々想像をめぐらせたくなる（日通書状の読解には都守基一氏の示教を得た）。

妙典寺の開創については、寺伝では永徳元年（弘和元、一三八一）と伝え、『筑陽記』は永正七年（一五一〇）と伝える。延享元年（一七四四）四月の第二十八世円妙院日祐の覚では応永元年（一三九四）開闢とする。開山本成院日円については事蹟をつまびらかにし得ない。西村観誠師が整理された妙典寺所蔵の「松林山歴祖表」によると、柳河時代の妙典寺につき、南筑柳河歴祖として、応永七年二月十五日逝去の本成院日円を開祖とし、第十七世深光院日潤までが挙げられており、柳河生まれの第十八世戒光院日秀が博多蓮池町妙典寺の開祖とされている。柳河歴祖のうち第六世戒光院日誦《にっしょう》については、京都本法寺所蔵日通自筆の過去帳に「博多妙典寺戒光院日誦　文禄四年乙未正月十三日」とその遷化が記入されており、存在が確かめられる。柳河時代の妙典寺の寺号については、同寺が松林山円理院と号しているところからすると、あるいは円理院と称していたかもしれない。

伝えられるように、立花増時は妙典寺衰退のあとを受け、戒光院日秀とはかってこれが再興を志し、筑前糟屋郡立花村に移し、さらに預り地の秋月に移し、慶長年中博多蓮池町に移転開堂したものであろう。『石城志』は、秋月のときの寺跡は「猶彼所の田の字に残れり」と伝えている。慶長八年四月二十五日、同寺の移転開堂に際して、京都妙覚寺僧日忠とキリシタンとの問答が行われ、日忠が問答に勝って黒田長政から寺地を得、正法興隆山問答勝立寺が開かれたという話は著名である。妙典寺は今もキリシタン問答の旧跡として訪れる人が多い。

薦野氏は立花氏麾下の智将・勇将として知られ、その故に黒田氏の家臣に迎えられて殊遇を得た。それはあたかも福岡藩の基礎作りの時期であった。立花氏は福岡藩政初期に著しい台頭を見せる。黒田氏の幅のある寺院対策と家臣団形成を背景として、博多における妙典寺及びその他日蓮宗寺院の基礎は作られたのである。日忠とキリシタンとの問答は、伝えるようであるならば、そのような状況のうちに行われたのである。立花（鷹野）増時の流れは、嫡男の系統は絶えるが、島原の乱で戦死した末男増重の子重種は、黒田忠之に召されて黒田氏を賜わり一万五百石の高禄を食むにいたっており、延宝六年（一六七八）妙典寺に先祖追孝のため寺領三十石を寄進している。以後も立花氏の妙典寺に対する外護は厚く、同寺の寺基は福岡藩家老クラスの上層武士や博多町衆ともいうべき鶴田・柴田などの豪商らを中心にして確立された(12)。

『筑陽記』は妙典寺について「昔蕃昌之地、寺内有二六坊一、其号遺二記録一、今荒戸妙法寺其一也」と記し、江戸初期における同寺の盛況を伝えている。なお、前引日祐の覚では境内表口廿間五寸、裏四間余、寺中棟数六軒と記し、『附録』巻之六では仏堂は六間半四面と記し、『拾遺』巻之九は「寺内に得船庵及鐘楼有」と記し、明治初年の「筑前国日蓮宗一致派寺院記録」では「境内三千六百七拾坪但除地、檀家三百三十軒」としている。江戸末期の規模を引き継いだものと見てよかろう。蓮池町開堂以後の江戸期の妙典寺について、現在知り得た史料で簡単に触れておきたい。

本寺本法寺との関係については、妙典寺では史料を見出し得なかった。江戸期の堂宇建築で顕著な業績を残しているのは第三十二世本妙院日定である。安永五年（一七七六）八月から天明五年（一七八五）四月にわたって、七間四面の本堂及び庫裏の再建をしている。安永五丙申歳八月大吉日の棟札があり、十三日講中及び立花一族・小野・四宮・河村・丹ら福岡藩諸士の寄進になるものである。日定は同寺中興といってよいが、住職としては終わりを全うしていない。文政六年（一八二三）第三十六世本光院日亮の代に表門を再建している。

妙典寺の檀家構成を知り得る史料としては、霊簿・過去帳・境内の墓石・棟札などがある。霊簿は、(1)「自天正至天明」、(2)「自寛政至慶応」、(3)「自慶応至明治」、(4)「明治四十三年以降」、(5)「昭和十一年以降」、(6)「昭和四十二年以降」の六冊である。これらを通覧すると、妙典寺建立者の立花氏を始め、キリシタン問答のときの立合者として知られる鳥井氏や、四宮・小野・丹その他福岡藩の上層・中下層の藩士がかなり見られる。商人には開創以来の鶴田・柴田など博多織機業で知られる富商がいる。しかし時代が下るにつれて、博多を中心とする一般の商人や職人が多くなっている。前記棟札に見られる十三日講など、今少し実態がつまびらかになれば檀家の信仰のあり方などがうかがえようが、今は不明である。妙典寺の什物としては、前述の日通の本尊一幅の他、池上第十九世日樹の本尊一幅、霊鷲院日審の一扁首題、元禄十二年（一六九九）六月、一道院日法筆・身延《みのぶ》山第三十二世智寂院日省開眼の鬼子母神《きしもじん》像一幅、(13)日通・日証の書状各一通、その他黒田如水・長政の書状などが知られ、伝・長谷川等伯の無落款の桜の絵がある（平田寛氏によれば検討を要するという）。後日調査の機を得ることができれば幸いである（第八章4の妙法寺の項を参照。旧稿発表後の一九九一年十月刊行の天本孝志『筑前古寺巡歴』〔葦書房〕に妙典寺の項がある）。

6　本興寺　大黒天

本興寺（福岡市博多区中呉服町六―一二）は寛永の「京本法寺末寺帳」に見える。『続風土記』には「本興寺起雲山」と寺号山号を記すだけである。『筑陽記』は、大永年中（一五二一～二八）日伝の起立で、「涅槃像朝鮮人筆」がある、と伝えている。本興寺の開創についてやや詳しく伝えているのは『附録』である。『拾遺』巻之九の記述は『附録』とほぼ同じである。『附録』巻之六の記述を次に引き、『拾遺』その他の史料で『附録』と相違するところ、あるいは『附録』を補うところを付け加えておきたい。

本興寺本編に見えたり日蓮宗　仏堂六間四間半

起雲山と号す。本法寺に属す。此寺始は怡土郡に有て応海寺と号せり此時の開山及其所在の村名詳ならず。天文三年二月十六日、高祖城主原田信種（隆）の臣近藤修理亮基興、此寺の廃絶したるを再造して身延山宝聚院日伝と云僧を中興開山の住持とし、起雲山本興寺と改む起雲院ハ基興が法号なり、本興ハ即基興にして、基と本の字をかへ名つけたるなり。天正十五年高祖城落城せしかは、早良郡姪浜に寺を移せり。元和年中博多古門戸町に移し、明暦三年又今の処に移せり。日蓮上人の木像ハ日朗と云僧彫刻せしよしいへり。近藤基興が宅中にありしを故有て当寺に遷すとそ。仏殿に近藤修理亮が位牌あり。起雲院殿寿徳日潤霊神天文十七年十二月十一日卒と記せり。

『附録』では応海寺の所在村名不詳としているが、『石城志』は本文の「むかしは古門戸町に在しと云」の上に、「怡土郡高祖伊勢山の南に在りしと云ふ」と頭注しており、『拾遺』巻之九では怡土郡高祖村とし、「寺跡今も高祖村田字に残れり」とする。『附録』巻之六では再造年月日を天文三年（一五三四）二月十六日と明記しているが、延享元年（一七四四）四月の第十四世明静院日芳の覚では天文十一年の草創とし、『拾遺』巻之九は天文年中とする。『筑陽記』の大永年中日伝の起立という所伝と少し異なる。また、天明二年（一七八二）壬寅秋九月、本興寺第十五世日円の「土中出現読経開運高祖日蓮大菩薩御縁起幷ニ改正法山賜起雲山本興寺由書」（軸物）には「抑も当山は天正元年筑前国怡土郡高祖の城主原田家の老臣近藤修理進本興（ママ）建立の道場也」とある。『拾遺』は近藤基興の位牌について「起雲院寿徳日潤霊神　天文十七年十二月十一日死と有」と割注している。近藤基興について『石城志』は「原田家臣帖に近藤左近大夫とあり後ち朝鮮陣着到には其名見えず出家なせしにや」と伝えている。原田氏関係の史料などにあたってみたが、より的確な史料

本興寺（福岡市博多区中呉服町）

は見出し得なかった。本興寺所蔵の過去帳には、特に初めの方には近藤氏関係の人名が知られる。例えば弘治三丁巳年（一五五七）八月七日条の近藤左近弟種也、水上丹後守種光、五郎右衛門助種門、三郎繁種などがそうである。戦国期糸島地方の史料としても注目される。

宝聚院日伝を、『拾遺』は「身延山十三世」と割注しているが、事実である。日伝（一四八二～一五四八年）は身延山の堂宇竣成に力を尽くし、学解深くして八部の著作があり、積善坊流《しやくぜんぼう》（身延山流）祈禱相承の権輿《けんよ》である。[14] 日伝は招請中興開山であろうが、日伝と近藤氏との関係については、先の日円の本興寺由書によると、「朗師御作一木三躰の尊像」を、日伝下向のとき近藤基興の請いによって本興寺へ遷したとある。傍証史料は見当たらない。とにかく、当時九州で身延山住職を招請開山しているのはめずらしく、かつ早い。日伝は天文十二年に身延山住職を退いているから、『附録』の所伝のとおりとすると、身延山住職在任中のことである。

本興寺の寺基を確立したのは、おそらくは、慶長十年（一六〇五）四月二日没の第二世龍泉院日陽であろう。元和年中（一六一五～二四）博多古門戸《こもんど》町に移ったことについて『石城志』は、「むかしは古門戸町に在しと云、則、今の馬次所也」としている。古門戸町時代の史料としては『博多津要録』巻之二があり、小門戸町会所借屋之事として寛文六年（一六六六）正月の本興寺檀那関係の記事が見える。日円の本興寺由書によると、慶長五年子春に第二世日陽が姪浜に移し、第三世日達が元和三年巳秋、博多小門《（ママ）》戸町に移し、第四世日栄が明暦三酉年（一六五七）秋「依㆓君命㆒蓮池へ引」とある。蓮池町に日蓮宗・浄土宗などの寺院が集中しているのは福岡藩の政策だと考えられるが、右の由書は、このことを明示している。前引日芳の覚では境内表口九間四尺六寸、裏入弐拾八間四尺、寺中惣軒数本堂庫裏番神堂大門已上四軒とある。

本興寺の過去帳によると、近藤基興の一基建立になるだけに、開創後しばらくは近藤氏によって寺基が固められていた。ところで、同寺の檀家構成を知り得る史料としては、同寺所蔵の天文十七年（一五四八）より文久二年（一八六二）までの過去帳と、明治二十六年（一八九三）六月再調の墓籍帳がある。現在、墓地は改葬されているので、江戸期の境内墓は右の墓籍帳でしか知られない。これによると江戸初期以降末期にいたる墓があったことが知られる。同寺檀家としては、慶安元年（一六四八）十月十六日没の粟生重三郎[15]父のような一部福岡藩の相応の武士もいるが、神屋氏以下主として博多の商人・職人である。地域的には博多を中心に糟屋郡などに及んでいる。

本興寺の什物類として次の二つが注目される。博多出身の彫刻家として著名な山崎朝雲が大正七年（一九一八）五月博多に帰省したときに鑑定した明朝の釈迦立像一体がその一つである。江戸期の地誌類には触れられていない。今一つ厄除けの守護神として著名な大黒天一体があり、俵の結び目から朝鮮の焼物といわれている。これは現住第三十二世岡崎圓秀師の説明によると、神屋宗湛《そうたん》が本能寺の変の直前に同寺に宿泊していたとき、大黒天が夢枕に立って危ないからここを早く立ち退くようにと告げ、難を避けることができたといういわれをもつもので、神屋家から本興寺に寄進されたものという。『拾遺』は「寺内に番神堂あり」としているが、現在はない。江戸期の本興寺が、大黒天信仰や番神信仰で博多町人の信仰を得ていたことが知られる。

本興寺の末寺として怡土郡周船寺《すせんじ》村（現・福岡市西区）大字徳永に宝珠《ほうしゅう》寺があり（現存）、寛政二年（一七九〇）の「寺院人別帳」[16]にはすでに見えている。寛永十三年（一六三六）八月、真如院日旋を開山とし、嘉永三年（一八五〇）三月、本堂を再建したという[17]（次章参照）。

7 本長寺　鬼子母神

本長寺（福岡市博多区中呉服町九―一五）は、寛永の「京本法寺末寺帳」には見えない。『続風土記』には「本長寺松隣山」とだけ伝え、『筑陽記』は天文十一年（一五四二）壬寅日授の開基とする。延享元年（一七四四）四月の第十一世祐真院日勝の覚では天文十九年の開闢とする。本長寺所蔵の霊簿には天文三年春建立とし、『福岡県寺院沿革史』（同刊行会、一九三〇年）は「寺伝に天文三甲午年三月南楽院日授と云僧創建す（一説に天文十一年ともいふ）」（五八頁）と記しており、現在、寺では天文十七年説をとっている。『拾遺』巻之九には創建の経緯を次のように伝えている。

松隣山と号す院号なし。○『附録』及び『石城志』、は受信院と号すとす。日蓮宗本法寺の末寺なり。天文十一壬寅年南楽院日授開基すといふ、此寺始は川端町或云今熊にあり。慶長年中三世日従今の地に遷せり。当寺の仏殿の傍に霊屋を構へて本光院妙瑞東照日周大禅尼宝暦七丁丑五月廿七日卒、吉之公の夫人也。の尊牌を安置し奉る。是ハ当寺にむかし法華経二十八品の絵縁起有、住持日教か時持て江戸の邸に行、本光院君の御覧にいれ奉る。其時白銀若干を賜ハり、且御歿後には必位牌を当寺に安置すへきよし命し給ふ。故に逝去し給ふ後、御遺教に随ふといふ。寛政元年より御斎米施餓鬼料等を寄納し給へり。寺内に番神堂あり此寺に大友宗麟寄附状及朝鮮の李文長と云者の書たる寺記共有しといへとも今伝はらす。

右にいう黒田吉之の夫人は大久保能登守忠常の娘。位牌安置の霊屋は、『附録』によると、一間半一間の規模である。また、大友宗麟の寄附状というのは、『石城志』によると、「大友宗麟より糟屋郡別府村にて拾五町○『附録』は五町とす、御寄附」の書であった。李文長の文は、『石城志』は「今に伝れり」としている。『石城志』から『拾遺』の間に「今伝ハらす」ということになったものであろうか。現在は残っていない。本長寺は第二十六世が寺を次代へ引き継ぐとき、肯《がえ》んぜず、紛議があって、記録類などはこのときかなり失われたらしく、寺史を十分に復原することは困難である。(18)

開山日授については知るところがないが、本寺現住第二十八世川上展弘師によると、本長寺は日授によって筑後柳河に建てられていたものと伝えられており、法縁が筑後に関係あるのはその支証であろうという。妙典寺の項での筑後関係の考察が想起される。大友宗麟の寄附状というのは、川端（あるいは今熊）の時代のもののようである。

前引日勝の覚では表口拾四間五寸、裏行卅七間、寺中客殿庫裏二軒とある。建築関係では、先年、嘉永五年（一八五二）の卒塔婆で屋根裏に使われていたのが発見され、このころ改修が行われたらしいことが推察される。大正に入って第二十六世日雄が営繕につとめたが、最近、現住の努力によって全面的に改築された。

本長寺（福岡市博多区中呉服町）

江戸期の同寺の状況を窺知し得る史料としては、明治四十一年（一九〇八）一月、第二十四世日正の代に作製された霊簿、表紙を欠いた過去帳、大正十一年（一九二二）一月、第二十六世日雄の代に作製された墓籍帳などがあり、元和以降江戸末にいたる年号が見られる。檀家には菅・香地・西村など、一部武士も見られるが、ほとんどは博多の商人及び職人で、地域的には昔の上蓮池を中心にして糟屋郡などに及んでいる。大檀那的存在としては、炭屋《すみや》の屋号をもつ織屋の林家があり、什物その他林家の寄進にかかるものが多い。他寺同様、江戸期の檀家で廃絶・転出した者は多いが、林家も今はない。

本長寺には現在什物として、黒漆の箱に、

寛政六次甲寅季春下浣改之也
法華経全部開結共十軸説法相之絵像
筑之州博多津松隣山本長寺霊宝物

と朱筆されて収められている十軸揃いの中国画と伝えるものがあり、寺史史料としても貴重である。これは『拾遺』にいう「法華経二十八品の絵縁起」にあたるものであろう（平田寛氏の調査によれば江戸末期の模写で、原本は朝鮮か中国のものであろうという）。現住の話では先の炭屋が寄進したものという。この箱蓋裏に慶応四年（一八六八）戊辰年八月廿八日の観定書が貼布されている。上段に、

観定書

一　例年八月廿八日本長寺鬼子母神御祭礼ニ付、霊宝法華経開結十軸開帳虫払へ相勤来り候処、先年ゟ度〻不二覚束一之儀出来候ニ付、今般相改メ、寺旦講中申合セ相定メ、尤も封紙印向後御役寺幷講中同寺住職之印、右三判封印紙前日ニ本長寺講中惣代ゟ役寺迄受取置、即日相納候事。附タリ、御涅槃像壱箱、定而是又例年二月十四日受取、十五日夕刻相納申事。余者如何様之儀申出候共、御断リ可レ被レ下候事。

慶応四戊辰年八月廿八日

とあり、そのすぐ下段に次のような署名がある。

本長寺当寺無住ニ付

掛持

本岳寺（黒印）

日大（花押）

講中　炭屋忠右衛門

椛屋重右衛門

八百屋仁右衛門

辰年番惣代　炭屋徳衛（黒印）

魚屋徳次
五人

本長寺は、近代、鬼子母神信仰が著聞しているが、近世でも八月二十八日にその祭礼が行われており、法華経絵縁起は虫干しを兼ねて展観されていたことが知られる。近代に入っても月こそ違え同様のことが近くまで行われていたのである。慶応四年当時本長寺は無住であったため本岳寺の掛け持ちで、両寺の互助関係がうかがい知られる。講中五人の博多商人によって同寺は支えられており、講中五人は、毎年番交替で惣代をつとめていたのである。講中の活動について具体的には知り得ないが、博多日蓮宗寺院では、この種の史料としては貴重である。

8 小結

これまでの行論を、以下の諸点についてまとめておきたい。⑴まず、叙述の基礎をなす史料の性格について述べ、⑵博多日蓮宗寺院を数的に整理し、⑶その展開の類型を開創年代に即し博多仏教展開のなかで考え、⑷かつ、それらが博多蓮池町（現・福岡市博多区中呉服町）に集中していることの都市史的・宗教史的意味を問い、⑸断片的な史料からうかがえる博多日蓮宗寺檀の学習・信仰などについて見、⑹博多日蓮宗寺院全体のまとまり如何の問題について概言してみたい。

⑴　中世の開創と伝える博多日蓮宗の各寺院は、開創期を含めて、その中世史料は皆無に近い状態であり、史料的に見る限り、中世はほどんと欠史の状況である。今後も中世史料の発掘は困難であると思われる。確かな史料の出現を見るまでは、中世における博多日蓮教団についての確論は差し控えねばならないが、本章の中

世部分についての記述は、各寺の所伝が、中世の確認され得る状況に即してどこまで整合的にとらえられるか、という一つの試みを提示したものである。

近世についても、研究の基本とする文書類がほとんどなく、存在証明はあっても事実はなかなかつかみにくい、という実情である。その欠陥を克服する方途として、まず福岡藩の藩命によって作製された『筑前国続風土記』、『筑前国続風土記附録』、『筑前国続風土記拾遺』などの地誌類を利用した。これらは公的性格をもつだけに史料的信憑性はかなり高いと判断される。これらに『筑陽記』、『石城志』など、個人作業の地誌類を加え、記述の緯の一つとした。僧侶の学習資料は一例を見出したにすぎず、布教の実情観察に重要な本尊の授与書、その他の什物類なども乏少である。日蓮宗が近世庶民仏教として定着していく具体的状況は、番神・大黒天・鬼子母神・清正公大神祇《せいしょうこうだいじんぎ》などの諸信仰の探求によって知られるが、地誌類のわずかな記事を除くと、実物は若干例を残すだけである。また、教団展開の基盤をなす檀家の構成を探る史料としては霊簿・過去帳・墓石銘などを利用したが、前二者はみな近代に入ってから調整されたものであり、利用にあたってはそれなりの手続きを必要とする。墓石は改葬－納骨堂建設という寺院の現代的変化にともなって急速になくなりつつある。

(2)　寛永の「京本法寺末寺帳」によると、九州における本法寺末は、筑前の法性寺・妙伝《(典)》寺・本岳寺・本興寺・宗久《(玖)》寺、豊後の本光寺、肥前の妙国寺・妙法寺の計八カ寺で、うち五カ寺が筑前である。博多の本長寺が同帳に見えないのは、あるいは脱漏かもしれない。右の筑前五カ寺はすべて博多にある。つまり、九州における本法寺流は博多で大部分を占めていたのである。『筑前国続風土記』巻之三十一・拾遺所引の「元禄十四年筑前国中寺院数帳」によると、福岡・博多の法華宗寺院数は十一カ寺であり、寛政二年（一七九〇）の「寺院人別帳」[19]によると、筑前の法華宗は十九カ寺である。筑前日蓮教団における博多寺院の比重はおのずから明らかである。

(3)　博多日蓮宗寺院の開創年代の所伝を見ると、法性寺・本岳寺が室町・戦国期で、宗玖寺は江戸初期（近代、馬出に移転）である。以上は、博多で創建され改宗した在来型とでもいうべきものである。妙典寺、本興寺・本長寺は南北朝及び戦国期開創の所伝をもつが、江戸初期ごろ、博多以外の地からの移転開堂であり、移入型とでもいうべきものである。[20] 博多仏教の展開全体について、日蓮宗寺院を開創期に即して類型化すると、室町期からの展開という点で、浄土宗の場合に準じている。博多仏教の展開は、平安期以降における天台宗・真言宗、鎌倉期以降における禅宗・律宗・時宗、室町期以降における浄土宗・日蓮宗、戦国期以降における真宗というかたちになる。

(4)　法性寺・妙典寺が慶長八年（一六〇三）に博多市小路・夜須郡秋月から、本長寺が慶長年中に川端（あるいは今熊）から、本岳寺が慶長年中に矢倉門から、本興寺が明暦三年（一六五七）に古門戸町から、それぞれ旧蓮池町に移っている。宗玖寺だけが片土居町に創建されて以来江戸期を通じて動いていない。十七世紀前半に博多日蓮宗寺院の蓮池町集中が行われたのである。江戸期における蓮池町の状況から、その集中の状況を見てみると、明和二年（一七六五）の『石城志』に、

蓮池町　家数二十一軒　間数　四十二間三尺八寸
むかし、聖福寺の蓮池此所に在し故名づく。外に二十二間一尺明光寺(曹洞宗)、二十七間三尺善導寺(浄土宗)、九間四尺三寸本興寺、十四間五寸本長寺、二十間五寸妙典寺、十九間法性寺、十五間五尺六寸本岳寺、三間入定寺(真言宗東長寺末)、十一間選択寺(浄土宗)、二十三間一行寺(浄土宗)、三十二間五尺八寸海元寺(浄土宗)、二十九間三尺正定寺(浄土宗)
惣合寺数十二ケ寺　間数二百二十七間四尺二寸（『附録』は正定寺を堅町、海元寺・一行寺・選択寺を官内町に配す）

とある。右十二カ寺のうち十カ寺は日蓮宗と浄土宗の各五カ寺からなっており、両宗寺院を中心とした配置である。永禄六年（一五六三）以前の状況を伝える「聖福寺古図」には、聖福寺の北に蓮池が描かれており、『石

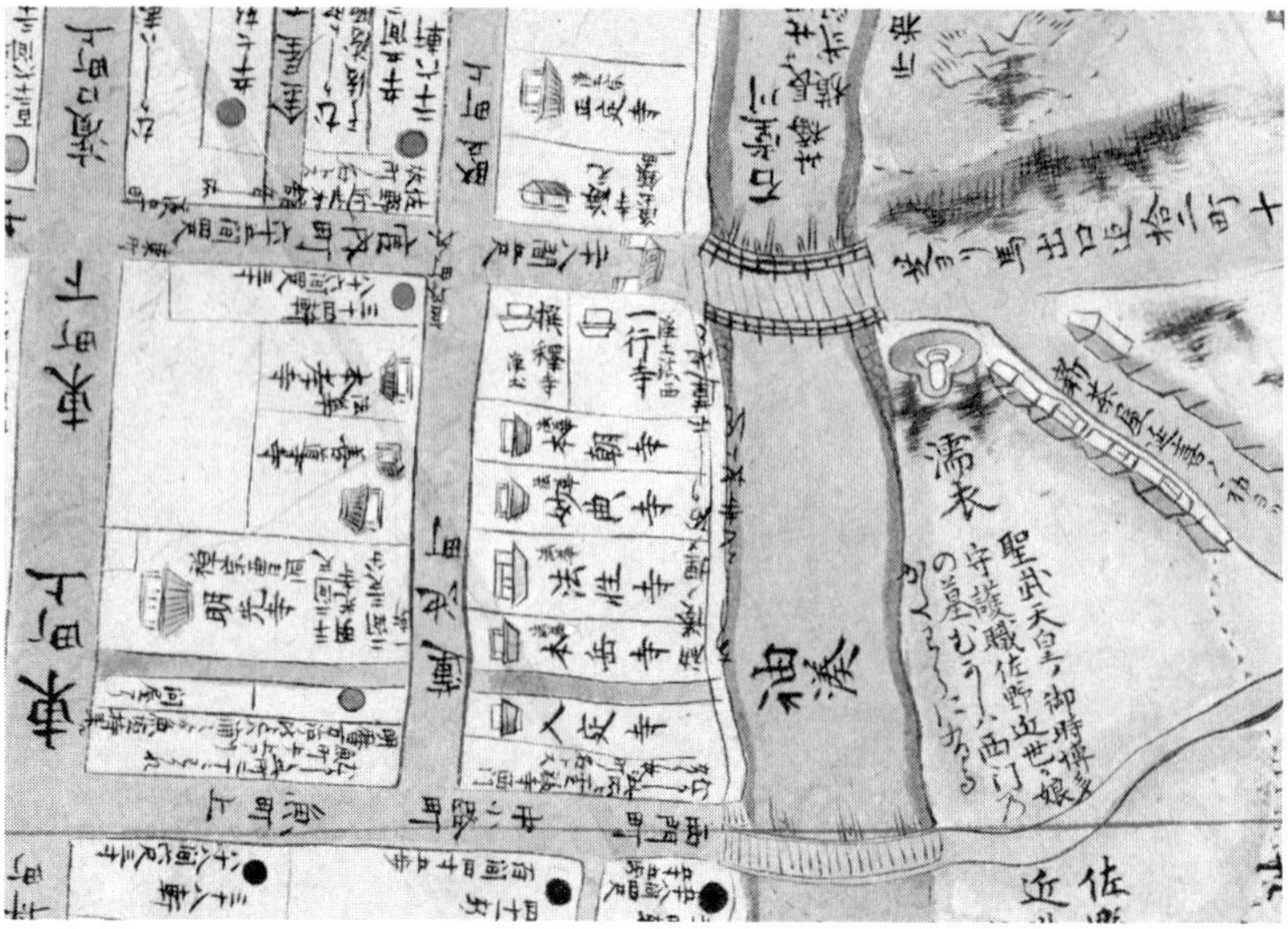

文化９年（1812）写「福岡城下町・博多・近隣古図」（仮題。三奈木黒田家文書。九州大学附属図書館付設記録資料館九州文化史資料部門蔵）より石堂橋付近。石堂川に面して日蓮宗寺院が並んでいる

城志』の右の記事にいうように、蓮池町は聖福寺の蓮池のあったところである。寺院集中の場所は、秀吉の町割以後整備されたものであろう。明治に入ってからも商家は少なく、全く寺町の観があった。

　このように、蓮池町の実態が寺町であるのは、福岡藩の宗教政策のなかで考えるべきことであろう。宗義的に対照的な日蓮宗と浄土宗の組み合わせが中心になっているのは、政策丸見えの観がある。配置は石堂川に面しており、いわれるように軍事的な防御区画の意味をもっていたであろう。ただ、日蓮宗の場合は、集中の契機として、いわゆるキリシタン問答を無視できないように思う。日蓮宗側が同宗相寄って一勢力を作るという主体的意志をもっていたかもしれないが[21]、キリシタン問題を含めた藩の宗教政策のなかで考えるべきことであろう。いずれにせよ、福岡藩の藩体制の基礎形成期[22]を背景に、日蓮宗寺院の蓮池町集中が行われたのである。

(5)　博多日蓮宗寺院の教義が本法寺系の教学を中心にしていたことはいうまでもない。しかし僧侶の教義学習に関する史料としては、文政三年（一八二〇）十月の昌林山一乗寺住職日就の『立正治国論摘註[23]』を見出したにすぎない。

筑前の日蓮宗寺院は福岡寺院や郡部の長遠寺・本證寺を除き、概して藩から特別に寺領を与えられてはいな

いので、[24]その意味での藩権力の積極的保護はなかったが、境内地は除地であり、何よりも幕藩体制による信仰統制――すなわち寺請制度・檀家制度を背景に檀家を強く掌握していた。[25]妙典寺[26]・本興寺[27]が檀那の非キリシタン証明[28]を行っている史料があることなど、その支証の一つである。檀家構成では、妙典寺のように、福岡藩家老クラスの武士や博多上層商人の外護が厚かった寺もあるが、概して、一部福岡藩士を交えながらも、大部分は博多の一般の商人・職人すなわち博多町人で構成されていた。妙典寺も時代を経るにしたがって一般の商人・職人の比率が高くなっている。地域的には博多を中心に、福岡ならびに糟屋郡など近くの郡部に及んでいる。一定の法要儀式や葬儀執行などを除いて、檀信徒に対する寺院側の教導がどのように行われていたか、そのことを具体的に示す史料には恵まれない。また、妙典寺に宗祖日蓮の忌日にちなむ十三日講[29]があり、本長寺を支えていたものが講中と呼ばれ、博多商人五人で構成され、年番惣代制であったことなどが知られるが、講組織などのこまかなことは不明である。

博多の日蓮宗が博多全体の仏教勢力のなかでどの程度の比重を占めていたのか、檀家数で一考しておこう。博多の町人の戸数は、明和二年の『石城志』によると「津中家都合　三千三百九十五軒元禄の頃三千百十八軒」人数は一万四六一九人とあり、明治二十四年（一八九二）の『福岡市誌』では明治十八年の博多に本籍をもつ戸数が四二九八戸である。江戸期の博多日蓮宗寺院の檀家総数を直接明示する史料は見当たらないが、明治初年の「筑前国日蓮宗一致派寺院記録」から類推すると、何百軒かにはなるだろう（法性寺・宗玖寺・本岳寺・妙典寺の項参照）。算定の基準など問題はあるが。

ところで、檀信徒が受容した信仰の問題が考えられねばならぬ。本文で各箇に触れたものをまとめておきたい。檀信徒に受容された信仰のうち、法性寺における日親堂の存在は、『日親上人徳行記』などによって伝えられる忍難《にんなん》弘通《ぐつう》の強信―奇蹟的法験が日蓮宗の枠を超えて博多町民の信仰を得ていた。法性寺・宗玖寺・本興寺などには番神堂があったことが知られるが、日蓮宗において番神堂が伽藍構成の不可欠の単位になっていたことを思えば、番神堂の存在は三カ寺に限ったことではなかったろう。ただ、いつから設けられるようになったかは不明。日々の安泰を願う現世利益面の強調譜として信徒の強い信仰を得ていたものと考えられる。本岳寺に江戸末期以前に七面堂があって、七面大明神の守護神信仰が博多日蓮宗に伝播していたことも注目される。本長寺が鬼子母神の信仰で知られ、妙典寺に身延山日省開眼の鬼子母神像があり同神像史上注目されているが、鬼子母神信仰も右二カ寺だけではあるまい。大黒天信仰は本興寺・宗玖寺で知られ、盗難除け・火災除けなどを利益の内容としているが、これも通日蓮宗的なものであった。

(6) 日蓮宗博多六カ寺は、前述のように地縁・法系が緊密に複合していた。住職は世襲ではなく、師弟・法縁関係などによって一定の範囲で入寺・転住するので、個々の寺を超えたまとまりをもっていたと推察される。近世において六カ寺相互の互助関係をうかがい得る史料はほんの一、二しか知り得なかったが、近代における所伝・慣行からしても互助関係にあったろうことは想像に難くない。博多日蓮宗寺院は商人を主な基盤にしていて、他地域の日蓮宗寺院にくらぶれば概して経済的にゆとりがあった。近世の特質をなす、寺院に対しての体制的保障を背景に、時により一部隆替はあるにせよ、その存立は安定的であった。六カ寺が衰退することなく近代へ移行した理由でもある。近世における新儀否定の体制的原理から、折伏的弘教は見られず、前述のように、番神・大黒天・鬼子母神などの現世利益の信仰によって、内に檀家の信仰を固め、外に宗派を超えた信仰を獲得したのである。

近世においては、商人の町博多の日蓮宗寺院と武士の町福岡のそれとでは、後者が藩側の外護を受けていたことなど、おのずから異なる側面があったが、明治以降両地域が福岡市として一体化し、特に明治三十七年の日蓮銅像建設を機に、福博十一カ寺の一体化はさらに強化されていった。近世においては「福・博寺院」であるが、明治以後は「福博寺院」というべきである。近世筑前における日蓮教団の展開は、この福・博寺院を中核としていたのである。

注

(1) 博多史の問題点については、川添昭二「古代・中世の博多」(秀村選三他『博多津要録』第一巻〔一九七五年〕、『中世九州の政治と文化』〔文献出版、一九八一年〕に再録)及び本書「まえがき」参照。

(2) 法性寺の霊簿の最初、開山日親の条には「当山創立正長元年開祖御歳二十二歳」として『徳行記』の法性寺第八の文を収めている。日匠の『徳行記』は漢文であるが、日匠のあとを継いで本法寺第二十七世となった日達が仮名交じりの平易な文章にし、一部増補して、元禄十五年(一七〇二)五月に刊行。一般にも広く流布し、壮烈な忍難弘通の日親像の伝播に果たした役割は大きい。

(3) 佐賀県唐津市の法蓮寺に木造の日親上人坐像一体がある。法弟日祇に命じて作らせた像で、日親六十七歳のときの寿像である。像高二九・五センチ。檜材で挿首。玉眼入り前後矧《はぎ》合わせで粉彩色が施されている。底部の刳口に次の墨書銘がある。「文明十六甲辰年、応二厳命一作二御尊像一、日祇」(『大日本史料』第八編之二十三—二八六頁)。同像が法蓮寺に伝来している縁由については不明。『徳行記』によると、日親が九州で開いた寺としては、博多の法性寺、肥前小城の妙覚寺・妙福寺、平戸の称名寺、豊後植田の親蓮寺と並んで唐津の法蓮寺が挙げられている。このあたりに関係があるのであろうか。法蓮寺は江戸期には小湊誕生寺末である。

(4) 法性寺には、その開創にかかわる所伝をもつ海運業関係の檀家などがいる。

(5) 福岡藩の積極的保護がなく、むしろ冷遇されていたとの所伝もあり、しかも住職問題での紛議などが、史料の残り具合をさらに悪くしているようである。一般的史料としては、遊女の檀那寺であったことが『博多津要録』巻之十二に見える。

(6) 『筑陽記』は法性寺の交割として、「元祖日蓮上人選述運命長久祈禱経一巻　日蓮等消息一幅　安国論日蓮述作一巻漫荼羅一幅日親筆」を挙げている。

(7) 「寛永年度日蓮宗末寺帳」に「京本法寺末寺帳」を収め、

『大崎学報』一二〇号（一九六五年）に翻刻されているが、前者を含む内閣文庫所蔵の「諸宗末寺帳」は東京大学史料編纂所編『大日本近世史料』九・諸宗末寺帳（東京大学出版会、一九六八－六九年）に収められている。その研究として圭室文雄「寛永の諸宗末寺帳について」（笠原一男編『日本における政治と宗教』吉川弘文館、一九七四年）があり、本帳の作成に不受不施派の弾圧が関係していることを指摘している。

（8）『筑陽記』には什物として「祈禱経一巻日蓮真筆　消息一幅同上筆　曼荼羅一幅日親筆　世尊誕生画一幅唐筆　涅槃像画一幅唐筆」を記している。この記述は元禄十六年（一七〇三）段階のものと思われるので、本文に述べている涅槃像・釈迦誕生絵はすでにこのとき本岳寺にあったのである。

（9）阿部氏は鷹野氏の被官として史料に見える。

（10）この期における大友氏の筑後支配の構造については、池末美智子「柳河藩家臣団構成に関する一考察」（『九州史学』一二号、一九五九年）、藤野保「筑後における幕藩体制の確立」（『歴史学研究』二三一号〔一九五九年〕、『幕藩体制史の研究』〔吉川弘文館、一九六一年〕に再録）。

（11）このとき筑前衆米多比氏も田尻氏のあとに入り、鷹尾城番となった。

（12）キリシタン問答のとき立ち合った人物として『石城志』は鳥井数馬や鶴田宗悦を挙げている。鳥井は宗悦の末子孫介の舅と伝える。万延元年（一八六〇）の「福岡藩家中分限帳」（『福岡県史資料』第九輯）に三百石、荒戸四番丁の鳥居左膳が見える。数馬と何か関係があろうか。鶴田宗悦は肥前の武士出身で箱崎に新田開発を行ったりしている。博多の上層商人である。鳥井と姻戚関係があるが、子の宗清は博多の豪商吉田宗富の婿である。鳥井・鶴田らは法華七人衆といわれていたというが、血縁・信仰関係が重複しており、博多上層商人は京都町衆と類似している。妙典寺の過去帳には鳥井数馬亮吉重（寛永十五年戊寅五月十日卒）、鶴田惣右衛門宗悦（寛永元年甲子九月十日卒）が記載されている。天本孝志『筑前古寺巡歴』（葦書房、一九九一年）に妙典寺の項がある。

（13）この鬼子母神像については宮崎英修氏の紹介があり、慈眼の天女から憤怒形の鬼女に変化する早い例として示され、「髪を後に垂れ頭角二、口は耳もとまで裂け、右手で頭髪を摑み、胸もとをはだけ雲に乗って飛行し、唐風の衣裳の右手にこれまた唐風の長髪有角の鬼児の手をひっぱっている」と説明して、その写真を掲げている（『日蓮宗の守護神』一二七～二八頁、平楽寺書店、一九五八年）。教団史的に見れば、そのような鬼子母神が寺側からどのような布教的意図で開示され、檀信徒その他がどのような利益を期待して信受したかが問題であり、それらを探求するに足る史料の発見が望ましいのである。

(14)『身延山史』九〇頁、身延教報出版部、一九二三年。
(15)「寛文官禄」に四百五拾石の粟生十三郎信重が見え、注12の「福岡藩家中分限帳」には「五百六十石　粟生十三郎　通り町」とある。
(16)『福岡県史資料』第七輯三三六頁。
(17)『糸島郡誌』九六二頁、一九二七年。開山を日旋とするが、立正大学日蓮教学研究所編『京都本法寺宝物目録』(二〇〇一年)には日旅とある(二五五頁)。
(18)『博多津要録』巻之四に、天和三(一六八三)癸亥歳十二月の「本長寺弟子御役所へ銀子預ケ申事」という記事が見えている。一般的史料のうちから管見に入った本長寺関係史料としては唯一である。
(19)『福岡県史資料』第七輯三三六頁。
(20)本長寺は現住職の説明に従ったが、あるいは在来型かもしれぬ。
(21)小田部博美『博多風土記』三三頁、同刊行会、一九六九年。
(22)この問題については松下志朗「福岡藩における財政経済政策の展開Ⅱ――長政～継高時代における藩政の展開と改革」(『経済学研究』四巻三号、一九七六年)が参考になる。福岡藩政史の文献目録については、川添昭二「福岡藩政関係文献目録」(『福岡地方史談話会会報』九号、一九七〇年)に一応整理。のち『福岡県史』近世研究編福岡藩一・四(一九八三・八九年、筆者協力)がある。
(23)文政五壬午春洛西鳴滝前三宝寺戒光院日定が跋文を書き、京都東洞院通三条上ル町平楽寺村上勘兵衛の出版。
(24)『附録』巻之七・博多・妙典寺の条に「安永七年(一七七八)那珂郡堅粕村の内東松原にて山林を賜ハりたる証文あり」とある。
(25)福岡藩では藩の町奉行が博多の町を支配しており、寺社のことを兼務した。実務は寺社方がとった。
(26)妙典寺所蔵、寛政十二年(一八〇〇)二月妙典寺日章証文一通。
(27)『博多津要録』巻之二。
(28)博多における宗旨改の概略については『石城遺聞』下巻六九頁。
(29)十三日講については高木豊「日蓮宗の発展と「講」」(『日本歴史』四一号、一九五一年)参照。

[付記]昭和五十一年(一九七六)博多寺院の調査にあたっては、各住職に御高配をいただいた。記して深謝の意を表する。旧稿は、第八章とともに宮崎英修氏を主班とする総合研究A「近世社会における法華仏教の展開」の分担研究中の一部報告である。福岡藩関係の地誌『附録』、『拾遺』は文献出版の刊本に拠った。第六章参照。

八——筑前における日蓮教団の展開

1　史料の問題

近世筑前日蓮教団史研究における史料の性格について、まず述べておきたい。一般史の史料から直接日蓮宗に関係する史料を検出することはあまり期待できず、日蓮宗各寺院の所蔵史料が中心になることはいうまでもない。この点について十分な調査を行っていないのに、見通しめいたことを述べるのは躊躇されるが、今までの見聞から憶測すると、筑前の日蓮宗寺院の近世の残存史料は、そう多くはないと判断される。今後、各寺院について着実な個別調査を加えていけば、それなりに史料の発掘が行われることは確かであるが、現在の筆者の知見では依拠できるなまの寺院所蔵史料を多くは知らない。史料の残存が少ない理由の最大のものは罹災――特に火災であるが、住職の転退などにともなう紛議による散逸も多い。さらに、寺院の歴史意識の問題も見逃せないように思う。そのような状況を踏まえて、現在とり得る研究手段の一つとして、地誌類の利用がある。

筑前の場合、地誌類の第一に挙げられるものに、福岡藩命によって貝原益軒が宝永六年（一七〇九）に編了した『筑前国続風土記』（以下『続風土記』と略記）がある。これによって近世初期―元禄末ごろの筑前日蓮宗寺院の大要を知ることができる。『益軒全集』（復刊、国書刊行会、一九七三年）や『福岡県史資料』（復刊、名著出版、一九七一～七三年）に収められ、復刻版もあって利用もたやすい。宗教史料として有用である。『続風土記』を補足すべく、藩命を受けて加藤一純《かずずみ》、鷹取周成、青柳種信らが編んだ、寛政十年（一七九八）の『筑前国続風土記附録』（以下『附録』と略記）は、『続風土記』と異なって村別に記しており、神社・寺院など小社・小寺にいたるまで記載していて、宗教史料として利用するのに便利である。筆者らの校訂で昭和五十三年（一九七八）四月、文献出版から公刊されている。

さらに文化十一年（一八一四）、青柳種信が藩命を受けて編纂を開始した『筑前国続風土記拾遺』（以下『拾遺』と略記）があり、種信の死後、子息・門弟らによって編纂が続けられた。幕末における筑前日蓮宗寺院の状況をうかがう史料として有用である。九州公論社から複製本が出ており、平成五年（一九九三）六月、文献出版から刊行、前章・本章はこれに拠った。

藩命による地誌編纂の間にあって、個人の地誌編纂作業に見るべきものがあり、宝永二年（一七〇五）貝原篤信（益軒）の序を有する安見有定の『筑陽記』はその最初のものである。他の藩命による地誌類に見えない記事が散見される。寺院の状況は元禄末ごろの段階を示しており、近世初期の日蓮宗寺院の簡便な案内になっている。聖福寺本十八巻が知られ、そのうちの福岡・博多の部は印行されたが、その他は未公刊である。末永虚舟の宝永六年の『筑前早鑑』も貴重であるが、未公刊。天保十二年（一八四一）福岡藩主に献納された伊藤常足の『太宰管内志』は地誌編纂における貝原益軒―青柳種信の学統を継承し、それを九州全体に及ぼした九州史料辞典のおもむきをそなえた著作で、特に筑前の部が詳密であり、それまでの地誌類の記述を補い得る。ただ、日蓮宗関係史料としては直接には役立たない。

筑前日蓮教団は博多・福岡を中核にしているので、特に博多については、鶴田自反の『博多記』、熊本敬卿（敬郷か）の『博多古説拾遺』などが参考になるが、なかでも明和二年（一七六五）の津田元顧《げんこ》・元貫《げんかん》の『石城志』巻之五・仏事の記事は有用である。また博多年行司をつとめた原田安信の『博多津要録』（巻之二〜二十八、一六六六〜一七五八年）は博多町政全般から日蓮宗寺院の動向を考察するのに不可欠の史料であり、前章・本章では西日本文化協会からの刊行本（一九七八年）に拠った。

右のように、『続風土記』以下、『附録』、『拾遺』などは、藩命による編纂であるから、寺院関係の記事は公的性格をもっており、史料的信憑性は高い。かつ、江戸前期から同中～末期にいたる各段階に完成されていて、三者をつらねれば江戸全期変遷の概要が追えるという利点がある。また、個人による地誌編纂は藩命によるものと内容的には相互に関連し補足し合っている。しかし以上のものは、何といっても地誌類であるから、記述が類型的であり、開創及び該書調査段階での現況を簡明に記しているにとどまっており、かつその記述の真を裏づける史料には、必ずしも恵まれてはいない。また、具体的にどのような布教が行われたかを知り得るような記述はほとんどない。各寺院の所蔵史料も、それを十分に補うほど残存してはいないようである。

筆者は、博多については過去帳・墓石・墓籍帳・什物類など可及的に調査を行ったが、筑前全般についてはその利未だしである。本稿では、地誌類の右のような史料的性格を念頭に置きながら、主要史料の一つとしてその利点を生かしてこれを利用し、身延《みのぶ》文庫所蔵の諸末寺帳その他をあわせつつ各寺院の開創に焦点をあてて、近世筑前日蓮教団の全体的な把握を試みることにした。だから本稿は、あくまで近世筑前日蓮教団理解にそなえての、粗い枠組み作りを示すものにすぎない（福岡藩の地誌については第六章参照）。

2　近世筑前日蓮宗寺院の概況

全国にわたる寺院本末帳として厳存するもののうち最古のものといわれる内閣文庫（現・国立公文書館）所蔵の「諸宗末寺帳」に記載する寛永年度の九州日蓮宗寺院数は表一のとおりである。(1)

筑前国は、京都妙顕寺末（四条門流）として小熊の昌運寺、京都本法寺末として法性《ほっしょう》寺・妙伝（典）寺・本岳寺・本興寺・宗久《そうきゅう》（玖）寺、京都妙覚寺末として「唯心院于レ今不参」の計七カ寺が書き上げられている。「諸宗末寺帳」のなかの「寛永年度日蓮宗末寺帳」に拠る限り、江戸初期における筑前の日蓮教団は、京都の妙顕寺・本法寺・妙覚寺を本寺として展開し、特に本法寺流を中心にしていたことが知られる。右のうち、妙顕寺末の小熊の昌運寺については不明である。筑前国内で小熊に類似する地名としては、『黒田御用記』慶安五年（一六五二）九月二十五日の黒田忠之判物に見える糟屋郡小隈村があるが、その証跡を見ないし、嘉穂郡大隈も同様である。下座郡小隈（現・朝倉市）もあたらないようである。末寺帳の誤記であるかもしれず、後

表一　近世初期九州日蓮宗寺院数

本寺＼国	筑前	筑後	豊前	豊後	肥前	肥後	日向	薩摩	大隅	壱岐	対馬	計
身延久遠寺			1									1
中山法華経寺					1							1
京本隆寺				1								1
京本国寺				2	2	10	2					16
京妙顕寺	1		5				1					7
京本能寺			2		1		2	13	1			19
京本法寺	5			1	2							8
京妙覚寺	1										1	2
京頂妙寺			1	3								4
計	7	0	9	7	6	10	5	13	1	0	1	59

（『大日本近世史料』9・諸宗末寺帳下所収「寛永年度日蓮宗末寺帳」）

考にまたざるを得ない。筑前における妙顕寺末としては後述のように大通寺が知られるが、右末寺帳では豊前に入っており、昌運寺とは全く別の寺である。大通寺の開山日円は、慶長六年（一六〇一）には豊前をひきあげ黒田長政の筑前入国をしたって筑前福岡の城下・材木町に大通寺を開いている。だから、右末寺帳で大通寺が豊前に入っているのは、同帳の基礎になった末寺からの報告が大通寺の場合慶長六年以前を基準としたか、あるいは豊前に大通寺址が残っていてそれに拠ったか、である。ともあれ右末寺帳を史料として利用する際に注意すべきことの一つである。

妙覚寺末の「唯心院于レ今不参」の前引の記事は、福岡・勝立寺開山日忠の不参を記したものである。『万代《ばんだい》亀鏡録《ききょうろく》』（不受不施派では「まんだいききょうろく」と読む）などによれば、元和二年（一六一六）四月、不受不施問題に関して、日忠は上洛し、日奥《にちおう》と諸寺との和解をはかっている。妙覚寺における日奥と日忠との関係は知悉できないが、日忠は不受不施派により多くの理解をもっていて、受不施派の本寺には批判的であったように推察される。勝立寺は地理的に本寺の京都妙覚寺から遠く隔たっており、かつキリシタン問答勝利による開創と伝えて（後述）、独立的気概は強く、寛永の末寺帳の段階では、妙覚寺の勝立寺に対する本寺権は必ずしも強固なものではなかった。

以上、近世筑前における日蓮教団展開の概況考察に際して、寛永年度の「諸宗末寺帳」ことに「日蓮宗末寺帳」がもつ問題点を述べてきたが、「諸宗末寺帳」は日蓮宗不受不施派の禁圧と関係があり、(2)「日蓮宗末寺帳」では、安房国小湊《こみなと》誕生寺末の記載がないこと、載せられて然るべき本法寺末の博多・本長寺の記載がないこと、孫末書き上げの問題など、統計的に取り扱う場合に注意しなくてはならぬいくつかの問題がある。筑前に即して、その欠陥を補う史料を現地に求めると、『続風土記』巻之一・提要上の「元禄十六年寺院帳を以てしるす」とされた「国中寺数」がある。元禄十六年（一七〇三）といえば貝原益軒七十四歳のときで、この年に同書を一応編了し上進しているから、右の寺院数はそのころの史料に拠っている。同書巻三十一・拾遺には「元禄十四年筑前国中寺院数帳秋月直方在二此中一。」を引いており、内容は元禄十六年のものと同じであると思われる。元禄十六年というのは、あるいは元禄十四年の誤りかもしれない。いずれにせよ、同書における寺記載は元禄十六年、あるいは元禄十四年の史料をもって数的記述や個別的記述を行っている。この「国中寺数」を一覧表にすると表二のとおりで、江戸初期筑前における日蓮宗寺院は合計十九カ寺になる。

表二　近世初期筑前国寺院数

郡＼宗派	天台宗	真言宗	臨済宗	曹洞宗	浄土宗鎮西派	浄土宗西山派	真宗西	真宗東	法華宗	時宗	計
福岡	4	8		6	10	2	20	5	5		60
博多	2	7	40	2	14		6	2	6	2	81
那珂郡	1	3	5	2	6		26	2			45
席田郡					（2）		（5）				（7）
夜須郡	1		3	2	4		21	3	2		36
御笠郡	1		4		1		16	2			24
上座郡	1	2		2	1		12				18
下座郡				1	1		4		1		7
嘉麻郡	1			10	3		21				35
穂波郡	1			3	11		12		1		28
鞍手郡	1	1	2	10	15	1	31	2	2		65
遠賀郡	2	5	7	9	29	3	37			1	93
宗像郡		3	7	19	14	6	15				64
糟屋郡	8	1	9	9	25	5	20	2			79
早良郡	1	2	15	4	4		35	7		2	70
怡土郡	7			2			13	2	2	2	26
志摩郡		6	22	10	4	2	25	3			72
計	23	46	114	91	144	19	319	30	19	5	810

（『筑前国続風土記』巻之一・提要上所引「元禄十六年寺院帳」）

前記「元禄十四年筑前国中寺院数帳秋月直方在二此中一。」には、

法華宗　福岡博多諸郡都合十九寺有レ之。

触頭は博多の法性寺・妙典寺也。

○福岡香正寺小湊誕生寺下　妙法寺京本法寺下　長福寺妙顕寺下　勝立寺妙覚寺下　妙安寺香正寺下

○博多法性寺本法寺下同　妙典寺　本岳寺　本長寺　本興寺　宗玖寺法性寺下

と福岡・博多十一カ寺を記しており、「元禄十六年寺院帳」の数と合致する。右の長福寺は大通寺のことである。将軍家重の幼名をはばかって享保二年（一七一七。あるいは享保元年）日領が長福寺の寺号を大通寺に改めたというが、寛永十（一六三三）年・元禄十六年の段階ですでに大通寺とあり、不審が残る。

黒田家所蔵の寛政二年（一七九〇）「寺院人別帳」は筑前の寺院を書き上げたものであるが(3)、それには法華宗として次の十九カ寺が記載されている。

（本寺）		（郡）	（場所）	（寺号）
京都	妙覚		福岡	勝立
	勝立	鞍（鞍手郡）	山辺	長遠
	〃	〃	木屋瀬	妙運
	〃	穂（穂波郡）	太郎丸	圓満
	〃	怡（怡土郡）	高祖	妙立
房州	誕生		福岡	香正
	香正		〃	妙安
	〃	夜（夜須郡）	甘木	妙照

京都	妙顕	福岡	大通
京都	本法	〃	妙法
	本興	怡　徳永	宝珠
	本岳	下（下座郡）上畑	常照
京都	本法	博多	法性
		〃	妙典
		〃	本岳
		〃	本長
	法性	〃	宗玖
久留米	妙正	秋月	本證

これには、京都本法寺末の博多・本興寺の末寺、怡土《いと》郡徳永の宝珠《ほうしゅう》寺は記載されているが、その本寺本興寺そのものは行をとっては記載されていない[4]。しかし本興寺の所在は明らかであるから、これを加えると福岡・博多は計十一カ寺で、元禄末の前記「筑前国中寺院数帳」の計十九カ寺と合致する。筑前における日蓮宗の寺院帳は元禄末段階のまま寛政にいたっているのであり、江戸初期以降数的には発展を見なかった。これは日蓮宗だけでなく各宗派を通じてほぼ同様にいえることであり、基本的には幕藩体制の固成化によるものである。右十九カ寺のうち十一カ寺が福岡・博多寺院である。つまり、近世筑前における日蓮宗勢力の主力は、現在の福岡市の中核をなす旧福岡・博多部にあった。しかし、その福・博日蓮宗寺院も、市制施行後の明治二十四年（一八九一）十月の『福岡市誌』段階で他宗寺院にくらべると表三のような状況にあった。

数的に整理すると、真宗・浄土宗・臨済宗・日蓮宗・天台宗・真言宗・曹洞宗・時宗の順になる。右『福岡

表三　市制施行（明治二十二年四月）後の福岡市の寺院数・住職数

区別	天台宗	真言宗	浄土宗	臨済宗	曹洞宗	真宗	日蓮宗	時宗	総計
寺院数	八	六	一九	一三	六	二三	一〇	一	八六
住職人員	七	二	一八	一三	六	二一	九	一	七七

（『福岡市誌』六十六葉、明治二十四年）

市誌』は巨刹として浄土宗少林寺・真宗万行寺・臨済宗聖福寺・同承天寺・同妙楽寺・真言宗東長寺の六カ寺を挙げている。これに前掲「元禄十六年寺院帳」を併考すれば、筑前の中核部福・博における仏教展開の経緯はおのずから明らかである。

平安期以降、この地域において天台宗・真言宗の展開が知られるが、真言宗が隆盛に赴くのはむしろ江戸期に入って福岡藩主の外護を受けるようになってからである。鎌倉期に入って臨済宗の著しい伸張を見るが、これは博多部を中心にしている。江戸期に入って数的には真宗勢力に凌駕されるが、伝統的勢力を有することは巨刹の半ばを占めることによって明らかである。鎌倉末期に西大寺流律宗《りつしゅう》と時宗がおこるが、[5] 前者は浄土宗に改められ、後者を支えた博多以外の時衆《じしゅ》は室町期以降衰退し、江戸期には孤立した感を与えるが、遊行上人の廻国のもつ意味は数的なものだけではつかめない内容をもっている。室町期に入ってからの著しい現象は浄土宗と日蓮宗の興起で、ともに博多を舞台としている。戦国末天文年間以降、江戸期における福・博寺院勢力の配置が定まり、そのまま江戸末期を経て現在にいたっている。すなわち真宗勢力の瞠目すべき伸張が近世初頭に見られ定着したのである。今は以上のおのおのの理由について究明する紙幅をもたない。表三の日蓮宗の項は香正《こうしょう》寺を脱して十カ寺としているが、福・博十一カ寺はその後もしばらく続く。日蓮宗のもっとも伸張している福・博でも右の事情であり、筑前全体においては、前掲表のなかでの位置のままで、ほぼ江戸末期から現在に及んでいるのである。

以上の状況を背景にしながら近世筑前日蓮教団の展開を考察していきたいが、博多については第七章で詳述しているので、本稿ではその部分を省いて、福岡・郡部における展開を素描してみたい。小結で、博多を加えた筑前全体について概観を行う。

［付記］近世九州の日蓮宗の数的考察として、圭室文雄「明治維新の神仏分離政策」（『現代宗教研究』四一号、二〇〇七年）の好論がある。

3 福岡・勝立寺創建とキリシタン問答

寛永十年（一六三三）の「上京妙覚寺諸末寺覚」（いわゆる「諸宗末寺帳」のうち）では、九州の末寺として「筑前国　唯心院于レ今不参、対馬国　壱ケ寺　寺号失念申候不参」とあって、前者は唯心院日忠つまり福岡・勝《しょうりゅう》立寺（福岡市中央区天神四―一―五）の不参を記したもので、この段階での妙覚寺の九州末寺の掌握は弱い。身延文庫所蔵の延享二年（一七四五）九月の末寺帳では、妙覚寺の直末一一二カ寺、又末二十八カ寺、都合一四〇カ寺のうち、九州では、筑前二（福岡・勝立寺、怡土郡香力村・生蓮寺）、対馬一（国性寺）の計三カ寺である。『続風土記』巻之三・福岡は、勝立寺について次のように記している。

正興山と号す。福岡の東の外郭、博多口の門内にあり。此寺の開山を唯心院日忠と云。京都妙覚寺の僧にて、法を広めんかために、此国に下りける。慶長八年四月廿五日、博多妙典寺において、日忠と耶蘇《ぜず》の僧ゐるまんと出あひ、問答に及ひ、日忠論し勝けるゆへ、長政公感し玉ひ、耶蘇が居たりし寺地を給はり、此所に梵刹を建させ、宗論に勝て立たる寺なれはとて、勝立寺と号を給はりける。此時までは、耶蘇の御

勝立寺（福岡市中央区天神）

制禁いまた厳しからすして、彼か寺まれに在しとかや。此寺に池田右近大夫輝興の次子、吉兵衛政成の墓有。明暦三年丁酉二月十七日卒せられしを、此寺に葬る。了岳院春雪日正と号す。忠之公外姪也。

『筑陽記』、『筑前早鑑』、『附録』の記事もほとんど変わらない。『附録』巻之三はその創建を「慶長十年、長政公造営の資を賜はりて建立せしめ給ふ」としている。『拾遺』巻之三・福岡・神社仏閣下は、日忠の生国を近江国彦根とし、明和二年（一七六五）の寺地拡大などを付加している。

勝立寺は、妙覚寺の僧日忠が妙典寺の移転開堂の日キリシタンと問答して勝ち、福岡藩主黒田長政から寺地を賜わって創建したと伝えられており、近世初期、幕藩体制の形成期における仏耶両教の関係、その他日蓮宗史―日本近世宗教史上の重要問題を抱えている。

この法論については、『大日本史料』第十二編之一（東京帝国大学、一九〇一年）に綱文・史料を掲げている。この法論に関する宗内史料として、書き出しに「慶長八癸卯年二月二十五日申時於二博多妙典一日秀代　寺問答事」とあり、末尾に「元禄十五壬午歳自正興山草創当一百年　享保八癸卯歳四月十五日　日深」とした「邪正問答抄」があり、法論の内容を伝えている。また、法論以後三百年にあたる明治三十五年（一九〇二）四月、勝立寺第二十八世大熊日寛師と妙典寺第四十一世西村観誠師とが、記念出版としてこの法論のことを「石城問答」に記録し、この法論の由来・状況を明らかにした。その後、昭和三年（一九二八）十一月、長沼賢海氏が『日本宗教史の研究』（教育研究会）に収める「切支丹と仏教」で、この法論を詳細に述べている。本格的研究の最初である。勝立寺は第二次世界大戦で罹災して関係史料をなくしているので、同論の史料的な価値も大きい。さらに本田栄秀「筑前切支丹石城問答小考」（『棲神』四一号、一九六八年）が発表されており、研究発表の要旨で短文であるが、示唆を与える。この法論については、詳細な論及を試みたいと念じているが、今は「石城問答」によって問答の由来・状況について述べ、気づいた若干の点を覚書風に挙げておくにとどめておきたい。

　博多の松林山妙典寺は、もと筑後国柳河にあり、永徳元年（一三八一。あるいは応永年間ともいう）の草創で本成院日円を開祖とする。信徒の立花（薦野）三河守増時は、京都本法寺の功徳院日通に帰依していたが、黒田長政に仕えるようになったのを機に、衰退していた柳河妙典寺（当時は円理院か）を興すべく第十八世戒光院日秀とはかり、これを筑前国立花村に移し、さらに増時の預かり地秋月に移し、後また博多蓮池町に移転した。慶長八年（一六〇三）四月二十五日、その開堂式のとき、京都妙覚寺の僧唯心院日忠が京都から来て法会に列し、キリシタンを破斥したので、イルマン旧沢と安都を始めキリシタン二百余人が集合して日忠を殺害しようとし、堂内に闖入して寺門を閉鎖し、まさに大事にいたらんとした。妙典寺の信徒鳥井数馬亮吉重は藩邸でこのことを聞き、部属の足軽四十人余を率いて同寺にいたって寺内を静めた。妙典寺の信徒鶴田宗悦を始

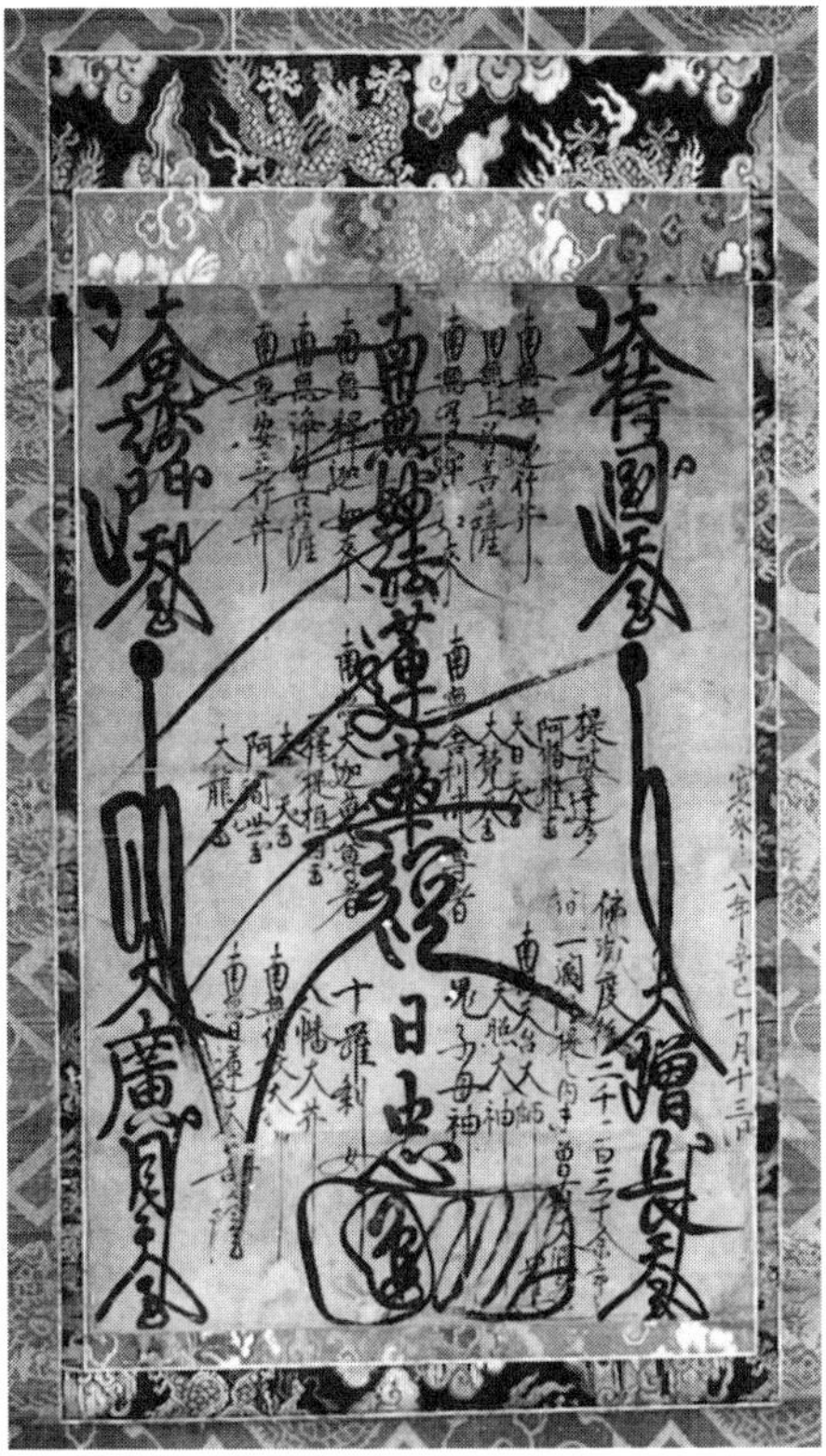

日忠筆の曼荼羅（勝立寺蔵。藤本健八氏撮影）。伝日忠筆と見る意見もある。千葉県・誕生寺に，花押は少し異なるが，同筆の曼荼羅がある

め吉田宗富、西村善右衛門、高木宗善ら法華七人衆も列席し、鳥井の統制下に法論が進められ、日忠はイルマンらを論伏せしめた。黒田長政はこのことを聞き、かの徒を追放し、イルマンらが居住していた地所を日忠に与え、みずから正法興隆山問答勝立寺という寺山号を与えた。慶長十年堂宇建立あり、今日の盛を見る。

　この法論は、当時の仏耶両教の法論の内容を示す数少ない例の一つであるが、本田氏の指摘にもあるように、仏教徒間の宗論を思わせる内容でキリスト教理への論及が見られない。これは当時のキリスト伝道の一方法であり、問答にあたったイルマンが日本人僧侶あるいは仏教徒出身のものであったからであろう。問答の内容は妙法五字の妙の一字の説明をめぐる仏凡一体・生仏不二などの宗義に関するもので、末尾に三世の心法の一体・別体論に及んでいる。前者については、確かに当時のキリシタンの日蓮宗教義理解の要諦を示すものであろうが[6]、問答全体は仏教徒間のそれであるというより、むしろ日蓮宗内の宗義問答のおもむきさえ感じられる。慶長八年段階で、「石城問答」が伝えるような法論がそのまま行われていたかどうか、チースリク氏の慶長十八年説も含め、検討を要するところであるが、問答については日奥の記述もあり（二三九頁「付記」参照）、今は所伝に従っておく。そのことの真に迫るためには、(1)一般的にキリシタン伝来と日蓮宗との関係はどうであったか、(2)博多における仏教―日蓮宗及びキリシタン展開の状況、(3)特に、慶長八年ごろの状況はどうであったのか、(4)幕府の禁教令との関係、(5)黒田氏の福岡藩経営との関係などの諸問題が問われねばならない。(1)については先学の研究があり[7]、(2)[8]以下についての詳論は他の機会にまちたいので、若干のことを述べたい。慶長八年ごろの博多キリシタンの動向については、レオン・パジェスの次の記述が参考になり、黒田長政のキリシタンに対する態度を述べている。

　　敢て内府様の禁制に背かうとはせず、これを遠慮させること丶し、天主堂やキリスト教的の建築の外観を呈する家を建てさせないで、又改宗するとか、宗教的の勤行をするにしても、異教徒につけ込まれないやうに、出来るだけ慎重にやらせることにした。然るに、仏僧達は、此大名を威嚇した。そこで大名は、神父達を暫時退けて、惣右衛門殿の所領秋月に移した(9)。

慶長八年のイエズス会通信(10)は、ほぼ右と同様な報告をしているが、次の記事に特に注意したい。

われわれは博多へ向ったが、われわれが居を占めるより早く坊主達は、博多の町へわれわれが入るのを異教徒達が喜んでおり、しかも多数の者が教理を聞こうと熱心に集っているのを知った。そこでさる高僧はカイノカミ《(黒田長政)》の下にかけつけ、われわれが多くの仲間と共に大騒動を引きおこそうとしている。キリスト教徒と異教徒との群衆はたちまちダイフサマ《(徳川家康)》に知られてしまう程の規模になっている、と秘かに進言した。このためついにカイノカミは動かされることとなり、われわれは博多を離れてソイエモンドノ《(黒田惣右衛門直之)》の領地《(秋月)》へ向わねばならなくなった。こうして坊主達は最大の勝利を博したごとく勝ち誇った。またわれわれはこれによって大きな苦痛を受けることになった。

この年慶長八年は、熱烈な日蓮宗信者加藤清正が肥後で厳しいキリシタン弾圧を行っており、右の動向と無関係ではない。幕府は豊臣秀吉以来のキリシタン禁教への方向を強めており、慶長十七、十八年には大々的な禁教令を発するにいたる。ともあれ、キリシタンに一応の理解をもつ黒田長政は博多におけるキリシタンに対して、一定の保護を施しながらも、神父たちを篤信のキリシタン黒田惣右衛門直之(長政の叔父)の領地秋月へ移動させざるを得なかった。キリシタンたちが集団をなして大騒動を起こそうとしている、という僧侶たちの長政への進言によってそれがなされたという記述は、日忠とキリシタンとの問答をめぐる状況を考える上に参考になる。

筑前入部早々の黒田長政にとって大きな課題は、福岡築城、家臣団統制、藩財政の確立などであった。叔父を始め家臣にキリシタンが存在していたが、また一方、立花(薦野)氏のような筑前を本貫とする有力武士を上級家臣に召し抱えて家臣団の強化をはかっており、立花氏は日忠が問答を行った妙典寺の移転開堂―寺基確立の大檀那であった。会場を制止して問答を進行させた鳥井吉重は、『元和分限帳』には四百石、「寛永十五年正月十日　勝立寺　玄悟了修日玄居士」の朱注がある。(11)形成期の黒田氏家臣団及び領民中には、強信の日蓮宗徒と、幕府による本格的な禁教の方向下にあったキリシタンとが対抗的なかたちで存在していたと見られる。黒田長政としては、信教の問題では対幕府、家臣団・領民統制の点で慎重な態度をとらざるを得なかったろう。長政はキリシタン問答の結果を認め、日蓮宗側に褒賞を与えたのである。しかもその寺地は福岡城下の守り、博多との交通からいって重要の地であり、都市政策にもなっている。

さらに注目したいことは、問答の席にいて日忠を援助していた鳥井や鶴田宗悦らを当時法華七人衆と呼んでいた、と『石城志』巻之十一・人事下・鶴田伝が伝えていることである。「石城問答」は『石城志』に拠ってこのことを書いているようで、右の他に吉田宗富・西村善右衛門・高木宗善を加えている。鳥井吉重は鶴田宗悦の末子孫介の舅と伝え、宗悦の長子は吉田宗富の婿であるという。いわゆる法華七人衆は同信結合に婚姻関係を重ねていたようである。鶴田氏は肥前大川野出身の武士で、大友・龍造寺に仕えていた。博多に来て商人となり、のち酒屋を営んだ。博多上層商人の一人である。今日、法華七人衆を個別的に確かめ、その信仰状況をいちいち明らめることはできないが、彼らが博多上層商人を中心に黒田家臣らと関係をもち、初期博多町衆の一定部分をなしていたことは確かであろう。法華七人衆は法華の同信結合に婚姻関係を重ね、黒田氏の領国支配の基盤である博多町政の重要な担い手であった。これもまた、黒田長政の宗教対策を慎重ならしめる要因をなしたと考えられる。キリシタン禁教は慶長十七、十八年から本格化するが、キリシタン禁教を軸とする寺請・檀家制度の確立にともない、日忠のキリシタン問答は潤色と権威化が進んだのではあるまいか。勝立寺の末寺数が福・博の他寺に優越していることと無関係ではないように思われる。

〔付記〕開山日忠の略歴や、不受不施僧日奥が慶長十七年（一六一二）赦されて配流地対馬から帰京の途中、日忠に迎えられて博多に滞在したとき、日忠が切支丹問答に勝ち、国主の外護を得て新寺を建立し、宗旨繁昌しているのを称揚していることについては、日奥『禁断謗施《ほうせ》論』、宮崎英修『不受不施派の源流と展開』二八七～八八頁（平楽寺書店、一九六九年）に述べられている。不受不施派禁制により本寺妙覚寺は受派になるが、末寺も同様である。

キリシタン問答については、チースリク「慶長年間における博多のキリシタン」（『キリシタン研究』十九、一九七九年）、国武喆生「慶長八年の『切支丹石城問答』と慶長十九年福岡での『背教者並ニ棄教誓約者控』について」（『久留米郷土研究会誌』四、一九七五年）がある。勝立寺の開創以後については『福岡県地理全誌』一－八頁が参考になる。なお、天本孝志『筑前古寺巡歴』（葦書房、一九九一年）には勝立寺の項があり、立正大学寺院史料研究会・坂本勝成編『京都北龍華妙覚寺文書目録』（妙覚寺、一九七三年）、坂本勝成「京都妙覚寺本末考」（宮崎英修編『近世法華仏教の展開』〔平楽寺書店、一九七八年〕）は必読の文献である。なお、坂本勝成師から日忠関係史料や竹田秋楼『博多物語』（金文堂書店、一九二〇年）に「切支丹退治」（キリシタン問答）の記事があることなどの示教を得た。それらを生かして、慶長十八年説も含め、キリシタン問答について改稿する機会があれば、と思っている。

4　福岡・香正寺、妙安寺及び大通寺、妙法寺の創建

身延文庫所蔵の元禄五年（一六九二）十一月廿九日「遠国小湊誕生寺末寺出家人別証文」によると、安房小湊誕生寺の九州における末寺として、肥前唐津の法蓮寺、筑前福岡の香正寺・同末妙安寺、豊前小倉の立法《りゅうほう》寺を挙げており、これらの諸寺はすべて現存する。ただ同証文には香正寺末の筑前夜須《やす》郡甘木の妙照寺（寛永年

中日性の開基）が記されていない。江戸初期九州における誕生寺末は香正寺二カ寺末を含めて計五カ寺が知られる。寛永の末寺帳には誕生寺末は書き上げられていないから、香正寺はもちろん見えない。香正寺（福岡市中央区警固一―五―三二）について『続風土記』巻之三・福岡は次のように記している。

長光山と号す。薬院町より岩戸の道に出る南の出口にあり。開山を日延と云。朝鮮国の産也。朝鮮征伐の時、囚と成て来り、当国に住す。日蓮宗の僧となり、房州誕生寺に住持たり。此僧不受不施の宗義をかたく守り、公儀の御施物を受さりし科によりて、此国に流さる。其類凡七人有しとかや。寛永九年此寺を創立せり。清涼院といふ子院あり

『筑陽記』は、同記の日蓮宗寺院記事中もっとも詳しく香正寺のことを記しており、特に開山日延の伝を詳述しているので煩をいとわず引用しておく。

長光山香正寺在㆓薬院㆒。右同宗。本寺房州小湊誕生寺也。当寺者日延聖人草創也。延（日延）元朝鮮国人。伝聞、父兄仕㆓彼邦君㆒与㆓聞国政㆒。文禄元年豊臣秀吉公征㆓三韓㆒。日延与㆑姉為㆓軍士所㆒㆑囚、到㆓当国博多㆒。其年姉七歳延四歳也。姉長備中国庭瀬領主戸川氏土州為㆑室。延幼稚入㆓博多法性寺㆒薙髪号㆓台雄㆒。慶長九年甲辰十六遊㆓京師本国寺学舎㆒三歳。又寓㆓下総州正東山学校㆒住山二十有二年。寛永四年丁卯夏四月三十九歳房州誕生寺十八世之嗣㆑法。改㆓名日延㆒受㆓聖人号㆒住職四回。七年庚午、一味之法義異見起、此一宗忽為㆓両派紛諍㆒無㆑止。公場訴之日、不㆑問㆓理是非㆒、凡拒㆓公命㆒之徒悉処㆓遠州㆒。延為㆑人以奪㆓寺職㆒謫㆓当国㆒。又入㆓博多法性寺㆒未㆑満㆓三歳㆒、大守忠之公恤㆓謫居㆒賜以㆓五十歩之地㆒、於㆑此新構㆓一宇㆒。山号長光寺名香正。其年寛永九年壬申、延之年算四十四也。領㆓寺務㆒十一年。寛永廿年春二月、招㆓門弟日康㆒附㆓寺職㆒。小庵卜㆓寺之東南隅㆒隠居。延元好㆓寂莫㆒、此地震旦往来碍㆑閑妨㆑寂。万治三年庚午、齢耳順移㆓居於荒津海畔㆒。寺曰㆓妙安㆒。是其幽棲之地也。嘗以㆓法花読誦㆒為㆓日課㆒。寛文五年乙巳春正月、

示レ疾予知二死期一、称二経題一吉祥右脇化年七十七。瘞二骸於香正蘭若堂前一。延自立歳逮二終焉夕一読二誦妙経一総五千六百余部云々。自二寛永九年一至二元禄十六一、七十二年。末院十二箇寺あり。

『附録』巻之三・福岡は、右二書に見えないことを伝えているので、これまた煩をいとわず引用しておく。文中「本編」とあるのは『続風土記』のことである。

香正寺（福岡市中央区警固）

香正寺ハルノマチ法花宗（本編に見えたり）仏堂横七間入四間、

長光山と号す。始は立国山といへり。房州小湊浦誕生寺に属す。開山日延は将軍家の御布施物を不受して御咎を蒙りし七人の内の其一人也。（七人の僧ハ池上本門寺の日樹、谷中の感応寺の日講、碑文谷の法華寺の日遵、三田の中道寺の日進と此日延、今一人の名は詳ならす。）寛永九年此寺を造立せり。本編に委しく見へたり。忠之公より方五十間の地を賜ひしかは、宗像郡（村の名詳ならす。）に立国山香正寺といへる廃寺の号をとりてこゝに創立す。寺伝に開山日延は朝鮮国の人にて、七歳の時加藤清正の囚となり、姉と共に本朝に帰化せり（姉は後に備中庭瀬の領主戸川氏に嫁せりと云。）といふ。万治年中那珂郡高宮村にて山林を賜ハる証書あり。寺内に番神堂（石鳥居一基。）・日朝堂・五重塔・鐘堂・二王門あり。寺後に吉田壱岐重成か妻の墓あり。長光院松月日浄と彫れり。小早川久留米侍従秀包の女なり。本編に清涼院と云子院有よし見へたり。今はなし。什物に簱曼荼羅（日蓮自筆の題目なり。）といふあり。元は信長公より秀吉公に賜ハりしが、朝鮮征伐の時、太閤これを清正に与へ給ふ。清正在世の時日延に帰依し給ひしにより、没後に遺物として貽来りと云。また清正その家臣新見権左衛門といふ者に贈られし自筆の書状幷清正の肖像の掛軸あり。

妙安寺（福岡市中央区唐人町）

『拾遺』巻之三・福岡・神社仏閣下はさらに詳しく不受不施問題その他を記している。香正寺は宝永五年（一七〇八）十一月十六日に焼失していて、什物・記録類などを失っているが、文政三庚辰年（一八二〇）三月、当山第十五世日鏡写の「香正寺縁起」があって、蒙古襲来のことから起筆し、日延の略歴、当山の草創の経緯、第二世日康の藩祈禱、藩主光之の外護、什物などのことを記しており、『日蓮宗宗学全書』第二十三巻・史伝旧記部六（同刊行会、一九六二年版）に収める。草創の経緯は、その骨子において前掲書とほぼ同じであるが、日延について本行院日遙の弟としているのは前掲書に見えないところである。日延についての詳密な研究である高崎慈郎「可観院日延の研究」（『大崎学報』一一七号、一九六二年）は、縁起のこの所伝を否定している。日延と香正寺の草創、香正寺の寺誌など、精研を期しているが、今は草創に関する地誌類の記述を紹介するにとどめ、高崎論文などを参照しながら、日延の事績、同寺創建の筑前教団史における意義の若干について記しておきたい。

日延は朝鮮李王宣祖《ソンジョ》の長子臨海君《イムヘグン》の子で、加藤清正による朝鮮王子臨海・順和《スンファ》の生擒《せいきん》の代償として、はたまた朝鮮宮廷における深刻な派閥争いを避ける意味もあって姉とともに来日したといわれている（二四七頁「付記」参照）。博多法性寺で薙髪《ちはつ》、本国寺求法檀林・下総飯高檀林などで修学し、加藤清正・里見義康の援助で小湊誕生寺に入り第十八世となった。小湊貫主時代には、内に祖師堂建設を始め寺領問題など誕生寺の隆盛をはかり、外には龍潜寺・覚林寺・円真寺などの寺基を固めた。寛永七年（一六三〇）の身池対論にともない、日樹ら六人とともに追放の一員となり、筑前に赴いた。博多は日延得度の地であり、生地朝鮮に近く、縁辺もあり、福岡の地に香正寺を開創することとなった。開創については前期の筑前地誌類や「香正寺縁起」、『福岡藩吉田家伝録』などを参照すると、真言宗帰依で知られる福岡藩主黒田忠之や小早川秀包《ひでかね》の娘（東蓮寺藩家老吉田重成の後妻）長光院松月日浄らの外護があったと解される（小宮邦雄「長圓寺と香正寺」〔『県史だより』32、一九八六年〕）。

高崎論文の理解に従えば、香正寺の発展は勝立寺との対立を惹起するにいたり、日延の謗法問題が発生した。香正寺の発展は、草創期における日延の声望に負うところ大きかったと思われるが、展開の過程における番神信仰・日朝信仰（眼病守護）なども重視すべきであろう。さらに、十分な史料的確認はしていないが、日延の経歴からして、同寺は筑前における清正信仰普及の根源になったと考えられ、それが同寺発展の原動力の一つとなったであろう。なお、寺尾英智『続小湊山史の散策』三九～四〇頁（誕生寺、二〇〇六年）は、日延についての最新の叙述である。ちなみに、香正寺には幕末の歌人大隈言道《おおくまことみち》の墓がある。

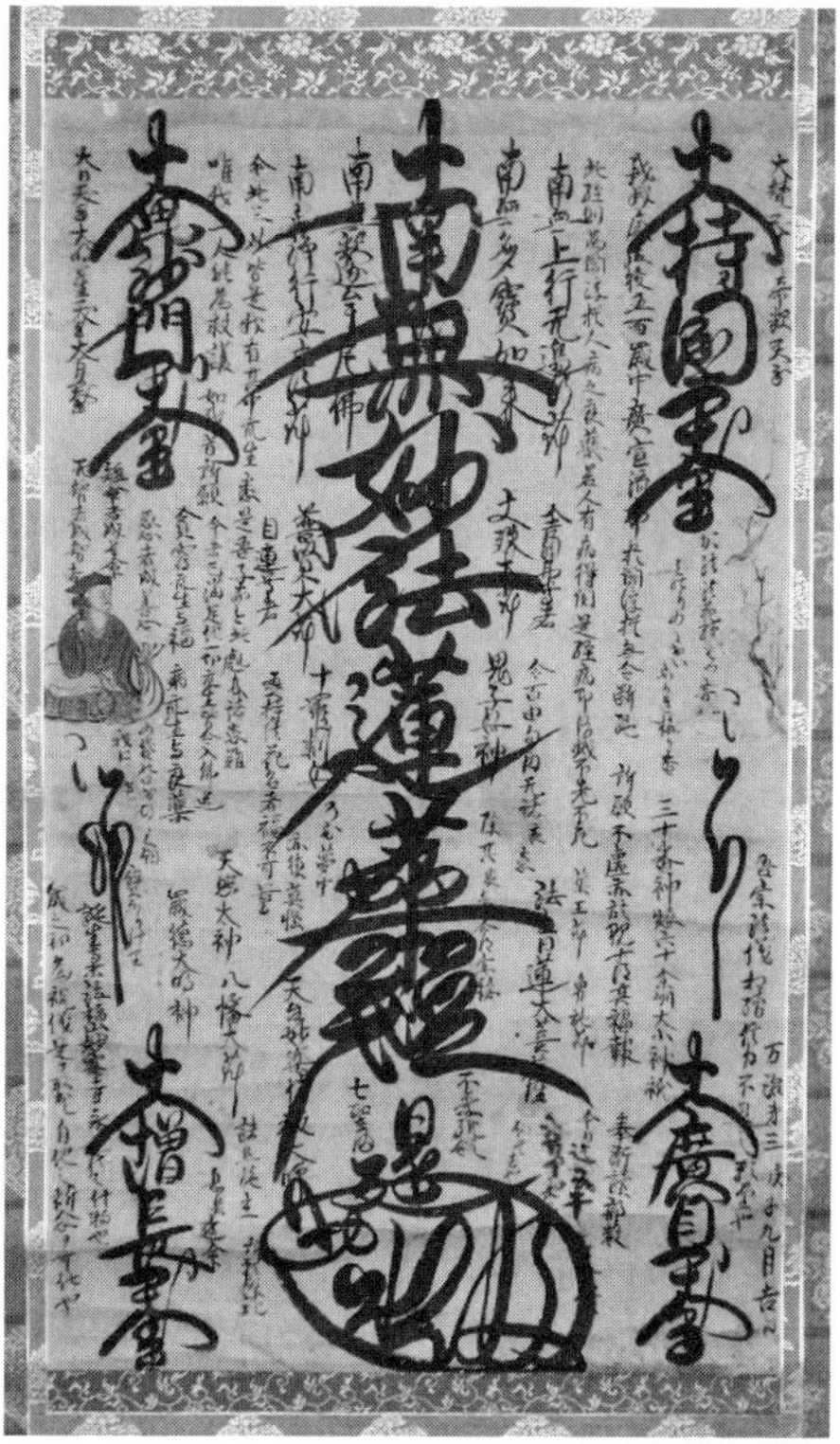

日延筆の曼荼羅（妙安寺蔵）

日延退隠の寺から発展した海福山妙安寺（福岡市中央区唐人町二―四―五九）の開創について触れておきたい。

香正寺の項所引の『筑陽記』には、その開創について、万治三年（一六六〇）日延は荒津海畔に移居し、寺を妙安といい、幽棲の地である、としている。同寺では万治三年開創

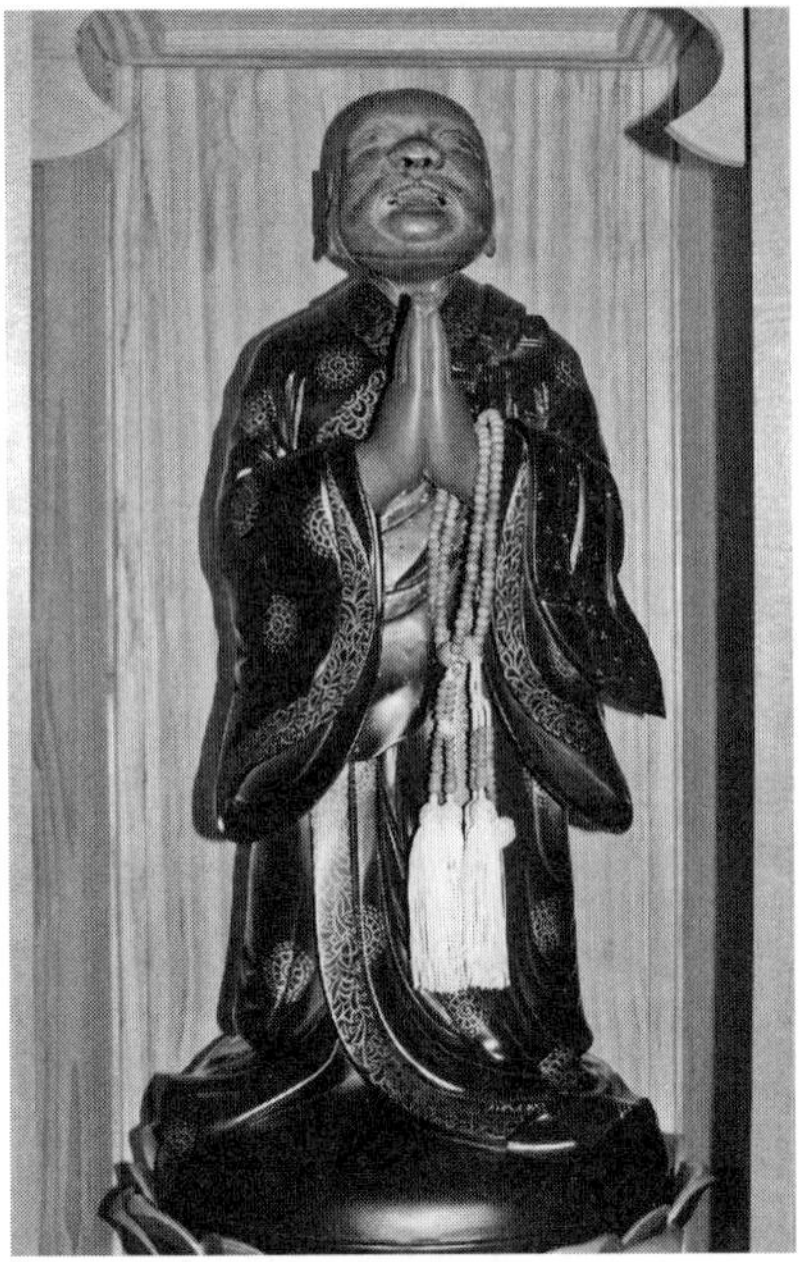

日延像（妙安寺蔵）。首像として同寺に祀られていたが，平成14年に胴体部分が作成され全身像となった

説である。『附録』巻之三・福岡の妙安寺の項には「仏堂横六間入五間」と割注をし、「海福山常楽院と号す。薬院香正寺に属す。開山は香正寺の始祖日延なり。彼僧の履歴ハ本編に詳也。寛永九年彼寺を退き此寺を建て隠棲し終焉の地とせり」と記している。『拾遺』巻之二には「万治三年香正寺初祖日延初て此院を開き、彼等を退きて閑居の地とせり。享保四年請によって寺後の地を恩賜せられし職吏の証文あり」とあり、享保四年（一七一九）六月の文書は現蔵されている。同寺には日延持経の法華経、万治三年九月の日延筆の曼荼羅（鶯と大黒天を描く「鶯曼荼羅御本尊」）が所蔵されている。日延の姉は備中国庭瀬城主（二万九二〇〇石）戸川逵安《みちやす》の室と伝え（「香正寺過去帳」）、その子孫は福岡藩に仕え、妙安寺の大檀那となっている。同寺の戸川俊勝作の日延の首像（製作年不詳、木彫、高さ約一五センチ。胴体像が作られ、現在全身復元）は戸川氏ゆかりの遺品。ちなみに福岡藩士戸川氏は、『新訂黒田家譜』や福岡藩の分限帳に散見し、荒戸二番町住、二百石取りである。

次に、大通寺ならびに妙法寺の創建について述べる。

内閣文庫所蔵の寛永十年の「上京妙顕寺諸末寺覚」（「諸宗末寺帳」のうち）には、日向国良仙寺、筑前小熊昌運寺、豊前国大通寺・善立寺・小倉真浄寺・中津大法寺・妙乗寺の記載があるが、身延文庫所蔵の延享二年（一七四五）九月の末寺帳によると九州における妙顕寺末は、

豊前国　天正年中　大法寺

承応元年　企救郡　妙真寺
秋月寺　大法寺流
天正十八　　　　　真浄寺
慶長年中　田川郡　蓮華寺
筑前国　慶長六　　　　　大通寺
肥後国　寛永十一　　　　真浄寺

大通寺（福岡市中央区今川）

となっていて、寛永十年の末寺帳との間には若干の異同がある。その異同の一つは、前者で豊前国に入っていた大通寺が、後者によって、慶長六年（一六〇二）には筑前へ移っていることである。筑前小熊の昌運寺については不明であり、福岡の大通寺（福岡市中央区今川二－一－二六）は豊前勢力の一部移動であると見てよい。『続風土記』巻之三・福岡は、大通寺について次のように記している。

岡徳山《こうとくざん》と号す。荒戸西町にあり。京都妙顕寺に属す。此寺初豊前国にあり。長政公豊前を領したまひし時、此寺の住持日円を、度々召寄せられ、講説をも聞給ふ。長政公筑前へ入国の後、跡をしたひて此国に来れり。もとより久しく知玉ふ僧なる故、福岡材木町に地を賜りて、慶長六年に大通寺を草創す。故に日円を以て、此寺の開山とす。其後日照といふ僧、寺内の狭小なる事をうれへ、国君に申て、西町の地を乞うけ、寛文十一年[12]に今の所に寺をうつせり。

妙法寺（福岡市中央区唐人町）

寛永十年の末寺帳の記載は、慶長六年以前の事実にもとづいて記載されている。『筑陽記』は開山大通院日円の死を元和四年（一六一八）とする。『筑前早鑑』は岡徳山長福寺で掲げている。『福岡県寺院沿革史』（同刊行会、一九三〇年）は大通寺の創建、日円の死について、豊前から筑前への入国は『続風土記』と同様で、以下、「福岡市材木町に寺地被仰付慶長十一年丙午七月一宇を創建して長福寺と号せり、依之大通院日円を開山とす。元和戊午《（四）》年四月廿八日日円寂す、一説には慶長六年創建元和四年十月十三日寂すとあり」（一一頁）と記している。同寺では慶長六年創建説をとっている。寺号の長福寺を大通寺に改めたのは、将軍家重の幼名をはばかってのことで、享保元年（一七一六。『筑陽記』）とも享保二年（『附録』巻之三、『福岡県寺院沿革史』）ともいう。寛永十年の末寺帳にすでに大通寺と見えることなど、豊前時代及び創建については後考にまつべきものが多い。『附録』巻之二、『拾遺』巻之二によると、境内に七面大明神・稲荷神を祀った一宇があり、加藤清正の霊を相殿に併祀しており、早良郡麁原《そはら》村（『附録』は原村）に智光寺という末寺があったが、いつしか廃絶した、福岡藩主黒田綱政の自画の懸物がある、云々と記している。福岡・勝立寺とともに、福岡藩主の直接的外護による創建として注目すべきである。

福岡市中央区唐人町の妙法寺は、京都本法寺末であるが、正保三年（一六四六）の開創というから（延享元年〔一七四四〕四月の第七世本妙院日栄の覚（立正大学日蓮教学研究所編『京都本法寺宝物目録』二五五頁、二〇〇一年））、寛永の「京本法寺末寺帳」（「諸宗末寺帳」のうち）には見えない。同寺では正保二年開創とする。『続風土記』巻之三・福岡は「妙法寺啓運山龍雲院 法華宗 属京都本法寺 哲（ママ）戸唐人町にあり」と記し、『筑陽記』は「啓運山妙法寺在二荒戸西海畔一属二唐人町一、右同宗。本寺京都本法寺也。開山龍玄院日応、後為博多妙典寺住侶也。正保年中興立」と記しているが、『附録』巻之三・福岡は、やや詳しく次のように記している。

妙法寺ヤナハシ 法花宗 仏堂横六間半入五間

啓運山と号す。京都本法寺に属す。開山を龍玄院日応と云。博多妙典寺廿三世の住持也。此僧故有て久世大和守殿従四位侍従 当時御老中の懇遇を蒙りしが、久世殿或時黒田三左衛門一任に御頼有しに依、一任か吹挙にて正保年中妙典寺の別院に三光院という院跡をこゝに移し、今の寺号に改めて当寺を創立せりと云。貞享年中先住日産が書たる筆記に見へたり。寺内に三十番神堂・稲荷社有。（下略）

『拾遺』巻之二の記述もほぼ同内容である。妙法寺は幕府老中（寛文三年就任）久世《くぜ》大和守広之《ひろゆき》の媒介と福岡藩の大老黒田三左衛門一任（筆頭家老、いわゆる三奈木黒田で、「寛文官録」では一万六千石）の吹挙で博多妙典寺の別院を移して創立したというのである（『福岡県日蓮宗のおてら』〔日蓮宗福岡県教化センター、二〇〇二年〕では福岡藩主黒田忠之より寺領拝領とする）。なお、井原西鶴の貞享四年（一六八七）刊『懐硯《ふところすずり》』巻四－四には妙法寺のことが見える。

〔付記〕香正寺開山日延とその姉が臨海君の子女であるかどうかについて、内藤雋輔「文禄・慶長役における被虜人遺聞——宗教家の場合」（『朝鮮学報』四九輯、一九六八年）、同『文禄・慶長役における被虜人の研究』（東京大学出版会、一九七六年）では、関係記事を検出できなかった、としている。日延が受不施に同ずるとの謗法問題については宮崎英修「不受不施派の動向」（同氏編『近世法華仏教の展開』平楽寺書店、一九七八年）に詳しい。同論では、「香正寺過去帳」により戸川俊勝を妙安寺の開基としている。

5　郡部における展開

郡部における日蓮宗寺院は、福岡・博多寺院の末寺である（うち一は久留米寺院末）。その配置については前掲の寛政二年（一七九〇）の「寺院人別帳」に明瞭である。近世筑前日蓮宗寺院十九カ寺のうち十一カ寺が福・博にあり、そのうち香正寺末が一カ寺、法性寺末が一カ寺で、残り八カ寺が郡部における末寺であり、そのうちの七カ寺が福・博寺院の末寺である。それらの末寺は鞍手郡・穂波郡・怡土《いと》郡・夜須郡・下座郡などに散在しており、残りの郡には存在しない。八カ寺のうち、管見史料のうちでは四カ寺は福岡・勝立寺末で、他は福岡・香正寺末一、博多・本興寺末一、博多・本岳寺末一で、久留米・妙正寺末一がある（後述の福岡・大通寺末寺、早良郡・智光寺は十九カ寺中に不算入）。末寺の展開からいえば福岡・勝立寺がもっとも優勢であった。それは前述のような同寺草創の経緯に裏づけられている面が大きかろう。近世筑前日蓮教団を総体的に見ると、勝立寺存在の意義は大きい。博多寺院に末寺の展開があまり見られないのは、福岡寺院とは異なって藩権力による積極的保護が少なく、町人の町の寺院であったことがかなり大きな原因になっているのではなかろうか。以下、郡部における展開を個別的に見てみよう。

京都妙覚寺を本寺とする福岡の勝立寺は、鞍手郡山辺の長遠《じょうおん》寺、同郡木屋瀬《こやのせ》の妙運寺、穂波郡太郎丸の圓満寺、怡土郡高祖《たかす》の妙立《みょうりゅう》寺を管下に置いており、主として遠賀川沿いの鞍手・穂波両郡に伸張していることが目立つ。長遠寺（直方市日吉町四―三〇）は『拾遺』巻之二十九・鞍手郡上・山部村の条に、次のように記載されている。「本村に在。顕寿山と号す。法華宗福岡勝立寺に属す。開基の年代不レ詳。寛永年間雲心公の命により明石行貞再造せり。当寺昔ハ妙見山の西辺鬼灯《ホウヅキ》谷と云処に有しか、元禄八年龍湫公居館を妙見山に築き給ひし時、御館近隣なるを以て今の地に引移されぬ。然りしより修理料として当山辺村にて一作田五段を寄附し給ふ。又享保九年直方諸士の宅地五段を寄給ふ」。昭和九年（一九三四）十一月の『鞍手郡誌』は『拾遺』以外の史料を利用しているらしく、次のように『拾遺』とは若干異なる記述をしている。江戸時代の部分だけを引用してみる。「本尊十界略本尊、開山は仏種院日存にして、寛永元年隆政公の命に依り、宰臣明石助九郎安行寿命長遠の祈願所として東蓮寺町字鬼灯谷に建立す。君命に依て寺山号を賜ふ。永代修理料として山部村字一作の地を寄附せらる。故に顕寿山長遠寺と号す。元禄六年長清公、居城を妙見山に築かれし時、其接近せるを以て山部村字喜藤田に移し、享保五年庚子藩主卒せらる。同九年直方諸士永代回向料として宅址五反を寄附せらる。然るに天明八年三月及天保十五年八月と両度之火災に罹り、本堂庫裡及諸記録等悉烏有に帰す。爾来地は廃藩の為めに衰亡し、藩士の檀徒悉く福岡に移転し檀徒僅かに三十戸所有の土地は悉く荒蕪地と変し、寺院の衰頽は其極に達し、住職は僅かに三十の檀家に依り毎戸月納米を募り露命を存せしと云ふ云々」（一四六七－六九頁）。つまり、福岡支藩直方東蓮寺《とうれんじ》藩主・家臣などの外護によって開創し維持されていたが、廃藩（本藩への統合）にともなって衰微したというのである。[13]『福岡県地理全誌』三－一四頁は開基の僧を日存としている。

鞍手郡丸山には日蓮宗の堂宇として観音堂があり、『拾遺』は次のように記している。「観音堂丸山に在、円通堂と云、明石安貞建立す、縁起一巻有、山部村長遠寺に蔵む」。『鞍手郡誌』も堂宇として直方町新町円通堂として『拾遺』を引いている。『福岡県寺院沿革史』一九〇～九一頁にいう円通寺であり、現在の直方市丸山町二－四七の観音寺である。

木屋瀬の妙運寺（北九州市八幡西区木屋瀬四－一六－三二）は明治初年の「筑前国日蓮宗一致派寺院記録」（福岡県立図書館所蔵）によると、慶長十二年（一六〇七）九月創建、開基日惺、境内三二〇坪但年貢地、高大豆四斗二升六合、檀家二十七軒と記しているが、『福岡県寺院沿革史』二〇七頁は「古記録なくして不明なるも亦間街道路傍銭亀と云ふ地に妙雲山とて禅宗寺院ありしを日親上人西下九州弘道の砌り教化を受けて寺僧共に改宗せるものなり。剣村小牧に建立せられしものにして寛文初年木屋瀬を駅となすに就き四宗入要につき現在の場所に第二世日近師が移転せしものなり。当時は福岡の勝立寺の末寺とし支配されつゝありしを大正十年一月三十一日附をもって総本山の末寺と改定せり。開山は一行院日惺上人也〇下略」と記している。寺伝は永禄元年（一五五八）開創とし、『附録』巻之二十七・鞍手郡下は「正乗山と号す。福岡勝立寺に属せり。慶長二年日惺と云僧開基なり」とする。『拾遺』巻之三十・鞍手郡中は慶長七年日惺の開基とするが、「当山再聖　慶長二酉（一五九七）五月十二日　一行院日惺、（中略）当地再移寛文十二子（一六七二）八月廿八日」云々とした銘文を掲げている。

穂波郡太郎丸の圓満寺（飯塚市天道《てんとう》二四一）について『筑陽記』巻之十七・穂波郡は「法花宗、福岡勝立寺之末院也」とし、『拾遺』巻之二十八・穂波郡下には「法輪山と号す。福岡勝立寺に属す。寛文の始年、宮崎与三左衛門法名深入といふ僧開基せり。境内に其墓あり」と伝え、昭和四十四年十二月の『穂波町誌』は、秋月藩の熱烈な日蓮宗信者宮崎織部が宮崎与左衛門・茅野玄庵の協力を得、元和七年（一六二一）日舜を開山として建立した（五九六頁）としている。圓満寺は江戸期嘉穂地方における唯一の日蓮宗寺院である。(14)

怡土郡高祖の妙立寺（前原市高祖一六七九）については、『続風土記』巻之二十二・怡土郡は、如意輪観音を祀る寺の下にあったのを寛文十二年、日清が同寺跡に移したものであると記している。『拾遺』巻之四十六・怡土郡上は「如意に在。如意輪山と号す。日蓮宗福岡勝立寺に属す。寺内に番神の石祠又観音堂あり。本編に見へたる如意輪観音是なり。精工なる仏像なり。堂の側に小滝有。風景よし」と記している。明治初年の「筑前国日蓮宗一致派寺院記録」はその規模を「境内六百坪但除地、檀家五拾軒」としている。昭和二年十月の『糸島郡誌』は、如意輪寺は慈覚大師の創立と伝え、明応元年（一四九二）、高祖城主原田弘種が尊信して大貝寺と改称して同家累代の祈願所としたが、天正十五年（一五八七）秀吉の兵によって焼失し、寛永十九年（一六四二）黒田長政の臣明石四郎兵衛行亮が再建して日蓮宗とし、寛文十二年日清が如意寺の跡に移したと記している（九〇〇〜〇一頁）。以上のように、勝立寺末は、いずれも近世初期創建の由緒を伝えるものばかりである。

博多の本興寺は、元来怡土郡高祖村にあった。戦国期に原田氏の家臣近藤基興が身延山の宝聚院日伝を開山として建立し、高祖落城によって早良郡姪浜に移し、元和年中博多古門戸《こもんど》町に移し、さらに明暦三年（一六五七）博多蓮池町に移したという。本興寺については、前章「博多における日蓮教団の展開」で述べているのでそのままの再説を避ける。この本興寺の末寺として、怡土郡周船寺《すせんじ》の徳永に宝珠寺があり（現・福岡市西区徳永七二二）、延享元年（一七四四）四月の第六世得善院日住の覚では寛文十年（一六七〇）真如院日旅（ママ）の草創とある。寛政二年（一七九〇）の「寺院人別帳」には見えている。『拾遺』巻之四十六・怡土郡上には「本村（徳永）に在、徳永山と号す、法花宗博多本岳（ママ）寺の末也、開山の僧を真如院日旋（寛永八年八月寂す）、と云、寺内に番神堂有」と記している。『糸島郡誌』には「寛永十三年（一六三六）八月真如院日旋を開山とす。嘉永三年（一八五〇）三月本堂を再建せり。釈迦牟尼仏を本尊とす」（九六二頁）とあり、昭和三十六年三月の『周船寺村誌』（一一六頁）も同意であるが、開山のときを寛文十三年八月としている。寛永の誤植であろうか。寛永十三年の開山とすると、『拾遺』日旋の寂月と合わなくなる。後考にまとう。『拾遺』が番神堂の存在していることを記している点、注意しておきたい。

ところで、身延文庫所蔵の延享二年（一七四五）「法花宗京都妙覚寺派下寺院本末牒」によると、妙覚寺の末寺として怡土郡香力《こうりき》に生蓮寺、志麻（摩）郡に「福山勝立寺」のあることを記している。後者は、あるいは福岡・勝立寺を誤記・混入したものでもあろうか。生蓮寺については明らめ得ない。江戸期における怡土郡の日蓮宗寺院で存在が確かめられるのは、福岡・勝立寺末の妙立寺と博多・本興寺末の宝珠寺の二カ寺である。

志摩郡にはその存在を確かめ得ない。江戸期怡土郡・志摩郡の寺院数は真宗が圧倒的で、臨済宗がこれに次いでいる。怡土郡は、古くは清賀《せいが》上人の開創にかかるという怡土郡七カ寺を中心に真言宗がおおっていたが、中世以来、臨済宗が広がり、さらに中世末・近世初期に真宗が進出したのである。昭和二年十月の『糸島郡誌』（明治二十九年七月、怡土・志摩両郡が合併して糸島郡となる）によると、寺院数は、真宗五十四、臨済宗十六、曹洞宗十八、浄土宗八、真言宗七、日蓮宗三となっている（三九五〜九七頁）。妙立寺所在の怡土村は真宗七カ寺で、住民の大多数は真宗である。宝珠寺所在の周船寺村も同様にほとんど真宗である。

早良郡麁原《そはら》村に、福岡・大通寺の末寺、智光寺があったが、今はなしと『拾遺』巻之二は伝えており（『附録』巻之三は原村とする）、『福岡県寺院沿革史』はやや詳しく「早良郡原に智光寺といへるは長政公御入国已前より寺にして住持日陽を長福寺二祖に招居せし故智光寺を長福寺末寺にせし由伝承せり。智光寺の寺号曼陀羅今長福寺にあり然れども年久しく智光寺も何れの時か廃絶せり」（一一頁）と記している。

身延文庫所蔵天明七年（一七八七）「法華宗甲州身延久遠寺派下本末牒」や寛政二年の「寺院人別帳」には福岡・香正寺の末寺として福岡の妙安寺と夜須郡甘木の常香山妙照寺を記している。妙照寺（朝倉市甘木一七〇八ー一）は『附録』巻之十三に「福岡薬院香正寺に属せり、本光院日性という僧、寛永年中に開基せり」と記し、『拾遺』巻之十九・夜須郡は、ほぼ同様であるが、寛永年中本光院日照（ママ）の開基にかかる、とある。明治初年の「筑前国日蓮宗一致派寺院記録」は、寛永五戊辰三月、日性の創建と記し、「境内六百五坪但年貢地、檀家百二十一軒」としている。

肥前光勝寺の「億師年譜」には「同（元和）六年庚申春筑前国夜須郡直末安立山妙勝寺建立、精旨建立帳ニ有レ之ナリ」とあり、肥前光勝寺末の妙勝寺が元和六年夜須郡に建立されたとある。妙照寺との関係は後考にまちたい。

寛政二年の「寺院人別帳」によると、久留米妙正寺（久留米市寺町七七）の末寺として秋月・本證寺（朝倉市

秋月二〇五）が見える。妙正寺は『福岡県史資料』第三輯所収「寛文十年久留米藩寺社開基」によると、

一 古玄蕃様御入部被レ為成候付、丹波国三田之妙正寺ヲ、元和七年酉年十如院日舜当国え引越、屋敷致二受領一建立仕候。

一 久留米本清寺、同所寂光寺、三豬郡南酒見村常清寺、筑前秋月本證寺、右四ケ寺妙正寺之末寺にて御座候。

とある。日舜が福知山から有馬豊氏にしたがい来たって元和七年におこした寺で、有馬家の紋所を許されており、京都頂妙寺末である。

『附録』巻之十五・夜須郡下は本照寺の項を掲げ、仏堂二間半三間、「福王山と号す、筑後国三井郡妙正寺の末寺也、開基の年歴詳ならず」としている。秋月・本證寺の開創ならびに江戸期の状況については昭和二十六年十月の田代政栄『秋月史考』七三～七四頁に詳しい。その要をとり、補足しながら述べておきたい。開山は三光院日焉。堀遠江守政一（江州小室一万二千石）の弟である。博多・妙典寺の住持で黒田長興（長政の次子）が福岡にいたときから懇意で、元和九年長興が秋月藩主として入部してから建立し、隠居後の日焉が開山となった。表六十間余、入口二五〇間の土地を下賜され、七間四面の本堂を造営した。『福岡県寺院沿革史』（四八九頁）は、時に寛永元年三月二十八日とする。檀家がなくしては寺が立ちゆかないということで、阿部惣左エ門を始め地方の面々三十六人が檀家にならせられ、無足以下も相応に仰せ付けられ、寺領の代わりとされた。島原の乱の折には陣中無難の祈禱をして、凱陣の土産に牡丹十九種と盃を下賜されたことが過去帳に見えている。その後火災にあって衰微している。鬼子母神・七面大明神を祀り、清正公《せいしょうこう》相殿で三十番神堂がある。番神堂は天明のころ第十世日純が勧請したものである。文政十三年（一八三〇）、日秀が大坂奥野善之助手代界屋要助とはかって摂津能勢から妙見宮を勧請し、大いに信仰を得た。日蓮宗寺院がそなえる諸神信仰を具備して

いたのである。

前章4本岳寺の項で、その末寺、下座郡上畑村常照寺のことに触れている。

6 小結

これまでの行論を簡単にまとめておきたい。近世筑前における日蓮宗の宗勢は、寺院数を指標にとるならば、全体の四割近くを占める真宗を筆頭に、真宗の半数である浄土宗及び臨済宗・曹洞宗・真言宗・天台宗に次ぐ数で、時宗五カ寺が存在するためにようやく最低位となることを免れているほどの劣勢である。日蓮宗寺院全十九カ寺のうち、十一カ寺が福岡・博多で、現在の福岡市を構成するこの両地域が近世筑前日蓮宗の中核をなしている。福岡寺院は那珂《なか》川以西の城下町にあって、概して藩側の外護があったのにくらべ、博多寺院は町人の町博多の蓮池町に集中し、主として本法寺末で、一部に藩の家老クラスの上級家臣の外護が見られたが、概して商人・職人いわゆる町人によって支えられていた。郡部の寺院は福岡・博多寺院の末寺で、福岡・勝立寺末寺の遠賀川沿いにおける展開が目立っている。諸末寺の存在は散在的で、鞍手・穂波・怡土・夜須・下座の各郡に八カ寺が存在（早良郡・智光寺は不算入）。日蓮宗寺院が見られない郡が多い。

本寺別にいえば、京都の本法寺・妙覚寺・妙顕寺、安房小湊の誕生寺で、主として京都寺院の勢力下にあったといえる。ただ、その本末関係については、末寺帳や京都本法寺・身延文庫などにあるわずかな史料という程度の探索でしかなし得ていない。筑前日蓮宗寺院の創建年代は、博多寺院が概ね室町・戦国期と伝えられるのを除くと、概して江戸初期で、幕藩体制の体制的保障を背景に、そのまま末期に及び、近代における展開の起点となっている。

展開の初発にあたっては、博多・妙典寺、福岡・勝立寺及び福岡・香正寺に象徴的に見られるように、対キリスト教問題及び不受不施関係など、近世初期宗教史上の重要問題を集約したような趣があるが、展開の過程においては、三十番神・七面大明神・大黒天・妙見・稲荷などや、日親・日朝・加藤清正などの宗内で卓越した僧侶・外護者に対する現世利益の信仰に支えられている部分が多く、それらが近世日蓮宗のいわゆる民衆化を促進する要因となった。この問題は単に筑前に限られたものではなく、近世日蓮教団史上の普遍的な問題である。なお、明治初年の「筑前国日蓮宗一致派寺院記録」によると、筑前国の日蓮宗寺院の僧侶は、幕末には多く善正寺の東山檀林（京都市左京区）に学んでいる。近世筑前日蓮教団史を総体的に考察する手掛りの一つがここにある。

注

（1）「寛永年度日蓮宗末寺帳」（『大崎学報』一二〇号、一九八〇年）。東京大学史料編纂所編『大日本近世史料』九・諸宗末寺帳下（東京大学出版会、一九六九年）に収める。
（2）圭室文雄「寛永の諸宗末寺帳について」（笠原一男編『日本における政治と宗教』吉川弘文館、一九七四年）。
（3）『福岡県史資料』第七輯三三六頁。
（4）今、原本（黒田家文書）を見得ないので不分明であるが、このままとする。
（5）中世博多の宗教状況については、川添昭二「古代・中世の博多」（秀村選三他校訂『博多津要録』第一巻〔西日本文化協会、一九七五年〕、『中世九州の政治と文化』〔文献出版、一九八一年〕に再録）、川添昭二「鎌倉時代の対外関係と文物の移入」（『岩波講座日本歴史』六・中世二〔一九七五年〕、『日蓮とその時代』〔山喜房仏書林、一九九九年〕に再録）。
（6）一五六二年十二月十日付、パードレ・パルテザル・ガゴがゴアよりポルトガルの耶蘇会のイルマンらにあてた書簡に「彼等は五字（妙法蓮華経）を崇め道理を求めず」（『耶蘇会士日本通信』下一一一〜一一三頁）と報告していることなど、そうである。

（7）妹尾啓司氏に一連の業績があり、「キリスト教伝来と日蓮宗」（『中世法華仏教の展開』平楽寺書店、一九七四年）は参考になる。
（8）ヨハネス・ラウレス、柳谷武夫訳「筑前・筑後のキリシタン」（『キリシタン研究』第六輯、吉川弘文館、一九六一年）は博多キリシタンについて要領のよい記述がなされている。
（9）レオン・パジェス、吉田小五郎訳『日本切支丹宗門史』上巻九二～九三頁、岩波文庫、一九三八年。
（10）『大分県史料』一五、一一九～一二〇頁、大分県立教育研究所、一九六三年。
（11）鳥井氏は他の分限帳にもかなり見える（福岡地方史研究会編『福岡藩分限帳集成』海鳥社、一九九九年）。万延元年（一八六〇）の「福岡藩家中分限帳」（『福岡県史資料』第九輯）に、三百石、荒戸四番丁の鳥居左膳が見え、地行以西の開発が行われる以前の時点を示す「福岡城郭市街之旧図」には荒戸五番町に鳥井熊八の宅が見える。『新訂黒田家譜』にも散見する。
（12）このときの藩側の寺地引渡証文が『福岡県寺院沿革史』一一～一二頁（同刊行会、一九三〇年）に引載されている。
（13）開創について、長遠寺では『鞍手郡誌』の説によっている。なお、『鞍手郡誌』によると、鞍手郡における各宗寺院は、真宗三十三、浄土宗十六、禅宗九、真言宗三、日蓮宗二、天台宗二である。
（14）明治に入って嘉穂郡大隈町（現・嘉麻市）に善応寺が建てられる。大正十三年（一九二四）の『嘉穂郡誌』第十章（嘉穂郡は嘉麻郡と穂波郡を合併）によると、同郡における各宗寺院は、真宗三十四、浄土宗十三、曹洞宗十一、天台宗五、日蓮宗二、真言宗一である。

【付論】教団史と地域史　一つの回想から

昭和三十六年（一九六一）十月、『仏教史学』九巻三・四号が「日本仏教の地域発展」の特集号として刊行された。筆者は仏教教団、特に日蓮教団の地域的展開に強い関心をもっていたので、わが意を得た思いであった。同誌は、全体を二部に分け、第一部を宗派別として禅宗・日蓮宗・浄土宗・時宗・真宗の説明にあて、第二部を地域別として東北・関東・北陸・東海・畿内・山陽・山陰・四国の八つに分けて、その地域展開の概説を試みている。九州は欠けているが、日本仏教の地域的展開の究明を全国的規模で試みた例として、おそらく最初のものであろう。そしてその後、これをうけて同種の試みを深化させたという例を知らない。

一定の地域について一つの宗派の歴史的展開を追う作業は定石のようにして続けられている。しかし四国・九州など広域的なまとまりをもつ地域についての研究作業はあまり見受けない。筆者は小著『中世九州の政治と文化』（文献出版、一九七一年）のなかに「祈りの軌跡」として九州の中世仏教の展開を中心とした文章を収めたが、聖光の浄土宗展開を筆頭に禅宗及び時宗・律宗・日蓮宗の展開を見、対外的契機の強さを指摘し、近世九州の宗教の展開のなかで、特にかくれ念仏と田の神信仰をとりあげて信仰と体制の問題を一考し、地域の民衆文化の認識は修験道関係を抜きにできないことを述べた。前記『仏教史学』特集号には九州の分が欠けており、自分なりに埋めてみたいと思っていたので、あえて素描を提示したのである。なお、このあと「九州日蓮教団の展開」（『中世法華仏教の展開』平楽寺書店、一九七四年）を書き、九州日蓮教団の展開に特徴をもった肥前・日向・種子島・肥後を例として論述している。同様の思いに立つものである。

大学の助手（助教）として研究室で勉強していたころ、日蓮教団の地域的展開の究明に、それなりの情熱を燃やしていた。作業過程を振り返ってみると、まず『大日本史料』に収められている日蓮宗関係の史料を採録し、『日蓮宗年表』（日蓮宗史料編纂会、一九四一年）を地域別に分けてノートにした。ついで各種史料類から日蓮宗関係の記事を抜いていった。近世の文芸作品、特に随筆類からの抜き書きは面白かった。力を注いだのは刊本地誌類からの抜き書きであった。そのために、活字になっている地誌類はあらかた閲読したように思う。近世筑前の代表的な地誌である『筑前国続風土記附録』（文献出版、一九七八年）を校訂・刊行し、近世地誌の史学史的な意義を解題で詳述したが、このときの地誌類の閲読が下敷きになっている。ちなみに、同書は筑前の宗教史史料としても有用である。さらに安房・上総・下総などの寺院については、寺院ごとのカードを作っていった。

地誌類閲読を基礎にした報告「日蓮宗について――武相地方における日蓮宗の発展」（『歴史教育』四巻八号、一九五六年）は、もちろん武蔵・相模両風土記稿を素材としたのである。周知のように地誌類を使っての教団史研究の好例は鈴木泰山『禅宗の地方発展』（畝傍書房、一九四一年）である。同種の手法での仏教史研究の実例は後続しており、筆者も同様の手法に従ったのである。この手法は大枠を見るのには便であるが、精密度は必ずしも高いとはいえない。しかし教団史の史料は概して少ないので、予察的には一定度有効である。皆法華の特定の地域を除くと、日蓮宗の寺院数は概ね最下位に近いので、刊本史料からの採録は割合に楽であった。

このような作業を続けているうちに、下総の中山法華経寺の史料が刊本ではある程度まとまっており、日蓮教団展開のなかではもっとも重要な課題をもっているのに、それまで本格的な研究もないことに気づき、同寺を中心に下総（中山）教団の展開をたどってみた。地域権力の構造・展開と宗教の抱合関係を見る、というのがその問題意識であった。そのような抱合関係の展開のなかで専持法華の宗祖日蓮の宗教の内実がどのような変容を見せたのか、ということをとりわけ明らかにしてみたかった。そこには、宗祖の教えが絶対的な価値をもち、基準であり、それを変容・変質させた教団の展開は、いってみれば悪だという、断罪的思考が強く働いており、現宗門のありようは宗祖に帰るべきだという思いが基底にあった。これは筆者に限ったことではなかろう。これでは史的には、一面、後退史観になりかねないのである。学生のころ、宗教学の恩師古野清人先生に、奉持される宗教を聞いたところ、「原始宗教に心ひかれる」といわれたのがずっと気になっており、年を経るにしたがって、仏教教団の、宗祖の意に反しての土俗信仰との抱合、特に祈禱性の強化についても、信仰というのはそういうものかもしれない、などという気になり、断罪史観から後退したように思う。しかし右にいうような断罪的基準が教団展開の質をはかる一つの目盛であるという思いは変わらない。

中山法華経寺の史料は厳密な史料的批判を加えなければならないが、『大日本史料』にも部分的に引載されていることだし、そのまま使ってもよかろうなどと安易に考え、『房総叢書』本で操作し、「千葉氏と日蓮宗の関係」(『日本歴史』一〇六・一〇七号、一九五七年)という報告をした。ところが、君は偽文書を使っているそうだな、と竹内理三先生からいわれ、落ち込んでしまった。日本史を専攻しながら古文書が大の不得意で、刊本で安直に操作する弱点をさらけ出してしまったのである。誤りを犯すなら自分の責任で、と変な決意をして、それからは古文書類を少しは真面目に使うようになった。大げさにいえば、筆者の歴史研究の方法と対象はこれを転機にして変わったのである。自分で責任の負いやすい地域の史料を使うことを主としたため、九州を中心とした中世の問題を追うようになり、さらには大学史の編纂に携わったりして、日蓮教団史の勉強から遠ざかっていった。

そのころ、身辺の偉い先生方が、東京から九州に来られては、一定度九州関係の仕事をされると、身を翻すようにして次々に東京に去って(帰って)いかれた。〝中央〟の研究の豊富な資料と情報をもたらされ、大変ありがたい反面、やはり卑近な淋しさを感じた。そのような少しひがんだ視点から「地域文化」を改めて考え直すようになった。中世の文化キャラバンのような一人物の小伝（人物叢書『今川了俊』吉川弘文館、一九六四年）を書いたのにも、そのような思いが少なからずあった。だからそれは、愛惜に少しばかりのうらみがましさを垂らしたカクテルのような代物であった。現在、地域に視点を据えて、これらの作業を書き直そうと思っている。かつて、教団の純正化——それが具体的にどのようなものであるかは別にして——を念じて教団史を研究したいと思っていたのが、右のような曲折を経て、現在では「地域文化」の史的展開のなかで日蓮宗を始め各教団がどのような役割を果たしてきたのか、という研究志向に変化している。「博多における日蓮教団の展開」（『日蓮とその教団』第二集、平楽寺書店、一九七七年）や「筑前における日蓮教団の展開」（『近世法華仏教展開』平楽寺書店、一九七八年）その他九州における禅宗・時宗・律宗などの展開を扱った拙文は、みなこれである。

ところで、禅宗では玉村竹二氏の執筆になる『円覚寺史』（春秋社、一九六四年）があって、諸学を総合した見事な成果を見せている。日蓮宗でも、中山教団の研究に長年携わっている中尾堯《たかし》氏らを中心とする『中山法華経寺誌』（一九八一年）が刊行されているが、教団史研究では各地方の拠点的な大本山などの寺史が編まれることを望みたい。そしてそれらが地域権力や民衆とどのように対応しながら展開していったのかが明らかにされると、地域文化の内実は確かなものになる。臨済宗の『東福寺誌』は使いまえのある資料だが、さらに、東福寺派の地方における展開の具体相を個別的に明らかにし、東福寺派としての展開の総体が明らめられれば、中世日本文化の認識はいっそう豊かなものになるだろう。

日蓮宗では『日蓮宗宗学全書』（同刊行会、一九六八年版）で宗史史料がある程度活字化され、『千葉県の歴史』資料編中世、『岡山県古文書集』、『熊本県史料』、『宮崎県史』など、日蓮宗が集中的に展開を見せた地域の史料集などに日蓮宗有力寺院の史料が収載・公刊されている。県史編纂など公的な事業で（宗門の側からいえば偶然的に）史料が公にされることは、それなりに結構であるが、宗門規模で意図的・全国的に宗史史料が公刊されれば、と思う。もちろん上からの意志だけでこの種の研究史料が出ることを云々するものではない。中尾堯氏の『中山法華経寺史料』（吉川弘文館、一九六八年）のような内発的な作業と相まつべきことはいうまでもない。

ある地域を対象として仏教教団の展開過程を研究するとき、やはり寺院史料の乏しさをかこたざるを得ない。天災地変など不可抗力によるものは致し方ないが、住職の転退にともなう紛争による散逸その他、住職・寺族の歴史意識の薄弱さからきている例が意外に多い。一日一日が仏国土実現への精進であるならば、それは自己が歴史の主体となって一日一日作動していくことである、と思われる。歴史への追善に内実をもたせてほしいものである。最近は、特に墓地が整理され、墓籍帳の整備もなされないままに墓石類が次々になくなっている。墓地整理は必然的動向ではあろうが、墓石類は人々の歴史そのものであるともいえる。どのような階層のものが、どんな墓石を建て、誰をどのように葬り、その寺にどのようにかかわっていたのか、前後に類別を重ね、その寺への人間の精神・信仰の集まりを考え、地域で果たしたその寺の役割を見る、その手掛りを与える墓石が無造作に再び葬られている。

寺院が人間生活に果たしてきた役割は、地域を抜きにして考えることはできない。上からの領域権力によって創建され、その氏寺として展開したか、勧進結縁により衆庶の力を結集して堂から寺院へと発展していったか、とにかく地域における役割は様々であった。史料を整理してその展開を探り、教団全体のなかにその寺―その地域を位置づけるとき教団史として結実する。日本史全体の中に位置づけるとき、地域史の真の素材たり得る。教団史は地域史としての根をもち、例えば日蓮宗であれば、それからさらに法華信仰の歴史に集約されねばならぬ。それを日本文化史全体のなかに位置づけるとき、日本文化の豊かな把握が期待される。そのためには旧一国単位で地域的な展開をまとめてみることは、基礎的に有効であろう。そのような意味で、和田正夫「日蓮宗の讃岐国流伝に就いて」(『国史学』三一号、一九三七年)などは、導きとなる先駆的な作業の一つである。

〔付記〕九州における日蓮宗の展開のうち問題性とまとまりのある史料を残す日向については、「日向中世宗教史研究の歩み——日蓮宗」(『宮崎県史しおり』通史編中世、一九九八年)を書いている。また『千葉県の歴史』資料編中世三・県内文書二の書評(『千葉県史研究』一〇号、二〇〇二年)は、同書が日向の日蓮宗と関係深い妙本寺文書などを収めており、日蓮教団史研究と中世東国史研究に有用であることを述べたものである。

九——『黒田家文書』刊行の意義

1　黒田家文書の所在

黒田家から寄贈・移管を受けて福岡市が有する旧福岡藩主黒田家伝世の資料は、美術資料と歴史資料に大別され、それぞれ福岡市美術館・福岡市博物館に分蔵されている。ここにいう『黒田家文書』は、黒田家資料のなかの古文書類を逐次刊行・公開しようとするものである。その刊行の意義は、いわゆる黒田家文書全体のありよう、市博以外の分の調査・研究・刊行の状況を通観することによって、まずは理解の手掛りが得られるかと思う。

いわゆる黒田家文書がまとまって所蔵されているのは、福岡市東区箱崎の福岡県立図書館、福岡市中央区警固の筑紫女学園高等学校、福岡市早良区百道浜の福岡市博物館である。廃藩置県による黒田家の東京移住にともない藩主家の諸資料の多くは東京に移され、地元では福岡浜町（現・福岡市中央区舞鶴）の下屋敷（別邸）に保管され、その一部は、黒田孝高《よしたか》（如水）・長政をまつる光雲《てるも》神社（明治四十二年〔一九〇九〕福岡市中央区西公園に遷座）に収蔵されていた。しかし、第二次世界大戦の空襲によっていずれも失われた。ただ東京都港区赤坂の黒田邸には、戦前六棟の蔵に什宝類が納められており、戦局の激化にともない各分野の最重要品を一号蔵に集めていて、この一号蔵だけが戦火を免れた。

昭和三十八年（一九六三）から同三十九年の間、黒田家第十四代黒田長禮《ながみち》氏から旧福岡県立図書館に黒田家文書四七〇点が寄贈され、昭和四十三年八月、福岡県文化会館時代にその目録稿本が作成された。現に福岡県立図書館に収蔵され、公開・利用されている。公儀御勤之部、法令、日記、御用帳、御用状、御家臣之部からなり、藤井甚太郎氏蒐集資料の一部が収められている。公儀御勤之部には朝鮮通信使や幕末の長崎警備関係史料がまとまって収まっていることはよく知られている。

昭和四十二年三月、筑紫女学園高等学校第二代校長水月文英氏は、東京の古書店で購入した黒田家文書を同学園に寄贈された。『福岡市歴史資料所在確認調査報告書』（福岡市立歴史資料館、一九八二年）では、二九四点を記載しているが、実数はそれを若干上回る。黒田家の家譜類、藩主略伝、藩士分限帳、藩士由緒書、日記類その他からなっており、史料的価値はすこぶる高い。本文書は、東京黒田邸に保管されていたものではなく、大正期の藩史編纂に際して福岡の編纂関係者が浜町別邸ないし光雲神社から借り出し、手元に置いていたために湮滅を免れた史料ではないかと見られている（『福岡県史』近世史料編福岡藩御用帳一・解説、一九八八年、江藤彰彦氏執筆）。

昭和五十三年九月、黒田長禮氏の遺志を体された茂子夫人から、国宝「金印」などを含む黒田家資料（古文書類九〇一点）が福岡市に寄贈された。黒田家資料は福岡市美術館で一括保管していたが、平成二年（一九九〇）十月の福岡市博物館の開館にともない、美術資料は福岡市美術館で所蔵し、歴史資料は福岡市博物館で所蔵し、現在にいたっている。福岡市博物館所蔵の古文書類は全体で約三千件と見込まれている。ここにいう『黒田家文書』である。

2　黒田家文書の調査・研究・刊行

広く記録類を含む黒田家文書の問題を考えるとき、福岡藩の修史事業や、その基礎にもかかわる記録体系の考察は抜きにできない。修史事業については松下志朗氏の要を得た叙述があり、寛永十八年（一六四一）の幕命による諸大名・旗本の家譜提出、天和四年（一六八四）正月の歴代将軍の直書・感状などの写しの提出などが画期をなしていること、以後の福岡藩における黒田家・家臣の家譜・地誌についての概括がなされ、正史編纂部門と地誌編纂部門との跛行的進行状況、収集された文書・記録類の保存とその編集の立ちおくれが指摘されている（『福岡県史』近世史料編福岡藩初期上・解説、一九八二年）。福岡藩修史と史料の問題については筆者ら校訂の『新訂黒田家譜』全十二冊（文献出版、一九八二〜八七年）や福岡藩地誌類が今後のさらなる批判的利用をまっており、福岡藩における修史事業・歴史研究などの全体の展開については筆者の概説がある（『福岡県史』通史編福岡藩文化上・総説、一九九三年）。

黒田家に集積されていた記録類については、明治四十五年（一九一二）三月の黒田家福岡別邸の『黒田家御記録目録』などである程度推知できるが、全貌は知悉し難い。福岡藩における記録体系の展開については江藤彰彦氏の「福岡藩における記録仕法の改革――法の蓄積と法令による支配」（西南地域史研究会編『西南地域の史的展開』近世篇、思文閣出版、一九八八年）及び『福岡県史』近世史料編福岡藩御用帳一・解説（一九八八年）があり、元禄・享保期に日記と御用帳という福岡藩記録体系の基本的枠組が定まったこと、以後の記録仕法の改革、御用帳及びその記事の性格などが明らかにされている。黒田家歴史資料全体のなかでの日記・御用帳の問題、修史事業との関係など、今後の研究課題であろう。

幕末・明治期にかけての福岡藩歴史資料の調査・研究については、『黒田新続家譜』最後の編集担当者であった長野誠（一八〇八〜九一年、号は芳斎）が至宝的存在である。明治十五年に成った編著『閲史筌蹄《えつしせんてい》』（福岡県立図書館所蔵）はその指針といってよく、そのなかから筑前関係を抜き出した岸田信敏の『閲史筌蹄 筑前郷土誌解題』（福岡県立図書館、一九三三年）は黒田家歴史資料を含め筑前地方史研究の指針である。福岡県立図書館所蔵の「福岡県史編纂資料」は明治初期に旧福岡県史の編纂を意図した長野誠の収集にかかるもので、調査・研究に大きな利便を与えている。明治期における黒田家の歴史資料の問題では、宮内省令達を契機とする維新史料の調査、史談会との関係、黒田長溥《ながひろ》公伝編集関係、総じて黒田家の記録編纂のことなど、今後解明さるべきことが多い。

福岡県下の郡史・市史・県史の編纂に大きな業績を残した伊東尾四郎《おしろう》（一八六九〜一九四九年）編纂の『福岡県史資料』（一九三二〜四三年）が福岡藩・黒田家史料の公刊に果たした役割の大きさは周知のところである。さらに西日本文化協会（福岡県地域史研究所）編纂の『福岡県史』が福岡藩史料と関係研究を広く収めて、福岡藩研究の水準を一挙に高めていることも周知のところである。

黒田家文書が旧福岡県立図書館に寄贈されると、同館のあとを継いだ福岡県文化会館図書部では、これを整理し目録を作成した。実務にあたったのは当時九州大学大学院生であった田坂大藏氏である。その目録は改めて『福岡県文化会館所蔵福岡県近世文書目録』（一九七〇年）に収録され、以後、同文書は広い利用に供され、個別に公刊されているものもある。福岡大学研究資料叢書第二冊の『御仕立炭山定 附・御山方御法令——福岡藩山方史料』（一九七八年）、福岡地方史研究会古文書を読む会編『福岡藩朝鮮通信使記録』八巻（一九九三〜九九年）などは福岡県立図書館所蔵黒田家文書からの翻刻である。『福岡県史』近世史料編福岡藩御用帳一・二（一九八八・九三年）、『延寿王院御用日記』（『太宰府市史』近世資料編、一九九六年）もそうである。

筑紫女学園高等学校所蔵黒田家文書からの翻刻・公刊もある。『福岡県史』近世史料編福岡藩初期上・下（一九八二・八三年）には福岡藩家臣関係文書が家別に数多く収められており、黒田氏の筑前国入部から忠之代までの藩主と家臣の関係がつぶさに知られる。

黒田家文書の部分的利用、同文書を使っての研究などはある程度知られるが、同文書そのものについての研究はあまり見られない。福岡県立図書館及び福岡県史編纂のための福岡県地域史研究所は、近世筑前研究に限ってもその中核的機関であり、ことに前者の所蔵史料に関する数多くの刊行物が福岡藩研究に与えている利便はまことに大きい。三池賢一「福岡県立図書館の収集文書について」（『古文書研究』三三号、一九九〇年）は、同館収集史料についての好案内であり、福岡藩史料の概要が要領よく説明されている。

黒田家文書と『黒田家譜』は密接な関係があり、後者所収の古文書（黒田家文書）については、『新訂黒田家譜』第一巻（文献出版、一九八三年）に整理がなされており、それをうけた門野恵「『黒田家譜』における所収文書の在り方について――近世初期文書の研究の手掛りとして」（『福岡市博物館研究紀要』四号、一九九四年）は、天正四年（一五七六）から元和九年（一六二三）までの文書が収められていること、その内容が四つに分けられること、書式（年紀・書止文言・判印・宛所の敬称）、「御」字・敬称などによる貝原益軒の文書の扱い方などについて考察している。門野氏は福岡市博物館所蔵の『黒田御家御重宝故実』を紹介・翻刻しているが（『福岡市博物館研究紀要』創刊号、一九九一年）、『黒田家譜』、『黒田新続家譜』、『黒田御家御重宝故実』をもとに「江戸時代の古文書学」（『県史だより』九〇号、一九九七年）を書き、御感書と書状とが区別されていることなどを指摘している。

ところで、黒田家資料が福岡市に寄贈されるまでには色々な経過があった。それらについては直接調査・受け入れにあたった安永幸一・田坂大藏両氏の「武具、甲冑から古文書まで黒田家資料の一括収蔵へ――54年開館待たれる福岡市美術館」（『荒津文化』四号、一九七七年）、安永幸一「黒田資料寄贈の場合の処理――受入・評価・登録・公開」（『博物館研究』一九巻七号、一九八四年）の報告があり、書跡の評価委員反町茂雄氏の「黒田侯爵家の秘法」（『ふぐるまブレティン』七二号、一九八八年）は、短文だが臨場感のある紹介である。福岡市美術館は開館にともない『黒田資料図録』（一九七九年）を公刊し、後に『福岡市美術館所蔵品目録 古美術』（一九九二年）を刊行している。『福岡市博物館所蔵　黒田家の甲冑と刀剣』（一九九四年）には田坂大藏氏の「黒田資料を支えた人々」が収められており、黒田家資料の調査・受け入れに尽力された人々への感謝が温かい筆致で叙述されている。また、『黒田家文書』第一巻所収の同氏の「黒田家資料寄贈の経緯」は、福岡市の文化財行政の推移を織り交ぜながら、黒田家資料の調査・受け入れの経緯についての委曲を尽くした叙述である。

3　『黒田家文書』の価値と意義

黒田家資料の福岡市への受け入れに先立ち、平田寛・安永幸一・田坂大藏の三氏と筆者で調査にあたることになり、昭和四十九年（一九七四）八月、同五十年八月・十二月の三回実施し、平田氏と筆者は前二回に参加した。終わるとすぐに「黒田家什宝調査目録」（プリント）が安永・田坂両氏によって作成され、平田氏と筆者が進藤一馬市長（当時）に同資料の内容・価値を説明した。今回、私は『黒田家文書』校閲のために田坂氏作成の文書編目録を見直し、二十四年ぶりに原本を拝見し、その間の半ばの年数を黒田家の家譜、福岡藩の地誌類の校訂に費やしたことを想い合わせ、黒田家文書とのえにしに感慨を深くした。

前述のように、福岡市博物館では、黒田家資料のなかの古文書類を、本書に引き続き逐次刊行してゆくという。四百年にわたる黒田家文書の基幹的部分が年代を追って整理・刊行されるのである。その意義深いこと喋々するまでもない。ことに今回刊行の第一巻の内容・価値については、堀本一繁氏の厳密・周到な注解・解題に尽くされている。同注解・解題を参照しながら、本書の価値と刊行の意義についてまとめておこう。

本書『黒田家文書』第一巻には、⑴「御感書」十二巻、⑵「家康公秀忠公御書并秀吉公御朱印入」、⑶編年史料、⑷「筑前国早良郡背振山東門寺古証文」（結城文書）の各文書群を収める。「御感書」が中心で⑵・⑶はこ

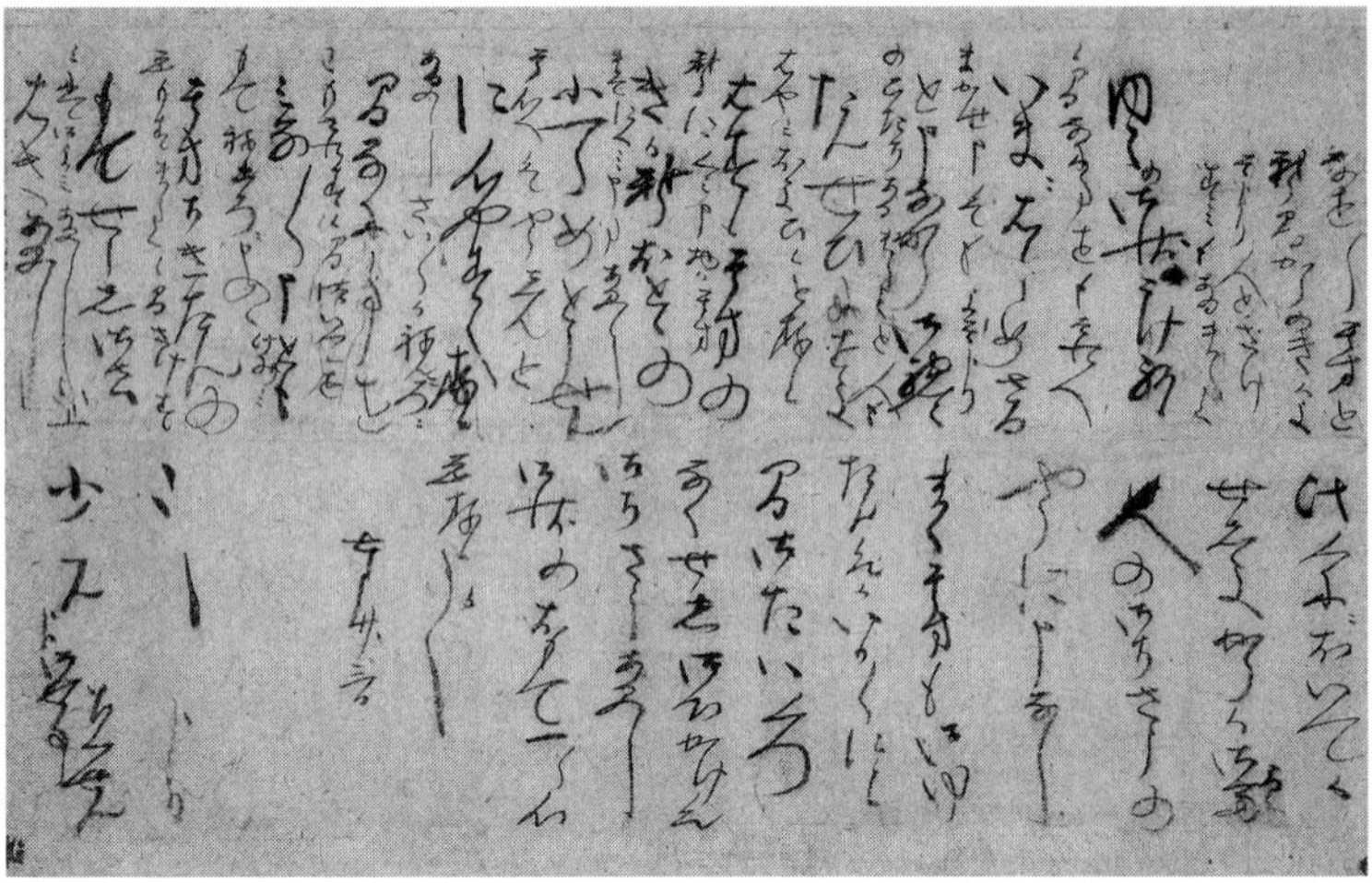

羽柴秀吉自筆書状（黒田家文書「御感書」9巻6号。福岡市博物館蔵)。天正5年（1577），小寺孝高（黒田如水）に対し，弟秀長と同様に懇意にし，諸事直接に取り計らうことを約したもの

れに関連する。⑷は筑前国早良郡小笠木村の結城氏伝来の文書で、佐賀藩との背振山国境争論の際の福岡藩側の証拠文書として利用されたものといわれ、のち黒田家に入った文書で、『黒田家文書』中最古の文書を含んでおり、中世村落研究史料としても有用である。本書は全体で「御感書」十二巻一八〇点、原則として慶長五年（一六〇〇）関ケ原合戦までの文書五十九件六十七点（一部慶長六年以降を収録）、合計二三九件二四七点の文書を収録している。

⑴を中心に⑵・⑶をあわせ、その主な内容を年代順に見ると、中国攻め、本能寺変後の毛利氏との境界画定、小牧・長久手の戦い、四国攻め、九州平定、肥後国一揆の鎮圧、小田原攻め、朝鮮出兵、関ケ原の戦い、大坂の陣などに関するものである。発給者を通数の多い者から見ると、豊臣秀吉が断然多く合計九十六通、以下、徳川家康二十四通、徳川秀忠二十一通、織田信長七通、その他となる。受給者はほとんど黒田孝高《よしたか》（如水《じょすい》）・長政で占められている。「御感書」の成立からいえば、徳川氏関係でまとめられている第一～三巻の、家康が天下人になる過程で孝高・長政父子が貢献したことを示す文書が黒田家では重視されているが、数的には秀吉関係がもっとも多い。つまり、本書の大部分は秀吉を中心とした織豊期から幕藩体制成立期にいたる天下人関係の典型的な文書を収めたものである。日本歴史の一大変革期を

具象する史料として、利用さるべき価値は高い。

本書の中核をなす「御感書」は、いちいち挙げることは省略するが、豊臣秀吉・徳川家康などの文書集や関係諸研究に頻繁に引載・利用されてきた。しかし、それらはほとんど写本類や『黒田家譜』所収分などに拠っていた。本書は前述の(2)・(3)・(4)を含め原本からの翻刻であり、さらに原本の影印本が添えられている。本書刊行の根本的意義はここにある。「御感書」の成立と『黒田家譜』編集との関係は密接であり、福岡藩の修史事業の歴史の上でも重要なことであるが、本書には『黒田家譜』未収録分が多数収められている。本書の価値の一つである。

本書の価値は、政治史面でことに歴史的価値の高い文書を原本からの翻刻・影印本で提供していることにあるが、当然のことではあるけれども、校訂には厳密を期している。収録文書の真偽の判断、年次比定を慎重に行い、その伝来に留意し、料紙・形状、文書の様式その他古文書学諸般にわたるこまかい配慮がなされている。各文書には詳細な注解が施されている。関係史料によって当該文書の概況を記し、関係史料を縦横に駆使し、関係研究を網羅して記述している。史料集の解題は簡単でよいという向きもあるが、「御感書」のように成巻・編集方針・伝来など多くの問題をはらむ史料は、やはり広範囲にわたる調査・研究とその成果の提供が必要である。本書は校訂に厳密を期した釈文と読み下しに詳細な注解・解題をあわせており、「御感書」を中心とする黒田家文書の研究書といってよい実質をそなえている。

本書の利用は多方面にわたると思われるが、例えば本書を手掛りに、黒田孝高(如水)・長政史料が集成されれば、斯界を益すること大であろう。『黒田家文書』の今後の順調な続刊を希って筆をおくこととする。

〔付記〕『黒田家文書』第一巻は平成十一年(一九九九)八月に刊行され、同第二巻が平成十四年九月に刊行されている。

十——近代二話

1　福岡市・東公園の二つの銅像　日蓮銅像を中心に

福岡市・東公園に亀山上皇と日蓮の二つの銅像が建っている。日露戦争の最終段階にあたる明治三十七年（一九〇四）十二月二十五日・同年十一月八日に、それぞれ除幕式が行われている。前者の原型作者は福岡市出身の山崎朝雲。原型は幾変遷を経て現在、東京多摩よみうりランドに所在。後者の原型作者は東京美術学校教授竹内久一。原型は本化日将《ほんげにっしょう》が銅像建設の目的で旧満州の安東市（現・丹東市）に移し、終戦時に諸岡要忍《ようにん》が胴は焼き頭部は残してきたという。亀山像は佐賀市の谷口鉄工所で鋳造し、日蓮像は岡崎雪声が東京で首と両手を鋳造し、本体は谷口鉄工所で鋳造された。両像は元寇記念のため、十数年を費やした全国的運動の末に建設されたのである。蒙古襲来という外寇事実（の解釈）がいかに明治期日本人の対外観念（国民思想）の形成に影響を与えたかを測る好指標である。建設の経緯の詳細を述べる紙数がないので、亀山上皇銅像については拙著『蒙古襲来研究史論』一一一頁以下（雄山閣、一九七七年）をご覧いただくことにして、日蓮銅像建設、ことにその造像理念を中心に若干のことを記しておきたい。

日蓮銅像建設の発端は、明治二十一年湯地丈雄（一八四七〜一九一三年）が元寇記念碑建設運動をおこしたことに根差している。当時、日蓮宗改革運動（末寺を統合して身延山《みのぶ》にまとめる）を展開していた佐野前励（日菅、一八五九〜一九一二年）が、湯地の、愛国・禦侮《ぎょぶ》の念からの記念碑建設運動に共鳴し、記念碑（当初は北条時宗像）中に日蓮の像を彫刻することを約し、翌明治二十二年秋、日蓮宗宗務院はその旨の諭告書を発している。

同書の要旨は「（日蓮が）立正安国論ヲ著述シテ鎌倉幕府ニ呈シ、以テ外寇ノ来襲ヲ警誡シ、亦同府ノ内命ヲ稟テ旗曼荼羅ヲ書ス」、「今回ノ記念碑ヲ建設スルニ当リ、宗祖ノ肖像ヲ彫刻シ以テ不朽ニ伝ヘント欲ス、実ニ本宗ノ光栄ト謂ツベシ」というところにあった。これは佐野の考えを代弁するものでもあった。実は、日蓮像の造像理念は、これに尽きるといってよい。

しかし他宗派などの反対で解約となり、佐野は日蓮一宗での日蓮銅像単独建設に踏み切り、明治二十三年十月、福岡市橋口町（現・中央区天神）勝立寺に銅像建設事務所を設け、ただちに勧募活動に入った。勧募のチラシは、当時我国の危急を救い給いし我が祖日蓮聖人の功徳を遠く千歳の下に伝えん、というものであった。内務省が日蓮銅像建設を許可したのは翌明治二十四年五月のことである。勧募運動の果敢さには驚かされる。東公園での起工式は明治二十五年四月。建設運動は九州寺院を中心に挙宗的態勢で展開され、諸所で法論・迫害などが見られた。

東公園の日蓮像（福岡市東区）

明治二十五年、東京美術学校に五十分の一の模型像を依頼、その図案懸賞に一等となったのが下村観山（明治二十七年同校卒業）である。明治二十六年、五十分の一の模型日蓮小銅像が完成し、日蓮宗僧侶はこれを奉じて巡回勧募している（原田種夫『佐野前励上人』一四三頁、日菅上人報恩会、一九六六年）。翌二十七年二月、佐野らは日蓮銅像の木型製作の契約を東京美術学校校長岡倉覚三（天心）との間に取り交わした。岡倉天心は、学生の実習と費用不足の補いを兼ねて校外からの銅像の依頼製作を積極的に実施していた。明治二十三年受嘱の楠公像（木型・高村光雲、鋳造・岡崎雪声）、明治二十五年受嘱の西郷隆盛像（木型・高村光雲ら）その他数多くの銅像が製作されており、この時代は近代日本彫刻史上「銅像の時代」であったといっても過言ではあるまい。天心は明治三十一年東京美術学校校長を非職となるが、天心を糾弾した怪文書は、日蓮像を含め銅像の依頼製作を大きくとりあげ、「其収益を以て私を営みたり」と攻撃している。ちなみに天心は、その前年『太陽』四巻一号の「明治三十年の美術界」で竹内久一を彫刻界における理想派の代表者とし、「日蓮大士の銅像の如き、又よく理想の妙趣を現今に適用せる趣見ゆ」と評している。

ところで、日蓮銅像建設で肝心なことは、どういう考えで造像されたのか、ということである。結論めいたことは前述したが、今少しことを分けて述べてみよう。次の三資料で検討してみたい。(1)明治三十七年十一月八日、日蓮宗管長久保田日亀の除幕式祝辞、(2)同日京都府瑞龍寺（村雲御所）住職村雲日栄（伏見宮邦家王女）祝辞、(3)明治二十九年六月十六日、原型完成時の東京美術学校教授竹内久一の談（『東京日日新聞』）。(1)の要旨は前述の諭告書と同じく、日蓮が立正安国（論）で国家の大難を未萌に予定し、日月の大曼荼羅（旗曼荼羅）を図して宇都宮貞綱に授け、調伏にあたった。「愛国ノ国風ヲ光顕センガ為ニ大聖人ノ銅像ヲ元寇覆滅ノ地ニ建設セント」するもの、というのである。(2)は冒頭に「日蓮ハ蒙古退治ノ大将也」云々と述べている。

以上のことについていちいち典拠を挙げて説明する余裕はないので、結論的に述べておきたい。『立正安国論』で述べていることは念仏（邪法）を止めなければ外寇がある、ということで、蒙古問題が起こってから蒙古襲来と特定されたのである。旗曼荼羅云々を含む日蓮の蒙古調伏のことは無根のことであるが、享保五年（一七二〇）日省の『本化《ほんげ》別頭《べつず》高祖伝』にはすでに見えていて、近世には広く流布・信受され民衆化していた。『元寇記念日蓮上人銅像誌』（山田良雄纂訂、元寇記念館、一八九九年）もそのことを確信・記述している（三八一四一頁）。ただ日蓮は密教を学んでおり、日蓮またこれを退治するの方を知っており、叡山を除いて日本国にはただ一人である（文永五年四月「安国論御勘由来」真蹟）と述べていて、蒙古調伏の自信をもっていたと解釈され得る表現もしている。(2)の村雲日栄の祝辞冒頭の典拠は、文永五年（一二六八）十月の「与極楽寺良観書」で、いわゆる十一通書の一つ。要検討の書であり、日蓮遺文では他に全く見えない表現である。

蒙古襲来に即しての以上のような日蓮像は、中世以来培われてきた、日蓮を法力卓越の偉僧とする祖師信仰のなかでのことで、近世には広く宗内外に喧伝・信受され、一般化・民衆化していた。日蓮遺文編纂史上画期的な偉業を打ち立てた小川泰堂の『日蓮大士真実伝』（江戸・文渓堂丁字屋平兵衛、一八六七年）は、近代に入って右の日蓮イメージを強化し、一般化を進めた。時あたかも田中智学らによる国家主義的愛国者日蓮の像が、富国強兵の波に乗って積極的に広められていた。その田中と親しく田中の主宰する立正安国会（後の国柱会）の有力会員である竹内久一が(3)でいうように「蒙古調伏の祖師像」を作ったことは自然の成り行きであった。

これらに対して、明治三十五年、高山樗牛《ちょぎゅう》は「近年元寇記念像と称し、日蓮の銅像を博多に建てむとする者あり。是れ亦蒙古調伏の妄誕に依拠せる妄挙のみ、無意義も亦甚しと謂ふべし。無知の俗人にして是の事ある、尚ほ暫く恕すべしとせむ。堂々たる妙宗の碩学相率ゐて是の没分暁の事を為す。嗚呼日蓮の世に知られざる蓋し久しい哉」（「日蓮上人と日本国」）と批判しており、木下尚江《なおえ》も同様の批判をしている。

日蓮と蒙古襲来の問題を考えるとき、日蓮の善神捨国論・蒙古天使説は理解の鍵となる。現在邪法がはびこって守護の善神はこの国を去って昇天し、未来を知って内乱と外寇を指摘した法華経の行者日蓮を軽んじて傷つけ流罪に処した。梵天・帝釈・日月・四天が隣国の天使（聖人・賢王―蒙古）に仰せつけて謗法の日本を誡責する、というもので、樗牛の先の批判もこのあたりのことを考慮しているのであろう。ただ、日蓮には後半生にも正法が樹立されれば異国の難ははらわれるという『立正安国論』段階の主張が見られる。蒙古天使説は日本の宗教的な再生を願っての表現で、法華救国論の裏返しともいえる。ともあれ日蓮銅像は以上のようなことで、近世以来広く信受された蒙古調伏のイメージで建設されたものであるが、信徒にとって日蓮は異国調伏や護国もさることながら、諸願成就の法力卓越の祖師であり、やや下向きの日蓮銅像はその対応を示しているように受けとられる。前引の(1)久保田日亀の祝辞は確かに樗牛の批判の対象になる体のものではあるが、末尾の文は、断章的引用のそしりを覚悟していえば、怨親平等、人類不変の指針であろう。

日本ノ為ニ祈ルハ是実ニ世界人類ノ為ニ最終極ノ幸福ヲ禱ナリ　（『元寇記念日蓮上人銅像誌』一一八頁）

（本稿は平成十年（一九九八）十月三十一日の福岡県立図書館での講演原稿である）

2　福本日南の『筑前志』

福本日南《にちなん》（一八五七～一九二一年）の事績は多面的・行動的で一つにはまとめにくい。吉川弘文館『国史大辞典』の表現でいえば、「明治・大正期のジャーナリスト、政党政治家、史論家」（佐藤能丸氏執筆）ということになる。末永節《みさお》の「先生素と処士の資を負ひ、曾て浪人の事を行ひ、能く国士の績を伝ふ。史眼の炯、燃犀の如し」（福本日南『大阪城の七将星』への序文）という評は、多少自身に引きつけてはいるが、一つのまとめ方である。

最近はナショナリズム研究の側面からする広瀬玲子「福本日南の思想形成――明治一〇年代ナショナリズムの一側面」（『日本史研究』二二四号、一九八〇年）、同「興亜思想から経済侵略主義へ――国粋主義者福本誠の軌跡」（『近代日本研究』六、一九九〇年）や、明治二十年（一八八七）の渡清中、盗賊侵入事件で裁判を受けた経緯を記した史料の紹介を通して、日南における日本・アジア・南洋がどのように位置づけられているか、その対外思想の構造を考察した三宅桃子「福本日南論――『遭厄紀事』を中心として」（『季刊日本思想史』三〇号、一九八八年）など、福本家保存の直接史料を使った研究が出ている。広瀬氏の研究は『国粋主義者の国際認識と国家構想——福本日南を中心として』（芙蓉書房出版、二〇〇四年）としてまとめられている。また、長年にわたって玄洋社とその関連の問題を追究している石瀧豊美氏は、若き日の日南の北海道紀行文に『福岡県地理全誌』の編者臼井浅夫が序文を寄せていることを紹介し（「福本日南『北門時事』と臼井浅夫」〈『県史だより』七六号、一九九四年〉）、「南進北鎖の夢」と題して『西日本新聞』に福本日南論の素描を示している（一九九八年十一月三〜十八日）。

日南は、晩年には修史事業の大成を構想しており、前述のように史論家ともいわれている。その側面は岩波文庫本『元禄快挙録』に寄せた松島栄一氏の解説においても論究されており、山崎一頴「『栗山大膳論』——黒田騒動の系譜」（『国語と国文学』六八巻三号、一九九一年）は史実（史料批判）を重視する日南の史論（史伝）の特色を述べたものである。ただ、石瀧氏が前引後論1の末尾で述べているように、「史論」は「歴史を、歴史研究でも、文学作品でもなく、人間を素材に、ジャーナリスティックな目で論評することであり」、「そのためか、日南の名は史学史からも、文学史からももれることになったのである」、「「史論家」に分類されたことが日南の不幸であった」といえよう。ことに日南の史伝物はこのように概括できよう。しかし、明治三十六年一月、東京の国光社から刊行された『筑前志』（一九七四年、京都・臨川書店から復刻）は、この概括に収まりきれない。時代的制約はあるが、すぐれた歴史書というべきである。明治三十六年の『歴史地理』五巻四号掲載の草香江「九州の北岸（筑前志を読む）」は同書を紹介したものであるが、同書について本格的に論じたものは見出し得ない。以下、同書の特色を列挙しよう。

著作の動機について例言の初めに「我嘗てジョン・ミシュレーの著「我仏蘭西」を読み、善く仏人の気風を観察し、其瑜を掲げて、其瑕を抑え、仏国未来の進善発達に資するもの多きに感じ、「我日本」を修むるの意あり、今ま（ママ）先づ之を郷国（日南は筑前国福岡地行下町の生まれ）に試み、筑前人の「気風」を作れり」と述べている。ミシュレー（Michelet, Julest 1798-1874）はキゾーらと並び、フランスの史学界を支えた歴史家。『日南草廬集』二二〇頁（岡部春秋堂、一九一二年）や『九州日報』明治四十二年十一月二十九日の記事などにもミシュレーの名を挙げており、その著作を愛読していたようである。知られているように、日南は司法省法学校でフランス語・フランス法を学び、一八九八〜九九年フランスに留学している。北海道開拓についても、まず地形風土の観察から始めており（『北門時事』）、「気風」観察を基礎とする史的研究はフランス学も媒介となって深化されていったものと見られる。例言にいうように、未来の進善・発達に資して我が日本を修めるべく、まず郷国筑前に試みたのが『筑前志』である。日南における地域研究の背骨をなす志念の表れである。

内容を目次にしたがって示せば、気風・国志・地名考・都邑《とゆう》・古歌・雑記・入筑記・国志補遺からなる。中心をなす国志（筑前通史）については、例言に「上は神武天皇の駐驆《ちゅうひつ》より、下は明治の新制に及ぶ、其体は編年と紀事本末及び家々の列伝とを合し、間ゝ文明史に出入す」というとおりである。本文四〇五頁のうち、全一八九頁（補遺一一頁）を占める。本書の最大特色は、例言に自ら「古来筑前に関する志史其著に乏からず、然も未だ二千五百有余年を一貫し、之を通覧せるものあるを見ず」と明言しているとおりである。政治史中心ではあるが、古代から明治民権期にいたるまでの一貫した筑前通史として、今日でも貴重・有用である。

叙述の出典をいちいち明記しており、史書としての信頼度が高い。古代では六国史などの利用も相応であるが、概して『大日本史』に拠るところが多い。中世では『歴代鎮西志』、『歴代鎮西要略』、『伏敵編』などの編纂物の利用が目につく。明治二十年五月刊行の末永茂世（一八三七〜一九一五年、前述の節の父）の著『筑前旧志略』の利用も注意しておきたい。近世は国志のうち七九頁を占め、叙述にもっとも力を入れている。黒田家の家譜類の利用頻度が高い。構成は緊密で、ことに幕末の政治史が詳細である。幕末を少年時に過ごし、同時代史的感覚で叙述している。明治民権期で筆をおいているが、日南が『普通民権論』（福岡磊落堂、一八七九年。当時日南二十二歳）の著者であることが思い合わされる。

筑前には古来官家《みやけ》・都督府・大宰府・征西府・探題府・奉行府などがあって、その歴史は外交及び九国の政に関するものが多く、国志を叙述するには往々筑前の外に出づるものがある、と例言で述べ、その理解で筑前通史（国史）を叙述している。筑前史が、九州ないし日本の政治・外交などの集約的問題に貫かれているという自覚と認識のもとに、その通史を書いているのである。したがって古代史の叙述における大宰府の取り扱いは中心的であり、『日南集』巻五（東亜堂書房、一九一〇年）に収められた文章も、以上のことと関連する。同じく、都邑が福岡・博多の説明であることも、両所が大宰府に続いて筑前史の中核を占める、という理解に立つものである。自著『筑前志』巻頭に寄せた次の文は、単なる自負として読み流してはなるまい。

此書今季《（年）》流行せず、明年も亦流行せず、后百年《のち》にして往々諠《わす》る可《べ》からざるものあらん。

初出一覧

一　中世の博多と堺（『季刊　堺の四季』五〇号、堺文化観光協会、一九九三年九月）
付論１　中世都市博多の形成と展開（『史学雑誌』一〇三編一二号、一九九四年十二月）
付論２　十三湊と博多（国立歴史民俗博物館編『中世都市十三湊と安藤氏』新人物往来社、一九九四年十二月）
二　対外関係と博多禅寺
１　概説（原題＝歴史にみるアジアのなかの福岡市、福岡市総合図書館『博多商人の栄華展』一九九六年六月）
２　聖一国師・謝国明と承天寺（『和菓子』九号、虎屋文庫、二〇〇二年三月）
３　志賀島文殊（『日本歴史』五七二号、吉川弘文館、一九九六年一月）
三　蒙古襲来と博多（福岡市博物館『北条時宗とその時代展』二〇〇一年十一月）
付論　『蒙古襲来絵詞』に見える福岡市関係地名（『日本歴史』六八八号、吉川弘文館、二〇〇四年一月）
四　『正任記』に見える大内政弘の博多支配と寺社
１・２（原題＝『正任記』に見える大内政弘の博多支配、『日本歴史』六〇〇号、吉川弘文館、一九九八年五月）
３〜９（原題＝『正任記』に見える大内政弘と博多寺社、『政治経済史学』四〇一号、二〇〇〇年一月）
五　天正六年六月の博多職人史料について（『政治経済史学』四六四号、二〇〇五年四月）
六　福岡藩文化史の構想（秀村選三編『西南地域史研究』第九輯、文献出版、一九九四年九月）
七　博多における日蓮教団の展開（『日蓮とその教団』第二集、平楽寺書店、一九七七年四月）
八　筑前における日蓮教団の展開（宮崎英修編『近世法華仏教の展開』平楽寺書店、一九七八年三月）
付論　教団史と地域史――一つの回想から（『地方史研究』二〇〇号、名著出版、一九八六年四月）
九　『黒田家文書』刊行の意義（『黒田家文書』第一巻、福岡市博物館、一九九九年三月）
十　近代二話
１　福岡市・東公園の二つの銅像（『地方史ふくおか』一〇一号、福史連、一九九九年三月）
２　福本日南の『筑前志』（『日本歴史』六二〇号、吉川弘文館、二〇〇〇年一月）

あとがき　地域史研究回顧

これまでの自分なりの地域史研究を振り返ってみると、福岡県内関係では、四つほど拠点めいた地域がある。一番目は、約三十年ほど住んでいた飯塚市を中心とする旧嘉麻《かま》・穂波《ほなみ》地域である。稲築《いなつき》高等学校在勤中、日本史の授業のなかに嘉穂地域のことを織り交ぜて、生徒の興味と関心を深めたいという思いと、郷土部指導の必要性もあり、油印版の古代・中世編年史料を作って授業にも利用し、のちに『嘉穂地方史 古代中世編』（元野木書店、一九六八年七月）として刊行した。箭内健次・田村圓澄両先生の推薦の辞、竹内理三先生の序文をいただき、題字を森克己先生に書いていただくという、内容はともかく、何とも贅沢な本である。原稿料代わりに本をたくさんいただき、お陰で大盤振る舞いができた。黒田俊雄氏が心温まる言葉を寄せられたのが忘れられない。当時、少なくともこの地方では、本格的な地域史研究はあまり見られなかった。のちにこの地方の自治体史編纂の折、古代・中世関係で同書が利用されていて嬉しかったが、今となっては少なからぬ補正を要する。ただ、地域史研究の枠組みに郡を重視すべきことを銘記させられたのは、収穫であった。『筑穂町誌』、『直方市史』、『宮田町誌』、『田川市史』、『糟屋郡教育史』などの監修も大切にしたい地域史研究の想いのうちにある。飯塚市歴史資料館とのかかわりも、開館以来ずいぶんと長くなった。

二番目は太宰府である。太宰府天満宮文書に、今川了俊の自筆文書が少なからず収まっており、原本に接することができたのが直接のきっかけであったように思う。竹内理三先生による同文書の調査、『大宰府史料』

油印版の刊行が続行されていたころであり、先生が九州大学から東京大学に帰られたあと、同文書や太宰府についで関係することが多くなった。九州歴史資料館の太宰府史跡発掘調査の指導委員に名をつらね、竹内先生のお示しもあり、『太宰府天満宮所蔵古文書目録』編纂の監修をし、棚町知彌氏に誘われて島津忠夫氏と筆者と三人で『太宰府天満宮連歌史 資料と研究』四冊を刊行した。竹内先生生前のご依頼によって、同先生の『大宰府・太宰府天満宮史料』編纂に途中から協力し、全十七巻刊了のあと、吉原弘道氏と太宰府天満宮史料の補遺に続き、附録を編集中である。竹内先生、鏡山猛先生その他多くの先学たちの研究を土台に、関係者の協力によって『太宰府市史』全十四冊を完成できたのは、大宰府の日本史上に占める役割の重要さからいっても喜ばしいことである。同書編纂の延長線上に、太宰府市史編さん室の後身である太宰府市史資料室から『年報太宰府学』が刊行された（二〇〇七年三月）。その創刊の辞で、筆者は自分なりの太宰府学についての理解を次のように記しているが、基本的にはどの地域にもほぼ通じることであろう。

太宰府学とは、アジアの視点から太宰府―九州や日本を見直し、太宰府に生かされ、太宰府に生きる意味を探求する綜合科学としての地域学である。

拙著『中世九州の政治・文化史』（海鳥社、二〇〇三年）は太宰府を主な素材として、文芸を中心に政治・宗教などを総合化して、九州中世史を体系的にとらえようと試みたものである。重松敏彦氏の労作『大宰府古代史年表』（吉川弘文館、二〇〇七年）の手伝いができたことも喜ばしい。

三番目は宗像地域である。四十年以上前から宗像の古代・中世編年史料を作成し、のちに正木喜三郎氏の『宗像沖ノ島』Ⅲ・史料や『宗像市史』史料編第一巻・古代中世Ⅰの編纂の利用に供した。とくに小島鉦作氏の懇請を受けて、詳細な注解などを付けた『宗像大社文書』本編及び影印本を編纂中であり、まもなく第三巻が刊行される。本書所収の第五章はその研究成果の一端である。宗像地域は、次に述べる博多と密接な関係にあり、第五章はそのことを示す実例の一つでもある。

四番目が博多である。筆者の学校勤務は嘉穂地域の中学校・高等学校を除くと、福岡高等学校（定時制）・九州大学・福岡大学と四半世紀以上、福岡市内である。東区や城南区に偏しているが、福岡市への愛着は深い。九州大学の五十年史を編纂・執筆のため、幕末期からの福岡市域との関連を調べ、福岡市の文化財の調査、福岡藩の『黒田家譜』や地誌類の校訂その他にかかわっていくうちに、それはさらに深まったように思う。

福岡市域は歴史の研究対象として、東アジア規模で、何しろ魅力ある絶好の地域である。そのことは「まえがき」で述べている。筆者が福岡市域関係のことに研究的に触れたのは、昭和三十三年（一九五八）一月の『九州史学』七号に筥崎宮の油座文書を紹介したのが最初である。玉泉大梁氏の『福岡県史』の校正や『九州大学五十年史』の編纂、のちの『福岡県史』編纂への参加その他で、福岡藩や近代福岡市の勉強を重ねた。秀村選三氏の要請を受けて、同氏他校訂の『博多津要録』第一巻（一九七五年三月）に「古代・中世の博多」（『中世九州の政治と文化』〈文献出版、一九八一年六月〉に再録）を書いたのが、古代・中世博多通史執筆の最初である。

筆者の地域史研究は、以上の四つのうち、ことに太宰府と博多をあわせた研究に長い年月をかけている。研究内容の面で、両者がセットになって古くから対外機能など日本の歴史に集約的役割を果たしていることや、文化財関係その他でかかわりが長く深いことにもよる。筆者の地域史研究にとって両都は双頭一身である。

こうして博多関係の研究論文などを書き継いできたが（拙著『解題・序跋集』〈櫂歌書房、一九九七年三月〉に古稀までの論文目録を収めている）、今回そのなかから読みやすいと思われる講演記録第一章・第六章を、それぞれ中世・近世の総説に代えて柱とし、それに論文その他を時代順に配してみた。叙述対象に偏りがあり、表現には難易もあり、ずいぶんの旧稿も含むが、現在の研究段階に立ち、第一・七・八章など章によっては大幅な補正を加えて全体の構成を整え、あえて一書とした。他に鎌倉・南北朝期の博多研究論文も多少はあるので、訂補・成書し、本書とあわせて批正を得る機会を早く作りたいものである。長年収集・整理してきた近世・近現代福岡市関係の図書・資料・カードなどは、平成十六年（二〇〇四）五月、福岡市史編さん室に寄贈したが、古代・中世福岡市史料の編年作業は続行して、右の機会にそなえている。

前著『九州の中世世界』、『中世九州の政治・文化史』に引き続き本書を刊行してくださる海鳥社の西俊明社長、前著同様編集の労をとっていただいた別府大悟氏、ならびに田島卓氏に深く感謝申し上げる。

最後に、私事にわたるが、筆者は本年で満八十歳になった。本書を別著『歴史に生きる日蓮』（山喜房仏書林）とともに、その記念とすることをお許しいただきたい。

平成十九年（二〇〇七）十一月十一日（海鳥社の福岡県文化賞受賞の日に）

駕与丁湖畔にて　川添昭二

海鳥社の本

博多商人 鴻臚館から現代まで　読売新聞西部本社編

日本最古の国際商業都市・博多──。海に開かれたこの町の歴史は，交易とともにあった。卓越した行動力と先見性で，それぞれの時代を力強く生き抜いた商人たち。彼らを育んだ町の変遷と博多商人の系譜を，豊富な図版とともにたどる。

Ａ５判／128頁／並製　1700円

アクロス福岡文化誌１ 街道と宿場町　アクロス福岡文化誌編纂委員会編

道がつなぐ人・文物・情報。それらが地域の伝統と結びつき，各村・町には独自の文化が生まれた──。福岡県内を通る主要街道・宿場町の歴史と見所を一挙紹介。掲載街道＝長崎街道，秋月街道，唐津街道，日田街道，薩摩街道他。

Ａ５判／160頁／並製／２刷　1800円

博多風土記【復刻】　小田部博美著

明治・大正期の博多が甦る！　那珂川と石堂川に挟まれた旧博多，このほとんどの町の歴史，伝統，風俗，人物を克明に記述し，明治・大正期の博多の町と庶民の暮らしぶりを生き生きと甦らせた名著の復刻。

Ａ５判／768頁／上製　6500円

海路 かいろ　「海路」編集委員会編・発行

【海からの視座で読み直す九州学】

第４号　特集＝九州の城郭と城下町・古代編

対馬・金田城の調査成果／怡土城築城の経緯について／大野城と基肄城／鞠智城について【小特集＝九州の城を探る】近世九州の城郭と福岡城／原城の戦い 他

Ａ５判／200頁／並製　1200円

第５号　特集＝九州の城郭と城下町・中世編

十六世紀のBungoと大友宗麟の館／筑前国秋月氏の城郭／戦国期北部九州の政治動向と筑紫氏・勝尾城／大津山関城と鷹ノ原城をめぐる若干の問題 他

Ａ５判／182頁／並製　1200円

第６号　特集＝九州やきもの史

細川小倉藩時代の上野焼／高取焼の歴史と陶工／薩摩焼 近年の考古学的成果から／近世波佐見焼の歴史／古九谷＝伊万里論の再検討 他

Ａ５判／200頁／並製　1200円

＊価格は税別

海鳥社の本

福岡藩無足組　**安見家三代記**　福岡地方史研究会
古文書を読む会 編

享保19（1734）年－弘化3（1846）年，三代130年間にわたる一武家の記録を翻刻。福岡藩の政治・経済史のみならず，城下の暮らし，地震や火事，家族・女性など，近世史全般の第一級史料。1120人分の人名索引を付載。

Ａ５判／362頁／上製　4500円

福岡藩分限帳集成　福岡地方史研究会編

福岡藩士の“紳士録”とも言える分限帳を，慶長から明治期までの約270年間，各時代にわたり集成した近世史研究の根本史料。個々の藩士について家の変遷を追跡するのにも恰好の書。詳細な解説と50音順人名索引を付した。

Ａ５判／896頁／上製／函入　２万3000円

近世九州の差別と周縁民衆　松下志朗著

九州諸藩における被差別部落／周縁民衆の具体的様相を明らかにし，藩域を越えて放浪・漂泊する下層の民の動向を探った，九州差別史研究の達成。中世末・近世初期の被差別民衆／被差別部落の展開／被差別部落と周縁民衆の生活

46判／290頁／上製　2500円

大庄屋走る　小倉藩・村役人の日記　土井重人著

中村平左衛門と小森承之助，小倉藩領で大庄屋を務めた彼らの日記に見る，江戸時代後期の庶民の暮らし。奉行からの無理難題，捕り物やお仕置き，旅のこと，食生活や台所事情，神頼みの厄除けに民間療法まで。

46判／232頁／並製　1700円

古地図の中の福岡・博多　1800年頃の町並み

宮崎克則＋福岡アーカイブ研究会編　近世の福岡・博多を描いた代表的な古地図「福岡城下町・博多・近隣古図」をもとに，関連史料と現在の景観を参照しつつ，1800年代から現代に至る町の姿を探る。図版・写真計315点掲載。

Ｂ５判変型／154頁／並製／３刷　2500円

内信心念仏考　佐賀県きやぶ地域における秘事法門　長 忠生 著

江戸期，福岡・佐賀・久留米３藩に挟まれた要衝・対馬藩きやぶ。強固な寺檀制度のもと，この地で隠れて内々の信仰に生きた人々の苦難の歴史を，数次にわたる弾圧事件の顛末を通して探り，その信仰の様相を明らかにする。

Ａ５判／276頁／上製　2360円

＊価格は税別

海鳥社の本

中世九州の政治・文化史　川添昭二著

政治・宗教・文芸が一体であった中世社会。平安期から江戸前期まで，大宰府天満宮安楽寺，鎮西探題，九州探題，大内・大友・島津氏などを主題に据え，政治史の展開に即して九州文化史を体系的に叙述した川添史学の決定版。

Ａ５判／412頁／上製　5000円

中世都市・博多を掘る　大庭康時・佐伯弘次・菅波正人・田上勇一郎編

1977年の発掘開始以来，多くの遺構と遺物の発見で全国的な注目を集めてきた博多遺跡群。30周年を記念して，第一線の国史学研究者と文化財担当者が結集，最新の調査・研究成果をヴィジュアルに伝える新しいスタンダード。

Ｂ５判変型／256頁／並製　3600円

「蒙古襲来絵詞」を読む　大倉隆二著

鎌倉中期の実録的な戦記絵巻として名高い「蒙古襲来絵詞」の，絵と詞書原文(カラーグラビア)，現代語訳をすべて収載。その成立はいつか，描いた絵師は誰か，竹崎季長は何を意図したのか……。「絵詞」をめぐる様々な謎を解き明かす。

Ａ５判／168頁／並製　2000円

太宰府発見　歴史と万葉の旅　森 弘子 著

1000年の時を経て，いま甦る西都大宰府。再建されていた政庁，風水を取り入れた都市設計，筑紫万葉歌にこめられた古人の想い……。最新の調査・研究成果を踏まえ，遠の朝廷の全貌を鮮やかに描き出す。決定版・太宰府案内。

46判／228頁／並製／２刷　1600円

九州西瀬戸中世史論攷　森 猛 著

大内，長宗我部，大友，龍造寺，島津など数多くの有力豪族・守護大名を輩出した中世期の九州・西瀬戸。幾多の争乱を経た挙句，秀吉に降ることになるその歴史的特質を，厳密な史料解釈に基づいて追究した力作論文集。

Ａ５判／344頁／上製　4000円

南九州の中世社会　小園公雄著

鎌倉幕府の基礎構造をなした御家人制度の動揺は，幕府の崩壊へとつながり，続く封建制確立の足掛かりとなっていく。遠く幕府から離れ古代的性格を多分に有した南九州の支配構造の変遷を，大隅国禰寝氏を中心に追究する。

Ａ５判／272頁／上製　3000円

＊価格は税別

川添昭二（かわぞえ・しょうじ） 1927年3月10日，佐賀県に生まれる。1952年3月，九州大学文学部史学科（国史）卒業。1969年1月，九州大学文学部助教授。1975年8月，九州大学文学部教授。1990年4月，福岡大学人文学部教授（1997年3月まで）。現在，九州大学名誉教授，文学博士。
主な著書に，『今川了俊』（吉川弘文館），『菊池武光』（人物往来社），『九州大学五十年史』（九州大学），『嘉穂地方史 古代中世編』（元野木書店），『注解元寇防塁編年史料――異国警固番役史料の研究』（福岡市教育委員会），『元の襲来』（ポプラ社），『蒙古襲来研究史論』（雄山閣出版），『中世九州の政治と文化』（文献出版），『中世文芸の地方史』（平凡社），『九州中世史の研究』（吉川弘文館），『九州史跡見学』（岩波書店），『九州の中世世界』（海鳥社），『対外関係の史的展開』（文献出版），『中世九州地域史料の研究』（法政大学出版局），『解題・序跋集 回顧・略年譜・著作目録』（櫂歌書房），『日蓮とその時代』（山喜房仏書林），『北条時宗』（吉川弘文館），『日蓮と鎌倉文化』（平楽寺書店），『中世九州の政治・文化史』（海鳥社），『歴史に生きる日蓮』（山喜房仏書林），その他，編著，中世・近世の史料校訂，研究論文など。

中世《ちゅうせい》・近世《きんせい》博多《はかた》史論《しろん》

■

2008年7月15日 第1刷発行

■

著者 川添昭二

発行者 西 俊明

発行所 有限会社海鳥社

〒810-0074 福岡市中央区大手門3丁目6番13号

電話092(771)0132 FAX092(771)2546

印刷 有限会社九州コンピュータ印刷

製本 日宝綜合製本株式会社

ISBN 978-4-87415-650-6

http://www.kaichosha-f.co.jp

［定価は表紙カバーに表示］

総 索 引

あ

い

う

え

お

か

き

く

け

こ

さ

し

す

せ

そ

た

ち

つ

て

と

な

に

ぬ

ね

の

は

ひ

ふ

へ

ほ

ま

み

む

め

も

や

ゆ